JN140133

経済分析のための
構造推定アルゴリズム

楠田 康之［著］

三恵社

• MATLAB® はザ マスワークス インコーポレーテツドの登録商標です.

はじめに

本書は，構造推定について最近の研究を概観して，初学者向けに解説することを目的とする．経済分野における構造推定 (structural estimation) とは，経済理論を土台とした実証分析であり，個人の選好や信念，企業の技術や費用などの“構造”を決定する構成要素を推定するものである．

近年，多くの経済学の分野において，構造推定によって多くの分析がなされてきたが，この方法による分析を行うにあたっていくつかの大きな問題点がある．それは，(1) 構造モデルの解が解析的に求まるとは限らず，数値計算によって解を求めなければならないこと，(2) その数値計算に膨大な時間がかかること，(3) その解より，データを反映するパラメータ（構造パラメータ）を推定しなければならないが，それにまた時間がかかること，(4) 解の計算と構造パラメータの推定を反復的に何度も行わなければならないこと，(5) そのような計算や推定を行うためにプログラミングのテクニックが必要となること，である．

このような問題を解決するには，構造推定のために適切なアルゴリズム（計算の手順）を考えることが重要であり，計算時間の短縮と推定結果の信頼性を両立させなければならない．近年，多くの研究者による研究の成果によって，個々の構造モデルに対する代表的なアルゴリズム（NFXP, NPL, MPEC, BLP など）が確立されつつあり，さらにそれらを改良したアルゴリズムが今後も提示されることが期待される．

本書は，経済分野の代表的な構造モデルとして，「動的離散選択モデル」「動学ゲーム」「静的離散選択モデル」の 3 つを選び，それぞれの構造推定に必要なアルゴリズムをわかりやすく解説することを意図とするものである．本書のアプローチとして，構造モデルの理論的な枠組みを厳密でない数学表現で 1 から説明し，それを推定するためのいくつかのアルゴリズムを提示し，モンテカルロ・シミュレーションによる実験によって，アルゴリズムによる推定結果を比較した.

このようなアルゴリズムによって推定するためには，基本的なプログラミングの知識が欠かせない．本書では，主にプログラミング言語 Python に注目し，構造推定のためのプログラミングにおける実践的なテクニックについても紙面を割いて解説した．Python に関して馴染みのない読者でも，自力でプログラムが書けるような手助けとなっている．また，経済学の分野の中で，Python に大きくフォーカスした最初の書籍であると自負するものでもある.

本書の対象となる読者は，経済分野で構造推定を使う大学院生，社会人，アナリスト，最新のミクロ経済実証分析の手法に興味を持っている一般の方々であり，学部レベルのミクロ経済学の知識があれば，理解に困ることはないと考える．つまり，本書は，それらの読者の入門的ガイドという位置づけになっている．特に，大学院において構造推定を研究テーマとしたが，プログラミングの知識がなくて困難に直面している学生にとって有用なガイドであろう．構造推定による実証分析が重要な分野であることに鑑みて，多くの読者に読まれる本となることを切に期待する.

*　　*　　*

筆者は, 2001 年から 2006 年までニューヨーク市立大学大学院に在籍し, そこで Michael Grossman 教授の健康資本モデルに興味を持った (Grossman, 1972)．そのモデル自体は動学モデルをいわば静学的に解くというものであったが，それをきっかけに，その当時より急速に研究が進んでいた動的離散選択モデル，そして構造推定分析全般に関心を抱くようになった．構造推定分析はコンピュータの計算能力の発達とともに，多くの経済学の分野において，今なお新しい成果を生み出している．本書は，構造推定分析に貢献してきた数多の研究に心からの敬意を払いつつ，十数年の間， 関心を持ち続けてきたこの分野にささやかな寄与をなしたいという動機によって作成したものである．本書で扱ったトピックはごく基本的かつ限定的なものにすぎないが，この分野のさらなる発展に資することができれば幸いである．最後に，本書を上梓するにあたり，母と妹たちに謝意を表したい.

令和元年九月

目次

第 1 章

構造推定とアルゴリズムについて

1.1 構造推定とは

本書は, 構造推定について, 最近の研究を概観する. 近年, 多くの経済学の分野において, 構造推定が注目を集めている. 経済分野における**構造推定 (structural estimation)** とは, 経済理論を土台とした実証分析であり, 個人の選好や信念, 企業の技術や費用といった, "構造" を決定する構成要素を推定するものである. 構造推定の分析では, 分析の対象となる意思決定主体が, われわれが想定する経済理論モデル（構造モデル）の中で最適化行動をとっており, 観察されたデータがそのような行動や均衡解を反映している, ということが前提となる. したがって, 推定を行う場合, なんらかの構造モデルを適切に想定し, そのモデルを主体になりかわって解くことが必要となる. この章では, 構造推定の特徴と利点, 構造モデルの分類, 構造推定を行うときの問題点についてまとめ, その後で本書の目的と本書が扱う対象について述べる.

1.1.1 なぜ構造推定を行うのか？

構造推定の大きな特徴は, 対象となる意思決定主体が構造モデルの中でどのような意思決定を行っているのか考察し, 行動や選択に関するメカニズムを解明することである. この特徴により, もしそのような意思決定のメカニズムを解明できれば, 実際に起きなかった状態や, とられなかった政策にもとづいて, 意思決定主体がどのような行動をとっていたか推測することができる. 図 1.1 に, 構造推定の考え方を示した. 経済学のように過去

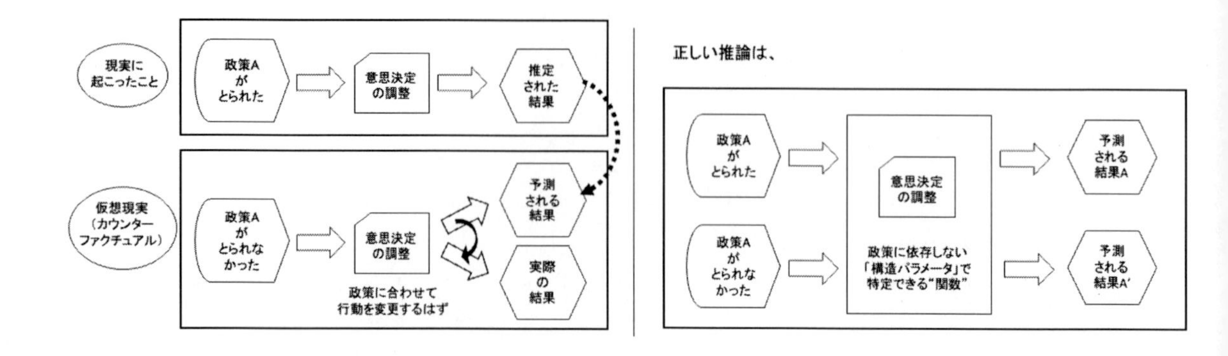

図 1.1 構造推定の考え方

の現実を再現して実験することができない場合，われわれは「現実に起こったこと」にもとづいて因果関係を推測する他ない．例えば，ある政策 A によって，人々の行動に関してどのような結果が起きるか推測したいとしよう．単純な推定では，図 1.1（左）のように，「政策 A がとられた」という結果からなんらかの関係を推定する．では，その推定から，もし政策 A がとられていなければ起きていたであろう結果を予測することは可能であろうか？ 実際には，人々が選択する行動は彼らの意思決定によるので，政策 A がとられていなければ，それに合わせて人々は行動を変更しているはずであろう．したがって，政策 A がとられたという現実にもとづいた予測は間違った推測となるかもしれない[1]．そこで，正しい推論は，図 1.1（右）のように，まず，政策に依存しないような意思決定に関するパラメータを求めておき，それにもとづいた意思決定の結果を推測することである．そのためには，状態や時間によって変わることのない，その意思決定主体の持っている構造的なパラメータ（「構造パラメータ」）を推定する必要がある．つまり，構造推定の目的は，対象となる意思決定主体のインセンティブを正しく理解し，できるだけ正確にそのようなパラメータを推定することである．したがって，構造推定を行うにあたって，それらが政策，制度，環境の変化にどのように反応するのか経済理論モデルによって解明する必要がある．

[1] 今井ほか (2001) は，失業保険の締切日を先延ばしすることで求職者の最適な行動が変化し，予測されるほど失業率が低下しないことの理由を説明している．

1.1.2 構造推定アプローチと実験的アプローチ

このように，構造推定は，経済学の理論と実証的な分析を橋渡しするものであるが，しかし，一方，従来から行われてきた実証分析も経済理論を背景にしていることに変わりはない．構造推定が従来からの分析と決定的に違う点は，その実証的な分析に先立って，マクロ経済学で言うところの**ミクロ的基礎付け (microfoundations)** が明確に行われていることであると筆者は考える[2]．例えば，後で説明する動的離散選択モデルにおいては，構造パラメータを推定するために，個人や企業の最適行動が動的計画法によってモデル化され，その解を求めておく必要がある．しかし，そのようなモデル化は，現実から得られるデータ分析においてしばしば強い仮定となってしまう．あるいは，寡占市場モデルにおいて，現実に行われているのが数量競争なのか，価格競争なのか，その混合競争なのか，という企業行動について仮定することは，推定結果に大きな影響を与えるだろう．

このように，ミクロ的なモデル化を前提とする構造推定アプローチに対して，分析結果をモデルに依存させない立場をとるのが，**実験的アプローチ (natural experiment approach)** である．このアプローチは，背後にある経済理論の重要性は認めつつも，実験のできない経済状況を，あたかも実験を行うように分析し，データより推定結果を得る．一般に，このような手法は，自然実験 (natural experiment) と呼ばれている．労働経済学の分野においては，多くの実証研究がこのアプローチによって行われてきた[3]．一方，産業組織論の分野では，依然として構造推定アプローチによる分析は活発に行われている．その違いは，産業組織論においては，企業の意思決定や戦略が経済理論によって合理的に説明されやすいこと，この分野では歴史的に企業の市場支配力に対する関心が高く，それは理論的な説明とセットになっていたこと，など様々な理由が考えられる[4]．いずれにせよ，実証分析を行うにあたって，構造推定アプローチと実験的アプローチのいずれをとるかということは，分析対象，経済学分野，背後にある経済理論の説得力などに

---

[2] この特徴ゆえに，構造推定は多くの批判も受けてきたと考えられる．このような論争は，マクロ経済学におけるミクロ的基礎付けをめぐる論争と本質的には同一のものであろう．

[3] 川口 (2005) は，2005 年時点においてアメリカの労働経済学が，「いかに弱くかつ説得力のある仮定から，因果関係を推定するかという手法」へ移行していることを現地よりレポートしている．

[4] 産業組織論における構造推定アプローチのわかりやすい解説として，Reiss and Wolak (2007) を参照されたい．また，分野によるアプローチの違いについて，森田 (2014) はデータの質の違いをあげている．

よって決定され，いずれかのみ，過度に重視することは危険であろう[5].

1.1.3 構造推定の分類

次に，推定の土台となる経済理論モデルによって，構造推定を分類しておこう．まず，本書で扱う構造推定の理論は**離散選択モデル (discrete choice model)** である[6]．離散選択モデルでは，個人や企業は，離散型の選択肢より最適な行動を1つ選択する．次に，意思決定問題において時間の要素を考えるか考えないかによって，「動学モデル」と「静学モデル」に分ける．本書では，それらをそれぞれ，**動的離散選択モデル (dynamic discrete choice model)**，**静的離散選択モデル (static discrete choice model)** と呼ぶことにしよう．ここで，もし意思決定主体が行動を選択するときに観察する状態が離散的ならば，動的離散選択モデルは動的計画法 (DP) を用いて分析できる．さらに，動的離散選択モデルを，意思決定主体間の関係によって，(1) シングルエージェントの意思決定問題，(2) 動学ゲームの2つに分けよう[7]．(1) のシングルエージェントの意思決定問題では，個々の意思決定主体がそれぞれ独立に意思決定を行う．つまり，個々の意思決定において他の意思決定主体の行動は考慮されないので，モデルの中に戦略的な関係は存在しない．したがって，このようなモデルでは，1人の代表的な「個人」を考え，その意思決定問題を分析すればよい．(2) の動学ゲームでは，モデルの中に意思決定主体間の戦略的な関係が存在する．したがって，ゲーム理論にもとづいて，各意思決定主体（プレイヤー）の他のプレイヤーの戦略に対する長期的な最適戦略を考えなければならない．一般的には，そのような戦略は「マルコフ戦略」として考えられる．動学ゲームにおいては，シングルエージェント問題にない問題点がある．まず，ゲームによっては均衡が複数存在する場合がありうる．また，それぞれのプレイヤーにとって他のプレイヤーの選択は内生的な意味を持つ．そのような意味で，動学ゲームはさらに複雑なものとなる．

---

[5] 労働政策の評価に関する両アプローチの明快な解説としては，今井ほか (2001) が有益である．
[6] 離散選択モデル以外の構造推定モデルとしては，オイラー方程式を使う異時点間最適化問題などがある．
[7] この他に競争均衡モデルを考えることもある．

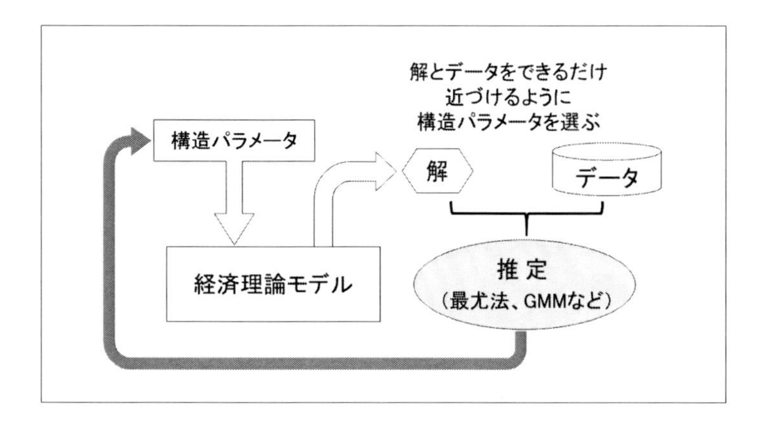

図 1.2　構造推定のイメージ

1.1.4　構造推定の問題点

構造推定を行うときのもっとも重要な分析上の問題点は，大量の計算を行わなければならないということである．これは，特に動的離散選択モデルの場合にはより深刻なものとなる．なぜなら，動的離散選択モデルを分析するには動的計画法の解を求めなければならないが，一般にその解はコンピュータによる反復計算により求められ，また，パラメータの推定もしばしば反復計算が必要となるので，二重の意味で多くの反復計算を行わなければならないからである．図 1.2 に構造推定のイメージを示した．まず，ある固定された構造パラメータの下で，経済理論モデルから数値計算により解が求められる．もし，その構造パラメータが正しい値であれば，その解は観察されたデータに近い結果となっているはずである．しかし，その解がデータとかなり違うものであれば，あらためてその解とデータができるだけ近くなるような新しい構造パラメータの候補を求め，そのパラメータの下で理論モデルの解を求めなければならない．単純に考えれば，このようなサイクルを繰り返し，理論モデルの解とデータをできるだけ近づけるような構造パラメータが見つかれば，それが推定すべきパラメータとなる．しかし，一般的にはこのようなパラメータが見つかるまで膨大な計算が必要となり，しばしばこのような単純な計算方法が不可能な場合もある．

1.2　推定のためのアルゴリズムとは

上に述べたような構造推定，特に動的離散選択モデルの推定の特徴と問題点を考えると，構造推定に関する研究のもっとも重要な論点は，「どのようなアルゴリズム（計算の手順）を用いれば，推定結果の正確性を犠牲にせずに計算量や計算時間を小さくすることができるか？」という問題だと言っても過言ではないだろう．ここで，**アルゴリズム (algorithm)** とは，問題を解く計算手順を定式化した形で表現したものである．構造推定の分析の実際は，問題に対して適切に選ばれたアルゴリズムをプログラミングし，図 1.2 で示した手順を行って，最適な解を探索することになる．

では，このような構造推定のためのアルゴリズムは，どのように考えられ，どのように選ばれるべきものであろうか？ ここでは，後で詳述する推定アルゴリズムの理解のために，次のように思考パターンをまとめよう．

1. 推定のためのアルゴリズムを 1 つ考える．
2. その実行のための問題点を考える．
3. その解決のための改善点を考える．
4. アルゴリズムを改良する．

ここで，まず，もっとも単純なアルゴリズムは，図 1.2 で示された手順を “愚直” に行うことであろう．つまり，(1) あるパラメータのもとで理論モデルの解を解く，(2) その解のもとでもっともらしいパラメータを求める，という 2 つの手順を交互に行うことである．ここで，(1) の解が (2) から呼び出され，(2) のパラメータが (1) で呼び出されている形となっていることに注意しよう．一般に，このような形を**ネスティング (nesting)** と呼ぶので，本書では，この形をとるアルゴリズムには「ネステッド」をつけることにする[8]．

このようなアルゴリズムは，理解しやすいものではあるが，(1) と (2) を繰り返し行わなければならず，それぞれの計算が収束するには膨大な時間がかかる場合もある．その問題を解決するために，より効率的なアルゴリズムを用いる必要がある．第 2 章で説明する「ネステッド擬似尤度アルゴリズム」は，単純なアルゴリズムのネスティングの構造を入

[8] “nested” は，日本語で「入れ子型」と称されることも多いが，本書では，「ネステッド」で統一することにする．

れ替えることで，より早く解が収束するようなアルゴリズムの好い例となっている．このように，構造推定のための先行研究では，より効率的な多くのアルゴリズムが提案されてきた．本書では，シングルエージェントの動的離散選択モデル，動学ゲームの動的離散選択モデル，静学離散選択モデルのそれぞれにおいて，そのようなアルゴリズムを整理し，それぞれの特徴をまとめ，そのいくつかについては実際にシミュレーションによって実験してみることにする．

1.3 本書の目的と対象

本書の目的は，離散選択モデルを推定するためのアルゴリズムについて平易に説明することである[9]．離散選択モデルの構造推定を使って分析される経済学の応用分野は，労働経済学，産業組織論，経済人口学，医療経済学，開発経済学，政治経済学，マーケティングと多岐にわたるが，本書では特定の分野を想定していない．また，適所で提示される定理については，証明を与えていない．数学的に厳密な議論については，先行研究論文を参照されたい．むしろ，本書では多くの研究論文で用いられているアイデアをできるだけ平易な表現を用いて説明することにつとめた[10]．したがって，この研究分野における日本語で書かれた初歩的なガイドとして読まれれば幸いである[11]．

構造推定の性質上，分析を行うにあたってはプログラミングの知識が欠かせない．構造推定のモデルを考察し，その推定を行うためのアルゴリズムにフォーカスしている点も本書の特徴であろう．そのアルゴリズムを確かめるために，本書では，MATLAB と Python を用いた．具体的には，第 2 章では，MATLAB のみを用い，一方，第 3 章では，Python より AMPL を経由してソルバーの KNITRO を呼び出して計算した．さらに，第 4 章では，Python のライブラリである Pyomo を使って KNITRO で計算した．このように，3 つの章でそれぞれ異なるプログラミングの方法を使った理由は，まず，それぞれの章を書いた時点で筆者が重視していた方法であったことと，プログラミングに関して選択の幅を残しておくことが読者にとって好ましいと考えたからである．そのようなプログラミングのための “デザイン” については，第 5 章にて詳細に説明した．本書で掲示し

[9] 本書で説明するアルゴリズムの日本語名称は，筆者が本書を書くにあたって便宜上名付けたものにすぎない．一般的には，本来の英語での名称またはその略称で通用していることに注意されたい．

[10] Ackerberg et al. (2007) も動的・静的な構造推定に関するコンパクトな解説となっている．

[11] ただし，言うまでもなくありうる誤解や誤植，計算の間違いなどは全て筆者の責に帰すものである．

たプログラミングの方法や好みに偏りがあっても，読者は，研究環境の制約や，好きなプログラミング言語などによって異なる方法を選択できると考える．

第 2 章以降の内容は，以下の通りである．まず，第 2 章で，**シングルエージェントの動的離散選択モデル**を考える．ここで，構造推定に関する基本的な概念について説明し，このモデルの推定アルゴリズムとして，NFXP と NPL の 2 つを取り上げて比較する．第 3 章では，戦略的関係を含むモデルとして，**動学ゲームの離散選択モデル**を扱い，このモデルの推定のために，NPL，2STEP，NPL-Λ，MPEC の 4 つのアルゴリズムを考える．第 4 章では，**静的離散選択モデル**として，BLP モデルとその推定アルゴリズムについて説明する．第 5 章では，本書で説明したモデルのためのプログラミングについて，基本的な考え方と推定に必要なプログラミング環境について考察する．また，プログラミング言語 Python の基本についてもまとめる．各章は，基本的には独立して読むことができるが，第 2 章で重複していることについては第 3 章では説明を省いたところもある．なお，第 2，3，4 章で説明した推定アルゴリズムのために，各章の付録でプログラミングコードを付した．使うプログラミング言語の違いもあり，これらが読者にとって最適なコーディングであるとは限らないが，本書の理解を助けるための参考として考えていただきたい．

第2章

シングルエージェントの動的離散選択モデル

この章では，**動的離散選択モデル** の代表的なアルゴリズムである「ネステッド不動点アルゴリズム (nested fixed point algorithm, NFXP)」と「ネステッド擬似尤度アルゴリズム (nested pseudo-likelihood algorithm, NPL)」の2つを中心に，シングルエージェントの離散選択モデルの構造推定について議論する．この章を書くにあたって，Aguirregabiria and Mira (2010) を参考にし，モデルの設定，表記法，応用例についてはほぼそれにしたがった．シングルエージェントの動的離散選択モデルの構造推定には，他にも優れたサーベイ論文がある．特に，Rust (1994)，Rust (1996)，Miller (1999)，Keane et al. (2011)，Arcidiacono and Ellickson (2011) なども参考にした．

この章の構成は以下の通りである．第2.1節では，動的離散選択の基本モデルについて説明する．第2.2節では，そのモデルにもとづいて推定する手法について議論する．ここでは，NFXPとNPLを解説する．第2.3節では，実際にモンテカルロ法によってデータを生成し，そのデータより簡単な構造推定を行う．第2.4節では，NFXPやNPL以外の推定法を解説し，最近の比較的新しい手法についても触れる．最後に，経済分野の応用例を第2.5節で説明した後，第2.6節をまとめとする．

2.1　基本モデル

この節では，動的離散選択の基本モデルについて説明する．まず，モデルを DP 問題として設定し，いくつかの仮定をおいた上でそれを推定しやすい形に変形する．モデルの解として，条件付き選択確率 (CCP) を導出することがここでの目的となる．そして，そのモデルをロジット型に限定し，推定を行う準備とする．

2.1.1　動的離散選択モデルの基本設定

この動的離散選択モデルでは，期間を t で表し，それぞれ独立に意思決定を行う**個人**または**エージェント (agent)** を i で表す．各個人 i は各期ごとに自分の利得にかかわる (payoff-relevant) ような**状態 (state)** を観察した上で，1 つの**行動 (action, decision)** を選択しなければならない．この状態を s_{it} で表し，行動を a_{it} で表そう．行動 a_{it} は $A=\{a^1,\dots,a^J\}$, $J<\infty$ から選択されるものとする[1]．次に，個人が得ることができる効用は各期ごとに発生するとしよう．すると，個人 i が t 期に得られる効用は，状態 s_{it} と行動 a_{it} の関数として $U(s_{it},a_{it})$ と書ける．この効用関数 U は期間を通じて不変で，全ての個人に共通であるとする．動的離散選択モデルでは，個人 i はその効用の割引総和の条件付き期待値

$$E\left(\sum_{\tau=0}^{\infty}\beta^{\tau}U(s_{i,t+\tau},a_{i,t+\tau})|s_{it},a_{it}\right) \tag{2.1}$$

を最大化するように，行動の列 $a_{i1},a_{i2},\dots$ を選択する．ただし，$\beta\in(0,1)$ は期間を通じて不変で全ての個人に共通な割引因子である．

ここで，個人は将来に実現する状態に関して完全な情報を持っていない．そこで，各個人の将来の状態に関する予測は，1 次のマルコフ推移確率にしたがうとする．具体的には，個人 i が t 期において状態 s_{it} を観察して行動 a_{it} を選択したとき，次の $t+1$ 期に状態が $s_{i,t+1}$ となる確率（信念）を**推移確率 (transition probability)** と呼び，

---

[1] この章では同じ記号を用いて，下付きの添字（it）で「個人」と「期」を，上付きの添字で「可能な値の候補」を表すことにする．例えば，“$a_{it}=a^j$” は「t 期に個人 i が選択した行動が $a^j\in A$ であること」を示す．

$p(s_{i,t+1}|s_{it}, a_{it})$ で表す[2]．この推移確率は期間を通じて不変で，全ての個人に共通であるとする．以上の $\{U, p, \beta\}$ を動的離散選択モデルの**構成要素 (primitive)** と呼ぼう．ここで，**構造推定 (structural estimation)** とは，この構成要素を決定する**構造パラメータ (structural parameter)** を理論モデルにもとづいて推定することである．

この個人の意思決定問題は，**動的計画法 (dynamic programming, DP)** によって考えることができる[3]．(2.1) 式の効用を最大化する DP 問題は，ベルマンの最適性原理により，**価値関数 (value function)** を V とする次のような**ベルマン方程式 (Bellman equation)** で表される．

$$V(s_{it}) = \max_{a \in A} \left\{ U(s_{it}, a) + \beta \int V(s_{i,t+1}) dp(s_{i,t+1}|s_{it}, a) \right\}. \tag{2.2}$$

ベルマン方程式とは，(2.1) の効用を最大にする問題を，価値関数が再帰的になるような形で表したものである．ここで，(2.2) 式の右辺の最大化する部分 $\{\cdot\}$ を次のように表そう．

$$v(s_{it}, a) = U(s_{it}, a) + \beta \int V(s_{i,t+1}) dp(s_{i,t+1}|s_{it}, a). \tag{2.3}$$

すると，個人の**最適行動ルール (optimal decision rule)** は状態 s_{it} の関数として $\delta(s_{it}) = \arg\max_{a \in A}\{v(s_{it}, a)\}$ と書ける．本書では，この $v(s_{it}, a)$ を行動が a であるときの**選択価値関数 (choice-specific value function)** と呼ぼう．

さて，われわれは，各個人がこのような DP 問題を解いて合理的に最適行動ルールを決定しているという前提の下で，このモデルの構成要素を決定する構造パラメータを状態と個人の行動に関するデータを用いて推定したい．ところが，われわれは状態に関してあらゆるデータを観察できるわけではない．例えば，経済状況を示す指標は観察可能なデータであるが，各企業の財務・費用情報は私的情報であり観察不可能なデータであろう．あるいは，個人の結婚歴は観察可能であるが，個人の嗜好はわれわれには観察不可能である．したがって，通常このような分析では，状態を $s_{it} = (x_{it}, \varepsilon_{it})$ のように 2 つに分けて，x_{it} は誰でも観察可能な状態，ε_{it} は個人 i にしか観察されない状態とする．したがって，われわれが観察できるデータは，「観察可能な状態」と「個人の行動」の 2 つである．これを

---

[2] 「遷移確率」ともいうが，本書では「推移確率」で統一する．

[3] 経済分野における動的計画法の初歩としては，Stokey and Lucas (1989) を参照．また，Judd (1998) や Adda and Cooper (2003) はその数値計算による解法について詳しい．

$Data = \{(x_{it}, a_{it}): \ i = 1, \ldots, N; \ t = 1, \ldots, T_i\}$ で表すことにしよう[4]．一方，データに含まれない「観察不可能な状態」の ε_{it} は，個人の行動に関する変動と見なされる．つまり，後述するように，ε_{it} は推定上の「誤差」として扱われる．

2.1.2 いくつかの仮定と推定の準備

このような動的離散選択モデルを構造推定するために，未知の構造パラメータに関する尤度関数を設定し，それを最大化することを考えよう．そのような尤度関数を設定するために，個人の最適行動ルール δ を観察不可能な状態 ε_{it} で積分して，「ある観察可能な状態 x_{it} の下で，ある行動 a_{it} が選択される確率」を求めたい[5]．ところが，一般的にはこの積分を解くことは難しいので，それが計算可能となるように状態 ε_{it} に関するいくつかの仮定を置く必要がある．Rust (1987) 以降の研究分析においては，次のような3つの**標準的な仮定**が使われている[6]．

仮定AS「加法分離性」(Additive Separability)

効用関数 U は次のように2つの部分に分けられる．

$$U(x_{it}, \varepsilon_{it}, a) = u(x_{it}, a) + \varepsilon_{it}(a). \tag{2.4}$$

ここで，ε_{it} は行動 $a \in A = \{a^1, \ldots, a^J\}$ に対応して生じる $(J \times 1)$ 次元のベクトルであり，$a = a^j$ ならば $\varepsilon_{it}(a)$ はその j 番目の要素である．

---

[4] 場合によっては，これに加えて**利得変数 (payoff variable)** を考えることもある．利得変数は状態と行動に依存して決まる観察可能な変数である．後で説明する Rust and Phelan (1997) では，利得変数を用いたモデルが解説されている．

[5] このように積分によってある変数を消去することは，**積分消去 (integrate out)** または周辺化と呼ばれる．

[6] Aguirregabiria and Mira (2002) では，観察不可能な状態 ε_{it} が**独立同分布 (independent and identically distributed, IID)** であることを1つの仮定としているが，ここではこれを条件付き独立性の仮定の中にまとめた．

仮定CI「条件付き独立性」(Conditional Independence)

観察不可能な状態 ε_{it} は i, t に関して互いに独立で同一の，状態 x_{it} を条件とする確率分布 $g(\varepsilon_{it}|x_{it})$ にしたがう．さらに，推移確率は次のような積の形となる．

$$p(x_{i,t+1}, \varepsilon_{i,t+1}|x_{it}, \varepsilon_{it}, a_{it}) = f(x_{i,t+1}|x_{it}, a_{it}) \cdot g(\varepsilon_{i,t+1}|x_{i,t+1}). \tag{2.5}$$

ここで，$f(x_{i,t+1}|x_{it}, a_{it})$ は ε_{it} に依存しない確率関数である．

仮定DIS「離散型の状態」(Discrete Support)

状態 x_{it} のとる範囲（状態空間）は離散かつ有限である．つまり，ある $M < \infty$ が存在して，$x_{it} \in X = \{x^1, \ldots, x^M\}$ と書ける．

つまり，**仮定AS** は，効用関数に関して観察可能な状態 x_{it} と観察不可能な状態 ε_{it} が加法的に分離されることを意味しており，**仮定CI** は，推移確率に関してそれらが積の形で分離されることを意味している．そのような状態の推移プロセスを図 2.1 に示した（Rust (1988) の Fig. 1 より）．状態 x_{it} が次の期の状態 $x_{i,t+1}$ に影響するのに対して，状態 ε_{it} は互いに依存関係（系列相関）はなく，ε_{it} は同じ期の状態 x_{it} にのみ依存する[7]．t 期の個人の最適行動ルール δ は状態 $s_{it} = (x_{it}, \varepsilon_{it})$ に依存するが，その δ によって選択された a_{it} は次の期の状態 $x_{i,t+1}$ にのみ影響を与える．また，**仮定DIS** により状態 x_{it} は離散型であるので，その積分は総和の形となるが，状態 ε_{it} は一般的には連続な確率分布にしたがうと仮定される．

このような仮定により，ベルマン方程式を書き換える．まず，(2.3) 式の選択価値関数は次のように書き換えることができる．

$$v(x_{it}, \varepsilon_{it}, a) = u(x_{it}, a) + \varepsilon_{it}(a) + \beta \sum_{m=1}^{M} f(x^m|x_{it}, a) \int V(x^m, \varepsilon_{i,t+1}) dg(\varepsilon_{i,t+1}|x_{i,t+1}). \tag{2.6}$$

次に，**期待価値関数 (expected value function)** というものを考えよう[8]．これは，

[7] ただし，Aguirregabiria and Mira (2010) は，このように ε_{it} が x_{it} に依存すると仮定した分析はほとんどないと指摘している．実際，後で見る Rust モデルにおいても ε_{it} は x_{it} には依存していないと仮定している．

[8] あるいは，積分価値関数，Emax 関数とも呼ばれる．これは，McFadden (1981) によって社会余剰関数（social surplus function）として導入された．

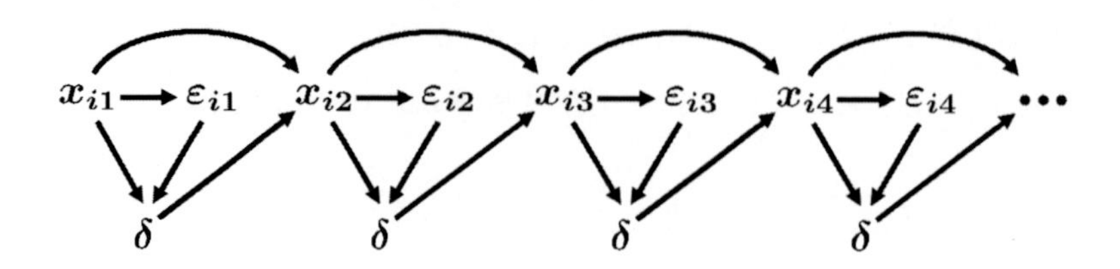

図 2.1 状態の推移プロセス（Rust, 1988. Fig. 1）

$\bar{V}(x) \equiv \int V(x,\varepsilon)dg(\varepsilon|x)$ として定義される．すると，(2.6) 式は

$$v(x_{it},\varepsilon_{it},a) = u(x_{it},a) + \varepsilon_{it}(a) + \beta \sum_{m=1}^{M} f(x^m|x_{it},a)\bar{V}(x^m) \tag{2.7}$$

となるので，$V(x_{it},\varepsilon_{it}) = \max_{a\in A}\{v(x_{it},\varepsilon_{it},a)\}$ より，

$$\bar{V}(x_{it}) = \int \max_{a\in A}\left\{u(x_{it},a) + \varepsilon_{it}(a) + \beta \sum_{m=1}^{M} f(x^m|x_{it},a)\bar{V}(x^m)\right\} dg(\varepsilon_{it}|x_{i,t+1}) \tag{2.8}$$

となる．この式は，$\bar{V}$ に関して再帰的な関係を持っていることに注目しよう．つまり，上の仮定の下で，(2.2) 式のベルマン方程式は $\bar{V}$ を用いて (2.8) 式のように書き換えることができた．

以降では，V の代わりにこの $\bar{V}$ を用いることとし，そのベルマン方程式の一意的な解を求めることを考える．

2.1.3 条件付き選択確率と反復計算

(2.8) 式のベルマン方程式の解を，以下の手順で求めよう．

まず，上の定式化を行列・ベクトル表現で表そう．つまり，

$$\boldsymbol{F}(a) = \begin{bmatrix} f(x^1|x^1,a) & \dots & f(x^M|x^1,a) \\ f(x^1|x^2,a) & \dots & f(x^M|x^2,a) \\ \vdots & \ddots & \vdots \\ f(x^1|x^M,a) & \dots & f(x^M|x^M,a) \end{bmatrix},$$

$\boldsymbol{u}(a) = \big(u(x^1,a),\dots,u(x^M,a)\big)'$，$\boldsymbol{\varepsilon}(a) = (\varepsilon(a),\dots,\varepsilon(a))'$ とすると，期待価値関数

$\bar{\boldsymbol{V}} = \left(\bar{V}(x^1), \ldots, \bar{V}(x^M)\right)'$ は，

$$\bar{\boldsymbol{V}} = \int \max_{a \in A} \left\{ \boldsymbol{u}(a) + \boldsymbol{\varepsilon}(a) + \beta \boldsymbol{F}(a) \bar{\boldsymbol{V}} \right\} d\boldsymbol{G}(\varepsilon) \tag{2.9}$$

と簡潔に表すことができる[9].

次に，個人 i が t 期の状態 $x_{it} = x$ を観察したときに行動 $a_{it} = a$ を選択する確率を考えよう．この確率は，最適行動ルールを観察不可能な状態 ε_{it} で積分したものであるので，

$$\begin{aligned} P(a|x) &= \int I\big(\delta(x, \varepsilon_{it}) = a\big) dg(\varepsilon_{it}|x) \\ &= \int I\left(a = \arg\max_{a' \in A} \left\{ u(x, a') + \varepsilon_{it}(a') + \beta \sum_{m=1}^{M} f(x^m|x, a') \bar{V}(x^m) \right\}\right) dg(\varepsilon_{it}|x) \end{aligned} \tag{2.10}$$

と書ける．ここで $I(\cdot)$ は指示関数である．この P は**条件付き選択確率 (conditional choice probability, CCP)** と呼ばれる．以下の構造推定の方法において，この条件付き選択確率は重要な役割を果たすことになる．その方法の基本的なアイデアとは，解が価値関数の形となる本来のベルマン方程式を，条件付き選択確率の形で解くというものである．つまり，条件付き選択確率から条件付き選択確率へ写すような写像（オペレータ）をベルマン方程式より求め，その不動点を解とすればよい．本書では，便宜的にこのオペレータを「CCP オペレータ」と呼ぶことにしよう[10]．CCP オペレータは以下のような手順で求められる．

まず，この $P(a|x)$, $x = x^1, \ldots, x^M$; $a = a^1, \ldots, a^J$ を要素とする $(M \times J)$ の行列を $\boldsymbol{P}$ としよう[11]．この $\boldsymbol{P}$ が求めるべき解の候補である．(2.10) 式より P は $\bar{V}$ の写像になっているので，$\boldsymbol{P}$ を $\bar{\boldsymbol{V}}$ の写像と見なしたものを，$\boldsymbol{\Lambda}(\cdot)$ で表すことにする．

次に，この条件付き選択確率の定義より，(2.8) 式は状態 x の関数として次のように書

9 ここで，積分記号 $\int\{\cdot\}d\boldsymbol{G}(\varepsilon)$ はベクトルの要素ごとの積分をまとめたものを意味している．また，$\max_{a \in A}$ もベクトルの要素ごとに最大化を行うという意味である．

10 Aguirregabiria and Mira (2002) その他では，policy iteration operator (PI operator) と呼んでいる．

11 多くの研究分析では，$P(a|x)$ を要素とする $(MJ \times 1)$ の列ベクトルとして $\boldsymbol{P}$ を定義しているが，行列として考えても以下の議論には影響しない．

き換えられる．

$$\bar{V}(x) = \sum_{a \in A} P(a|x) \left\{ u(x,a) + E\Big[\varepsilon(a)|x, \delta(x,\varepsilon) = a\Big] + \beta \sum_{m=1}^{M} f(x^m|x,a)\bar{V}(x^m) \right\}. \tag{2.11}$$

ここで，$\boldsymbol{P}(a) = \big(P(a|x^1), \ldots, P(a|x^M)\big)'$，$\boldsymbol{E}(a) = \Big(E\Big[\varepsilon_{it}(a)|x^1, \delta(x^1,\varepsilon) = a\Big], \ldots,$ $E\Big[\varepsilon_{it}(a)|x^M, \delta(x^M,\varepsilon) = a\Big]\Big)'$ とおくと，(2.11) 式は行列・ベクトル表現で

$$\bar{\boldsymbol{V}} = \sum_{a \in A} \boldsymbol{P}(a) * \big\{\boldsymbol{u}(a) + \boldsymbol{E}(a) + \beta \boldsymbol{F}(a)\bar{\boldsymbol{V}}\big\}$$

と書ける．ただし，$*$ は要素ごとの積（**アダマール積**）を表す演算子である[12]．これより，

$$\bar{\boldsymbol{V}} = \left[\boldsymbol{I}_M - \beta \sum_{a \in A} \boldsymbol{P}(a) * \boldsymbol{F}(a)\right]^{-1} \sum_{a \in A} \boldsymbol{P}(a) * \{\boldsymbol{u}(a) + \boldsymbol{E}(a)\} \tag{2.12}$$

となる．この $\bar{\boldsymbol{V}}$ は $\boldsymbol{P}$ の写像となっていることに注目しよう．Hotz and Miller (1993) の Proposition 1 は，$\boldsymbol{E}(a)$ も $\boldsymbol{P}$ の写像となっていることを示している[13]．そこで，この $\bar{\boldsymbol{V}}$ を $\boldsymbol{P}$ の写像と見なしたものを $\boldsymbol{\Phi}(\cdot)$ で表そう．

さて，われわれの目的は，DP 問題の解 $\boldsymbol{P}$ を求めることであった．(2.10) 式より $\bar{\boldsymbol{V}}$ の写像として $\boldsymbol{\Lambda}(\cdot)$ が得られ，(2.12) 式より $\boldsymbol{P}$ の写像として $\boldsymbol{\Phi}(\cdot)$ が得られた．そこで，この 2 つの写像の合成写像を $\boldsymbol{\Psi}(\cdot) \equiv \boldsymbol{\Lambda}\big(\boldsymbol{\Phi}(\cdot)\big)$ とすると，この $\boldsymbol{\Psi}$ が目的の CCP オペレータということになる．つまり，解のあらゆる候補を $\boldsymbol{\Psi}(\cdot)$ に代入して

$$\boldsymbol{P} = \boldsymbol{\Psi}(\boldsymbol{P}) \tag{2.13}$$

の関係が成り立てば，その不動点 $\boldsymbol{P}$ こそが求めたい解となる．

以上の準備の上で，(2.13) 式を解くアルゴリズムを考えよう．Aguirregabiria and Mira (2002) は，$\boldsymbol{\Psi}$ は一意的な不動点を持ち，繰り返し代入により $\boldsymbol{P}$ は収束し，同時に $\bar{\boldsymbol{V}}$ も収束することを示した．これを命題の形にまとめておこう．

[12] つまり，$A = \begin{bmatrix} a_{11}, & a_{12} \\ a_{21}, & a_{22} \end{bmatrix}$，$B = \begin{bmatrix} b_{11}, & b_{12} \\ b_{21}, & b_{22} \end{bmatrix}$ とすれば，$A * B = \begin{bmatrix} a_{11}b_{11}, & a_{12}b_{12} \\ a_{21}b_{21}, & a_{22}b_{22} \end{bmatrix}$.

[13] さらに，後で説明するロジット型モデルでは，$E\Big[\varepsilon_{it}(a)|x, \delta(x,\varepsilon) = a\Big] = -\ln P(a|x)$ という関係が成り立っている．これは付録 A で導出する．

命題 1（Aguirregabiria and Mira, 2002. Proposition 1）　**仮定AS**（加法分離性），**仮定CI**（条件付き独立性），**仮定DIS**（離散型の状態）が満たされるとき，

(a) $\boldsymbol{\Psi}$ は一意的な不動点 $\boldsymbol{P}$ を持つ．

(b) 任意の $\boldsymbol{P}^{(0)}$ に対して，列 $\boldsymbol{P}^{(K)} = \boldsymbol{\Psi}(\boldsymbol{P}^{(K-1)})$, $K = 1, 2, \ldots,$ は $\boldsymbol{P}$ に収束する．

(c) 任意の $\boldsymbol{P}^{(0)}$ に対して，$\bar{\boldsymbol{V}}^{(K)} = \boldsymbol{\Phi}(\boldsymbol{P}^{K})$，$\boldsymbol{P}^{(K+1)} = \boldsymbol{\Lambda}(\bar{\boldsymbol{V}}^{K})$ となるような列 $\{\bar{\boldsymbol{V}}^{(K)}, \boldsymbol{P}^{(K)}\}$ を考えると，列 $\{\bar{\boldsymbol{V}}^{(K)}\}$ は一意的な解に収束して，(2.8) 式のベルマン方程式の解となる．

この命題より，$\boldsymbol{P}$ を繰り返し $\boldsymbol{\Psi}$ に代入し，$\boldsymbol{P}^{(0)}, \boldsymbol{P}^{(1)}, \boldsymbol{P}^{(2)} \ldots$ のように逐次「更新」していくことで不動点を求めることが可能となる．一般的には，このように CCP オペレータを用いて不動点を求める手法を**政策反復法 (policy iteration, policy function iteration)** と呼ぶ．本書では，より直感的に，このアルゴリズムを「CCP 不動点アルゴリズム」と呼ぼう．

CCP 不動点アルゴリズム

ステップ 0　最初の $\boldsymbol{P}^{(0)}$ の各要素に適当な $[0, 1]$ 間の値を割り当てる（“guess”）.

以降，$K = 0, 1, \ldots$ に対して次の 2 つのステップを繰り返す．

ステップ 1　$\boldsymbol{P}^{(K)}$ を (2.12) 式の右辺に代入して $\bar{\boldsymbol{V}}^{(K)} = \boldsymbol{\Phi}(\boldsymbol{P}^{(K)})$ とする．
ステップ 2　$\bar{\boldsymbol{V}}^{(K)}$ を (2.10) 式の右辺に代入して $\boldsymbol{P}^{(K+1)} = \boldsymbol{\Lambda}(\bar{\boldsymbol{V}}^{(K)})$ とする．

適当なノルムと $\epsilon > 0$ を決めておいて，$||\boldsymbol{P}^{(K+1)} - \boldsymbol{P}^{(K)}|| < \epsilon$ となって収束が確認されたら計算を終了して解とする．

このように，CCP オペレータを用いたアルゴリズムを使うためには，(2.10) 式と (2.12) 式より，それぞれ $\boldsymbol{\Lambda}(\bar{\boldsymbol{V}})$ と $\boldsymbol{\Phi}(\boldsymbol{P})$ を計算すればよい．ところが，一般的には，写像 $\boldsymbol{\Lambda}(\cdot)$ と $\boldsymbol{\Phi}(\cdot)$ を導出するのは難しい．そこで，通常このような分析では，以下で説明する「ロジット型モデル」が使われることが多い．次節でロジット型モデルを定式化し，以降ではこのモデルに限定して議論を進めよう．

2.1.4　ロジット型モデル

Rust (1987) に続く多くの動的離散選択モデルにおいては，観察不可能な状態 ε_{it} に関して仮定をもうけてモデルを推定しやすくしている．本書では，そのようなモデルを**ロジット型モデル (logit model)** と呼ぼう．ロジット型モデルとは，上の 3 つの仮定に次の仮定を加えたモデルである．

仮定CLOGIT「条件付きロジット型モデル」(Conditional Logit Model)

観察不可能な状態 $\{\varepsilon_{it}(a^j), j=1,\dots,J\}$ は互いに独立であり，それぞれタイプ I 型極値分布にしたがう．

具体的に，ε_{it} の各要素は次の確率分布関数にしたがうとしよう[14]．

$$g(\epsilon) = \exp\bigl[-\exp(-\epsilon+\gamma)\bigr]. \tag{2.14}$$

ここで，$\gamma = 0.577216\cdots$ は，$\gamma \equiv \int_0^\infty \ln z \exp(-z)dz$ で定義される**オイラー定数** である．このとき，条件付き選択確率は，$x^m \in \{x^1,\dots,x^M\}$，$a^j \in \{a^1,\dots,a^J\}$ に対して

$$P(a^j|x^m) = \frac{\exp\Bigl\{u(x^m,a^j) + \beta \boldsymbol{F}(x^m,a^j)\bar{\boldsymbol{V}}\Bigr\}}{\sum_{a\in A}\exp\Bigl\{u(x^m,a) + \beta \boldsymbol{F}(x^m,a)\bar{\boldsymbol{V}}\Bigr\}} \tag{2.15}$$

となることがわかる．ただし，$\boldsymbol{F}(x^m,a)$ は，行列 $\boldsymbol{F}(a)$ の m 行目の要素ベクトル $(1\times M)$ である．すると，$\boldsymbol{\Lambda}(\bar{\boldsymbol{V}})$ は，(2.15) 式の $P(a^j|x^m)$ を m 行目 j 列目の要素とする行列

$$\boldsymbol{\Lambda}(\bar{\boldsymbol{V}}) = \begin{bmatrix} P(a^1|x^1) & \dots & P(a^J|x^1) \\ P(a^1|x^2) & \dots & P(a^J|x^2) \\ \vdots & \ddots & \vdots \\ P(a^1|x^M) & \dots & P(a^J|x^M) \end{bmatrix}$$

となって計算可能となる．

---

[14] 一般的な**タイプ I 型極値分布（Gumbel 分布）**は，$F(\epsilon;\mu,\sigma) = \exp\bigl[-\exp\bigl(-(\epsilon-\mu)/\sigma\bigr)\bigr]$ となる ($\sigma>0$)．本書では，Rust (1987) にならい，$\mu=\gamma$（オイラー定数），$\sigma=1$ とする．ただし，他の研究分析では $\mu=0$ としているものも多い．

さらに，ロジット型モデルの場合，観察不可能な状態 ε_{it} が (2.14) 式にしたがうならば，(2.12) 式の $\boldsymbol{E}(a)$ は $-\ln\bigl(\boldsymbol{P}(a)\bigr)$ と等しくなる．したがって，**仮定CLOGIT** より，(2.12) 式は

$$\boldsymbol{\Phi}(\boldsymbol{P}) = \left[\boldsymbol{I}_M - \beta\sum_{a\in A}\boldsymbol{P}(a) * \boldsymbol{F}(a)\right]^{-1}\sum_{a\in A}\boldsymbol{P}(a) * \bigl\{\boldsymbol{u}(a) - \ln\bigl(\boldsymbol{P}(a)\bigr)\bigr\} \tag{2.16}$$

と書くことができて計算可能となる．

ロジット型モデルの条件付き選択確率と $\boldsymbol{E}(a)$ の導出を付録 A に付した．後で試みるモンテカルロ・シミュレーションによる推定では，このロジット型モデルを仮定して，$\boldsymbol{\Lambda}(\bar{\boldsymbol{V}})$ と $\boldsymbol{\Phi}(\boldsymbol{P})$ を計算することにする．

なお，ロジット型モデルにおいて，期待価値関数は $x^m \in \{x^1, \ldots, x^M\}$ に対して

$$\bar{V}(x^m) = \ln\left(\sum_{a\in A}\exp\Bigl\{u(x^m, a) + \beta\boldsymbol{F}(x^m, a)\bar{\boldsymbol{V}}\Bigr\}\right) \tag{2.17}$$

となる[15]．(2.17) 式を行列・ベクトル表現で表すと，

$$\bar{\boldsymbol{V}} = \ln\left(\sum_{a\in A}\exp\Bigl\{\boldsymbol{u}(a) + \beta\boldsymbol{F}(x^m, a)\bar{\boldsymbol{V}}\Bigr\}\right) \tag{2.18}$$

となるが，この (2.18) 式は，期待価値関数を表す表現として (2.12) 式の代替的なものになっている．ここで，(2.12) 式には $\boldsymbol{P}(a)$ が含まれているのに対し，(2.18) 式には含まれていない．つまり，(2.18) 式の右辺を「価値オペレータ ($\boldsymbol{\Gamma}$)」として，$\bar{\boldsymbol{V}} = \boldsymbol{\Gamma}(\bar{\boldsymbol{V}})$ の一意的な不動点 $\bar{\boldsymbol{V}}$ が存在すれば，これは (2.9) 式の解になっている．このように，ロジット型モデルでは，CCP オペレータを介さずに (2.18) 式より DP 問題の解を求めることもできる．このように，価値オペレータを用いて不動点を求める手法は，**価値反復法 (value iteration, value function iteration)** と呼ばれる．研究分析によっては，政策反復法ではなく，この手法を用いて不動点を求める場合もある．(付録 A で，ロジット型モデル

[15] この場合，条件付き選択確率 (2.15) 式と期待価値関数 (2.17) 式の間に次のような関係があることが容易に確認できる．

$$P(x^m|a^j) = \frac{\partial\bar{V}(x^m)}{\partial u(x^m, a^j)}.$$

Rust (1987) の Theorem 1 は，**仮定CI**（条件付き独立性）の下で，この関係が一般的に成り立つことを示している．この関係より，条件付き選択確率は期待価値関数より求めることもできる．

における期待価値関数の導出を行った.)

2.2　推定アルゴリズム

前節では，個人がDP問題を解いているという前提で，ある構造パラメータの下でそのDP問題の解を導出した．ここからは，われわれの観察可能なデータから動的離散選択モデルの構造パラメータを推定する手法について議論しよう．ここでは，推定の代表的なアルゴリズムであるNFXPとNPLについて解説する．

2.2.1　尤度関数の導出

まず，構造パラメータを推定するために，推定上の目的関数である尤度関数を導出する．まず，われわれが観察できるデータは，$Data = \left\{(x_{it}, a_{it}) :\ i = 1, \ldots, N;\ t = 1, \ldots, T_i\right\}$ であった．推定したい構造パラメータベクトルを，効用関数 u に関する $\boldsymbol{\theta}_u$，g に関する $\boldsymbol{\theta}_g$，f に関する $\boldsymbol{\theta}_f$ とする[16]．条件付き選択確率 P はそれら全てに依存し，推移確率 f は $\boldsymbol{\theta}_f$ にのみ依存していることに注意しよう．したがって，これより，条件付き選択確率を $P(a_{it}|x_{it}; \boldsymbol{\theta}_u, \boldsymbol{\theta}_g, \boldsymbol{\theta}_f)$，推移確率を $f(x_{i,t+1}|x_{it}, a_{it}; \boldsymbol{\theta}_f)$ と書くことにする．これらは，ある $\boldsymbol{\theta} = (\boldsymbol{\theta}'_u, \boldsymbol{\theta}'_g, \boldsymbol{\theta}'_f)'$ のもとで，それぞれ (x_{it}, a_{it}) と $(x_{it}, x_{i,t+1}, a_{it})$ が生起する確率であるが，見方を変えればこれは $Data$ を条件とする $\boldsymbol{\theta}$ の**尤度 (likelihood)** と見なすことができる．したがって，**仮定CI**（条件付き独立性）と**仮定DIS**（離散型の状態）より，$Data$ が与えられたときの**尤度関数 (likelihood function)**，$L(\boldsymbol{\theta})$ は，構造パラメータ $\boldsymbol{\theta}$ に対して，

$$L(\boldsymbol{\theta}) = \prod_{i=1}^{N}\prod_{t=1}^{T_i} P(a_{it}|x_{it}; \boldsymbol{\theta}_u, \boldsymbol{\theta}_g, \boldsymbol{\theta}_f) \times \prod_{i=1}^{N}\prod_{t=1}^{T_i-1} f(x_{i,t+1}|x_{it}, a_{it}; \boldsymbol{\theta}_f) \tag{2.19}$$

と書くことができる．この $L(\boldsymbol{\theta})$ の対数をとったものを $\ell(\boldsymbol{\theta})$ とすると，**対数尤度関数** は

$$\ell(\boldsymbol{\theta}) = \sum_{i=1}^{N}\sum_{t=1}^{T_i} \ln P(a_{it}|x_{it}; \boldsymbol{\theta}_u, \boldsymbol{\theta}_g, \boldsymbol{\theta}_f) + \sum_{i=1}^{N}\sum_{t=1}^{T_i-1} \ln f(x_{i,t+1}|x_{it}, a_{it}; \boldsymbol{\theta}_f) \tag{2.20}$$

---

[16] ここでは，特に $\boldsymbol{\theta}_u$，$\boldsymbol{\theta}_g$，$\boldsymbol{\theta}_f$ の要素数は特定しない．ただし，それぞれ列ベクトルであるとする．

となる．最尤法により，構造パラメータ $\boldsymbol{\theta}$ の推定は，ある与えられた $Data$ のもとで，この $\ell(\boldsymbol{\theta})$ を最大化するような $\boldsymbol{\theta}$ を求めることになる．これ以降，関数 u，g，f は，いずれも $\boldsymbol{\theta}_u$，$\boldsymbol{\theta}_g$，$\boldsymbol{\theta}_f$ の各要素の全てに関して 2 回連続的微分可能であると仮定する[17]．

2.2.2 ネステッド不動点アルゴリズム (NFXP)

ネステッド不動点アルゴリズム **(nested fixed point algorithm, NFXP)** とは，構造パラメータを推定する**外部ループ (outer loop)** と，ある構造パラメータのもとで動的計画法を解く**内部ループ (inner loop)** の 2 つを交互に（入れ子的に）行うアルゴリズムである．

まず，構造パラメータが $\boldsymbol{\theta}$ のときの CCP オペレータ $\boldsymbol{\Psi}$ を $\boldsymbol{\Psi}_{\boldsymbol{\theta}}$ で表そう．そこで，このアルゴリズムでは次のような反復計算を行う．

ネステッド不動点アルゴリズム (NFXP)

ステップ 0　最初の $\boldsymbol{\theta}^{(0)}$ に適当な値を割り当てる．

以降，$k = 0, 1, \ldots$ に対して次の 2 つのステップを繰り返す．

ステップ 1　$\boldsymbol{\theta}^{(k)}$ を所与として，CCP 不動点アルゴリズムを用いて $\boldsymbol{P} = \boldsymbol{\Psi}_{\boldsymbol{\theta}^{(k)}}(\boldsymbol{P})$ を満たすような解 $\boldsymbol{P}$ を求める．

ステップ 2　その解 $\boldsymbol{P}$ を用いて (2.20) 式を計算し，次のような更新ルールを用いて，対数尤度関数 $\ell(\boldsymbol{\theta})$ をより大きくするような次の候補 $\boldsymbol{\theta}^{(k+1)}$ を見つける．

$$\boldsymbol{\theta}^{(k+1)} = \boldsymbol{\theta}^{(k)} - \boldsymbol{H}^{(k)} \frac{\partial \ell\big(\boldsymbol{\theta}^{(k)}\big)}{\partial \boldsymbol{\theta}}. \tag{2.21}$$

（ここで，$\boldsymbol{H}^{(k)}$，$\partial \ell\big(\boldsymbol{\theta}^{(k)}\big)/\partial \boldsymbol{\theta}$ は付録 B で定義している．）

適当なノルムと $\epsilon > 0$ を決めておいて，$||\boldsymbol{\theta}^{(k+1)} - \boldsymbol{\theta}^{(k)}|| < \epsilon$ となって収束が確認されたら計算を終了して解とする．

[17] ある関数が 2 回連続的微分可能 とは，その関数が 2 回微分可能で，2 階の導関数が連続であることである．

2.2.3 ネステッド擬似尤度アルゴリズム (NPL)

次に，Aguirregabiria and Mira (2002) が提案した**ネステッド擬似尤度アルゴリズム (nested pseudo-likelihood algorithm, NPL)** を説明する．まず，構造パラメータのうち，$\boldsymbol{\theta}_f$ だけは先に求めておく．ここでは，第2項を最大化する $\boldsymbol{\theta}_f$ を $\hat{\boldsymbol{\theta}}_f$ とする．そこで，あらためて $\boldsymbol{\theta} = (\boldsymbol{\theta}_u, \boldsymbol{\theta}_g, \hat{\boldsymbol{\theta}}_f)$ として，次のように目的関数を最大化する $\boldsymbol{\theta}$ を求めることにする．

$$\hat{\boldsymbol{\theta}} = \arg\max_{\boldsymbol{\theta}} \sum_{i=1}^{N} \sum_{t=1}^{T_i} \sum_{m=1}^{M} \sum_{j=1}^{J} \ln \boldsymbol{\Psi}_{\boldsymbol{\theta}}\big(\boldsymbol{P}\big)(a_{it} = a^j | x_{it} = x^m). \tag{2.22}$$

ここで，$\boldsymbol{\Psi}_{\boldsymbol{\theta}}\big(\boldsymbol{P}\big)(a_{it} = a^j | x_{it} = x^m)$ は i，t に対する行列 $\boldsymbol{\Psi}_{\boldsymbol{\theta}}\big(\boldsymbol{P}\big)$ の m 行 j 列目の要素である．Aguirregabiria and Mira (2002) は，この目的関数を**擬似尤度関数 (pseudo-likelihood function)** と呼んでいる．これを用いれば，アルゴリズムは次のようになる．

ネステッド擬似尤度アルゴリズム (NPL)

ステップ 0　最初の $\boldsymbol{P}^{(0)}$ の各要素に適当な $[0,1]$ 間の値を割り当てる．

以降，$k = 1, 2, \ldots$ に対して次の 2 つのステップを繰り返す．

ステップ 1　次のようにして，$\boldsymbol{\theta}$ の次の候補を見つける．

$$\boldsymbol{\theta}^{(k)} = \arg\max_{\boldsymbol{\theta}} \sum_{i=1}^{N} \sum_{t=1}^{T_i} \sum_{m=1}^{M} \sum_{j=1}^{J} \ln \boldsymbol{\Psi}_{\boldsymbol{\theta}}\big(\boldsymbol{P}^{(k-1)}\big)(a_{it} = a^j | x_{it} = x^m). \tag{2.23}$$

ステップ 2　次のようにして，$\boldsymbol{P}$ の次の候補を見つける．

$$\boldsymbol{P}^{(k)} = \boldsymbol{\Psi}_{\boldsymbol{\theta}^{(k)}}\big(\boldsymbol{P}^{(k-1)}\big). \tag{2.24}$$

この計算を $\boldsymbol{P}^{(k)}$ と $\boldsymbol{\theta}^{(k)}$ が収束するまで行う．

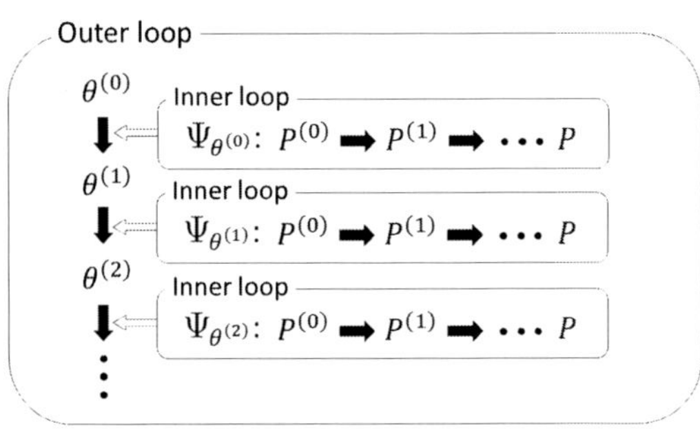

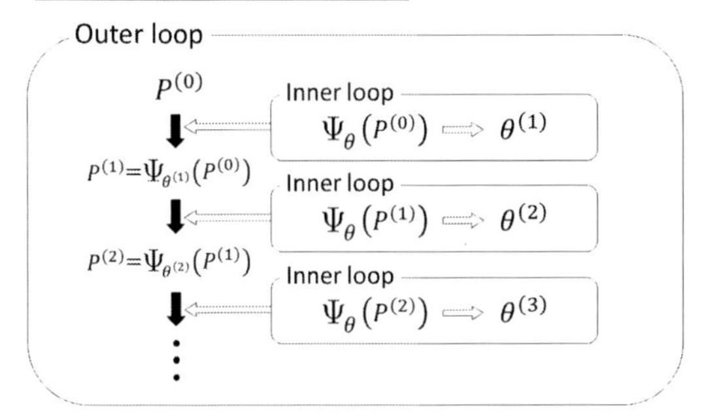

図 2.2 NFXP と NPL

2.2.4 NFXP と NPL の比較

図 2.2 に 2 つのアルゴリズムの違いを示した．NFXP では，外部ループの中で $\boldsymbol{\theta}$ の更新が行われ，各 $\boldsymbol{\theta}$ に対する内部ループの中で $\boldsymbol{P}$ の収束計算を行う．つまり，独立した 2 つのループがネスト（入れ子）の形になっている．内部ループでは，ある $\boldsymbol{\theta}^{(k)}$ に対する CCP オペレータ $\boldsymbol{\Psi}_{\boldsymbol{\theta}^{(k)}}$ を固定した上で，CCP 不動点アルゴリズムによって不動点 $\boldsymbol{P}$ が求まるまで収束計算を行ない，外部ループでは (2.21) 式によって $\boldsymbol{\theta}$ を更新していくので，NFXP では全体として「$\boldsymbol{P}$ の更新回数 $\times$ $\boldsymbol{\theta}$ の更新回数」分の計算を行わなければならないことになる．

それに対して，NPL では，外部ループの中で $\boldsymbol{P}$ が更新され，内部ループの中で $\boldsymbol{\theta}$ が更新されている．つまり，NPL は NFXP で更新する $\boldsymbol{\theta}$ と $\boldsymbol{P}$ が交換（スワップ）されていると言える．ここで，NPL では外部ループと内部ループが同時に更新されていることに注目しよう．内部ループの中で (2.24) 式のように擬似尤度関数を最大化するように $\boldsymbol{\theta}$ が更新され，外部ループの中で，この $\boldsymbol{\theta}$ と 1 期前の $\boldsymbol{P}$ によって $\boldsymbol{P}$ が更新される．すなわち，$\boldsymbol{P}$ を求めるごとに動的計画問題を解く必要はない．このことにより，NPL は NFXP に比べて計算回数が少なくなっている．

また，Aguirregabiria and Mira (2002) の Proposition 3 では，NFXP と NPL の解が同一であることが示されている．次の命題にまとめよう．

命題 2（Aguirregabiria and Mira, 2002. Proposition 3） 任意のデータと $\boldsymbol{P}$ に対して (2.23) 式が一意的な内点解を持つとする．すると，もし NPL が収束するならば尤度方程式の根へ収束する．

NFXP は必ず尤度方程式の根へ収束するので，NPL が収束するならば，2つのアルゴリズムは同じ意味を持つことになる．さらに，Aguirregabiria and Mira (2002) は，ある条件の下で，NPL による推定量が一致性と漸近正規性を持ち，最尤推定量と漸近的に等しくなることも示している（Proposition 4）．

次節では，モンテカルロ法を用いて動的離散選択モデルのデータを生成し，そのデータより NFXP と NPL の両アルゴリズムを使って構造推定を試みる．

2.3 モンテカルロ・シミュレーション

動的離散選択モデルの研究分析においては，アルゴリズムの効率性や正確性を確認するためにモンテカルロ法によるデータ生成を行ない，そのデータによる推定値を分析することがある．モンテカルロ法とは，乱数を用いて数値計算を行うことである．ここでは，モンテカルロ法を用いてある理論モデルからデータを生成して，そのデータより推定を行うことを**モンテカルロ・シミュレーション (Monte Carlo simulation)** と呼ぼう．以下では，Rust (1987) が実際のデータを用いて構造推定を行ったのと同じ設定の下でモンテカルロ・シミュレーションを行う．

2.3.1 Rust (1987) のバスエンジン交換モデル

この分野の代表的なモデルとして，Rust (1987) のバスエンジン交換モデルを考える．これは，マディソン（ウィスコンシン）メトロポリタン・バス会社（Madison (Wisconsin) Metropolitan Bus Company）の修理担当者ハロルド・ザーチャー氏（Harold Zurcher）が長期にわたってバスエンジンの交換に関する決定を行ったという動的計画問題である．ザーチャー氏はバスの状態 x（最後のエンジン交換時点からの走行距離）と彼にしか観察できない他の状態 ε を観察し，そのバスのエンジンを交換するか（$a=1$），交換しないか（$a=0$）のいずれかを選択する．以下，このモデルにおける構造パラメータ $\boldsymbol{\theta}=(\boldsymbol{\theta}_u',\boldsymbol{\theta}_g',\boldsymbol{\theta}_f')'$ を考えていこう．

まず，t 期におけるバス i に関する効用関数は，状態，行動，構造パラメータの関数として次のように表される．

$$U(x_{it}, \varepsilon_{it}, a_{it}; \boldsymbol{\theta}_u) = u(x_{it}, a_{it}; \boldsymbol{\theta}_u) + \varepsilon_{it}(a_{it}). \tag{2.25}$$

ただし，

$$u(x_{it}, a_{it}; \boldsymbol{\theta}_u) = \begin{cases} -c(x_{it}; \boldsymbol{\theta}_1) & \text{if} \;\; a_{it} = 0, \\ -RC - c(0; \boldsymbol{\theta}_1) & \text{if} \;\; a_{it} = 1 \end{cases}$$

とする．ここで，RC は交換に要する費用であり（ただし，スクラップを売却した利益は差し引かれている），$c(x_{it}; \boldsymbol{\theta}_1)$ はバスの走行距離が x_{it} のときのメンテナンス費用であり，$\boldsymbol{\theta}_1$ は関数 c のパラメータとする[18]．したがって，効用関数に関するパラメータ（列ベクトル）は $\boldsymbol{\theta}_u = (RC, \boldsymbol{\theta}_1')'$ となる．

次に，ε は $g(\varepsilon; \boldsymbol{\theta}_g)$ にしたがう確率変数だが，これはロジット型モデルを仮定することによりパラメータを推定する必要はない（つまり，$\boldsymbol{\theta}_g = \gamma = 0.577216\cdots$）．

さらに，状態 x_{it} は可能な全走行距離を等間隔の M 個のグリッドとして $x_{it} \in X = \{x^1, \ldots, x^M\}$ としよう．すると，x_{it} の推移確率は，$d = 0, \ldots, M-1$ に対して，

$$f(x_{i,t+1}|x_{it} = x^j, a_{it}; \boldsymbol{\theta}_f) = \begin{cases} \Pr\{x_{i,t+1} = x^{j+d}; \boldsymbol{\theta}_3\} & \text{if} \;\; a_{it} = 0, \\ \Pr\{x_{i,t+1} = x^{1+d}; \boldsymbol{\theta}_3\} & \text{if} \;\; a_{it} = 1 \end{cases}$$

となる．ただし，$\boldsymbol{\theta}_3$ をこの確率関数のパラメータとする．ここでは，現実的に可能な追加走行距離を限定して $d = 0, \ldots, 4$ とし，次のように考えよう[19]．

$$\Pr\{x_{i,t+1} = x^{j+d}; \boldsymbol{\theta}_3\} = \Pr\{x_{i,t+1} = x^{1+d}; \boldsymbol{\theta}_3\} = \theta_{3d}, \quad d = 0, \ldots, 4; \;\; \sum_{d=0}^{4} \theta_{3d} = 1. \tag{2.26}$$

つまり，推移確率に関するパラメータ $\boldsymbol{\theta}_3 = (\theta_{30}, \ldots, \theta_{34})'$ は，追加走行距離が起きる確率そのものを考えればよい[20]．

---

[18] Rust (1987) は 8 種類の費用関数 c を考えている．cubic: $c(x, \boldsymbol{\theta}_1) = \theta_{11}x + \theta_{12}x^2 + \theta_{13}x^3$，quadratic: $c(x, \boldsymbol{\theta}_1) = \theta_{11}x + \theta_{12}x^2$，linear: $c(x, \boldsymbol{\theta}_1) = \theta_{11}x$，square: root: $c(x, \boldsymbol{\theta}_1) = \theta_{11}\sqrt{x}$，power: $c(x, \boldsymbol{\theta}_1) = \theta_{11}x^{\theta_{12}}$，hyperbolic: $c(x, \boldsymbol{\theta}_1) = \theta_{11}x/(91 - x)$，mixed: $c(x, \boldsymbol{\theta}_1) = \theta_{11}x/(91 - x) + \theta_{12}\sqrt{x}$，および nonparametric である．

[19] 実際に推定するのは $\theta_{30}, \ldots, \theta_{33}$ であり，$\theta_{34} = 1 - \sum_{d=0}^{3} \theta_{3d}$ となる．

[20] Rust (1987) はバスのグループごとに推定値を求めており，例えば，全サンプルに関する結果は，$\theta_{31} = 0.475$，$\theta_{32} = 0.517$，$\theta_{33} = 0.007$ となっている（TABLE V, VI）．

2.3.2 プログラムの説明

このRust (1987) のバスエンジン交換モデルを，NFXPとNPLの2つのアルゴリズムを使って推定し，推定結果を比較する[21]．推定は，ワークステーション Dell Precision T7610 (32GB RAM) 上でMATLAB(R2015b) を用いて計算した．バスエンジンを交換しない場合を $a = a^0$，交換する場合を $a = a^1$ で表す．費用関数は $c(x; \boldsymbol{\theta}_u) = 0.001\theta_{11}x$ とし，推移確率を $f(x^{m+d}|x^m, a^0; \boldsymbol{\theta}_f) = \theta_{3d}$, $d = 0, \ldots, 4$ とする．Rust (1987) の Table X を参考に，各パラメータの真の値は，`RC = 11.7257`，`theta11 = 2.4569`，`theta30 = 0.0937`，`theta31 = 0.4475`，`theta32 = 0.4459`，`theta33 = 0.0127`，`theta34 = 0.0002` とした[22]．

ここでの目的は，モンテカルロ法により上の7つのパラメータからデータを生成し，そのデータよりそれらのパラメータを推定することである．データは，`N = 5`，`T = 120`，`M = 175` とし，状態空間 `X` は，`0` から `5000` までを `M` 個に分割したものである．

付録CにMATLABコードの一部（説明用）を掲載した．プログラムの概要は以下のとおりである．

データの生成 まず，メインとなるプログラム *NFXP.m* より，サブプログラム *func_data.m* を呼び出してデータ生成を行う．そのためには，真のパラメータをもとにCCP不動点アルゴリズムを用いて条件付き選択確率（`P0`）と期待価値関数（`V`）を求める必要がある．そこで，まず `P0(:, 1)` に適当な初期値を与えてサブプログラム *func_Phi.m* より `V(:, 1)` を求め，これをサブプログラム *func_Lambda.m* に代入して新しい `P0(:, 2)` を求める．このような過程を繰り返し，古い `P0` と新しい `P0` との差が `ERROR = 1e-12`（$= 10^{-12}$）より小さくなったら反復計算を終了する．

次に，この `P0`, `P1(= 1-P0)` を用いてモンテカルロ法によってデータを生成する．データ生成プログラムは，一様乱数を発生させ，それがある `X` の値に対応する `P1` より小さければ `a = 1`，そうでなければ `a = 0` とする．`a = 0` のとき，また乱数 `r` を発生させ，`r < theta30` ならば `+0`，`theta30 <= r < theta31` ならば `+1` というように次の期の `X` のレベルを更新する．このようにして，`N*T = 600` 個の `a` と `x` を生成する．

---

[21] この推定は，Su and Judd (2012) の設定と数値にほぼしたがっている．

[22] 足して1になるように，`theta34` を付け加えた．

内部ループ このループでは，あるパラメータベクトル `THETA` を固定して，`func_Phi.m` と `func_Lambda.m` より `V` と `P` を計算する．反復計算は `iter=1,...,iterMAX` 回行ない，収束した `V(:, iter)` を `Vbar` とする．

外部ループ このループでは，パラメータベクトル `THETA` を更新する．この推定では，推移確率に関する `THETA3` のみはデータより推定しておき，効用関数に関する `RC` と `theta11` のみを構造推定することにする．初期値は `RC=12`，`theta11=3` とした．反復計算は `k=1,...,kMAX` 回行ない，内部ループで得られた `Vbar` より勾配ベクトルとヘッセ行列を求めて，ニュートン法により `THETA` を更新した．（ただし，0.02 をかけて収束の速度を調整している．）対数尤度を計算して，古い `THETA` のときより小さくなったら計算を終了した．（したがって，厳密には収束するまで計算していない．）

2.3.3 推定結果

このようなプログラムを使って，以下のような結果が得られた．

まず，図 2.3（左）に，パラメータの真の値の下で内部ループの計算を行って得られた交換確率 `P1` の収束を示した．この場合は交換確率の初期値を状態にかかわらず 0.4 とし，反復計算を 10 回繰り返した．横軸に状態のレベル $1,\ldots,175$ を示している．この図から，交換確率は数回の反復計算で収束しているのが確認できる．収束した交換確率は，状態レベル 30 ぐらいで 0.5 に，レベル 100 ぐらいで 1 に達するのがわかる．一方，図 2.3（右）は，この収束した交換確率のグラフ（実線）に，データより計算した，各状態で交換が発生した相対度数（x 点）を重ねたものである．データでは，レベルが 1 から 30 までの状態が発生したが，状態レベル 10 に達するまで交換は一度も行われなかった．この図より，モンテカルロ法より得られたデータは，収束した交換確率 `P1` にほぼ一致するように生成されていることがわかる．

表 2.1 に推定結果を示した．この推定では，5 つの割引因子 β（0.975，0.980，0.985，0.990，0.995）のそれぞれに対して，$N=5$，$T=120$ のデータを 100 個生成し，それぞれのデータより RC と θ_{11} を NFXP と NPL を用いて構造推定した．Mean と Std. dev. はそれぞれ 100 個の推定値の平均と標準偏差，Mean Time は 1 回の計算にかかった時間（秒）の平均，Mean of Iteration は外部ループの計算回数の平均を表している．

その結果，NFXP と NPL では，推定値にはそれほどの差は見られなかった．一方，

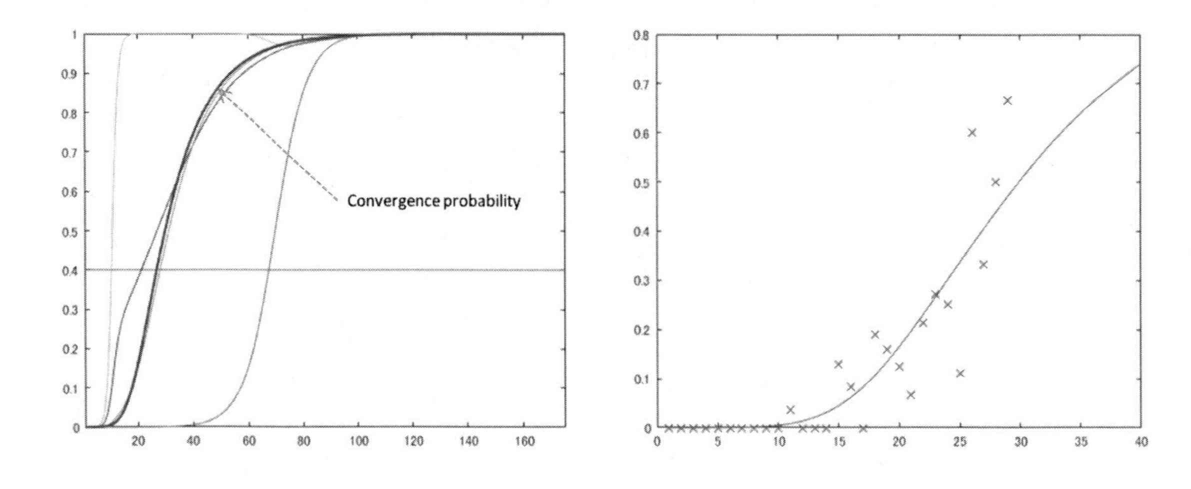

図 2.3 交換確率とデータによる度数分布

計算時間は明らかに NFXP よりも NPL において短縮されている．また，計算回数も NFXP よりも NPL において小さくなっていることがわかる．

この実験は RC と θ_{11} の 2 つのみ構造パラメータを推定したので，計算時間，計算回数ともアルゴリズムによって大きな差は見られなかったが，パラメータの数が増えるにつれて，この差は大きいものになっていくであろう．

2.4 その他のアルゴリズム

ここでは，NFXP，NPL 以外のアルゴリズムについて説明する．

2.4.1 CCP 推定法

Rust (1987) の NFXP アルゴリズムは概念的にはとてもわかりやすいものであるが，状態空間が大きくなると計算時間が膨大なものとなる．それに対して，Hotz and Miller (1993) は，DP 問題を解かないで構造パラメータを推定する方法を提案した．これは，条件付き選択確率と推移確率をデータより推定し，その推定値を用いて期待価値関数を計算してパラメータを推定する，という方法である．この方法は，しばしば「2 ステップアルゴリズム」とも呼ばれている．上で説明した NPL は，この CCP 推定法の再帰的な拡

表 2.1 NFXP と NPL の計算結果 [a]

			RC	θ_{11}	Mean Time	Mean of
β	Algorithm	True values:	**11.726**	**2.457**	(in sec.)	Iteration
0.975	NFXP	Mean	11.174	2.723	16.70	45.7
		Std. dev.	(0.498)	(0.356)		
	NPL	Mean	11.155	2.719	12.80	42.3
		Std. dev.	(0.454)	(0.364)		
0.980	NFXP	Mean	11.195	2.699	17.27	47.1
		Std. dev.	(0.554)	(0.387)		
	NPL	Mean	11.198	2.710	13.41	44.4
		Std. dev.	(0.541)	(0.394)		
0.985	NFXP	Mean	11.188	2.719	18.22	50.1
		Std. dev.	(0.451)	(0.367)		
	NPL	Mean	11.198	2.719	15.33	50.8
		Std. dev.	(0.448)	(0.373)		
0.990	NFXP	Mean	11.237	2.695	21.38	58.3
		Std. dev.	(0.513)	(0.365)		
	NPL	Mean	11.248	2.694	17.82	58.9
		Std. dev.	(0.510)	(0.370)		
0.995	NFXP	Mean	11.213	3.527	2.04	3.9
		Std. dev.	(0.029)	(0.074)		
	NPL	Mean	11.066	3.152	0.61	2.0
		Std. dev.	(0.025)	(0.058)		

[a] データを 100 個生成して，それぞれのデータより推定値を得た．Mean，Std. dev は，それぞれ推定値の平均と標準偏差，Mean Time は平均計算時間，Mean of Iteration は外部ループの平均回数．

張と考えることもできる．(実際，Aguirregabiria and Mira (2010) は，彼らの NPL を "recursive CCP method" とも呼んでいる．)

ここでは，CCP 推定法の基本的なアイデアを，ロジット型モデルによって簡単に説明する．まず，ロジット型モデルの条件付き確率は (2.15) 式で与えられる．それは，選択価値関数を用いると，あるパラメータ $\boldsymbol{\theta}$ の下で $P(a^j|x) = \exp\{v(x, a^j)\}/\sum_{a\in A}\exp\{v(x, a)\}$

と表される．ただし，$v(x,a^j) \equiv u(x,a^j) + \beta \sum_{m=1}^{M} f(x^m|x_{it},a^j)\bar{V}(x^m)$ とする[23]．そこで，a^1 を基準として，次のような選択価値関数の「差」を考えよう．

$$\Delta v(x,a^j) \equiv v(x,a^j) - v(x,a^1), \quad j = 2,\ldots,J. \tag{2.27}$$

すると，この $\Delta v(x,a^j)$ より $P(a^j|x)$ が求まることがわかる．（実際，$\exp\{v(x,a^1)\} = 1$ と基準化すれば，$P(a^j|x) = \exp\{\Delta v(x,a^j)\}/\sum_{a\in A}\exp\{\Delta v(x,a)\}$.）これを，$\Delta v(x,a)$ から $P(a|x)$ への写像 Q とすると，Hotz and Miller (1993) の Proposition 1 より，任意の x に対して Q は逆写像を持つ．ロジット型モデルの場合は，$Q^{-1}(P(a^j|x)) = \ln(P(a^j|x)) - \ln(P(a^1|x))$ とすれば $\Delta v(x,a^j)$ が求まる．

そこで，CCP 推定法は，次の手順で行う．(1) 観察されたデータを用いて，各状態に対する選択された行動の相対度数を求める（図 (2.3) の x 点）．(2) これを条件付き選択確率の推定値とし，Q の逆写像により価値関数を求める．(3) この価値関数の推定値より，構造パラメータを推定する．

Aguirregabiria and Mira (2010) では，$v(x,a)$ を加法的に分解すること（「Hotz and Miller の表現」）により，より一般的なケースで CCP 推定法が使えることを示している．また，Aguirregabiria and Mira (2002) では，NPL の 1 回反復で得られた推定量が CCP 推定法の推定法と同じものであることを示している．

このように，CCP 推定法は DP 問題を解く必要がなく，特にロジット型モデルや，効用関数が線形である場合にはとても容易になるので多くの研究分析で使われてきた．しかし，この推定量は漸近性を持つとは限らない．そこで，この CCP 推定法を繰り返すことで，よい性質を持つ推定量を求めるために考えられた方法が NPL だと言える．

2.4.2 シミュレーションによる CCP 推定法

Hotz et al. (1994) は，モンテカルロ・シミュレーションによって，将来の効用を足し合わせることで価値関数を計算するというアイデアである．具体的には，ある条件付き選択確率の下で，「Hotz and Miller の表現」による 2 つの項をそれぞれ計算し，将来の行動と将来の状態の列を求める．そのような列を数多く求めて，その平均を将来の期待割引価値とし，それより推定量を求める．Hotz et al. (1994) は，シミュレーションの回数が多

[23] 同じ記号を使うが，この $v(x,a^j)$ は (2.7) 式と違って $\varepsilon_{it}(a)$ は含まない．

ければ一致性を持つような推定量を示した．

2.4.3　均衡制約付き最適化アルゴリズム (MPEC)

Su and Judd (2012) は，NFXP，NPL に代わる新しい推定アルゴリズムを提案している．このアルゴリズムは**均衡制約つき最適化問題アルゴリズム (mathematical program with equilibrium constraints, MPEC)** と呼ばれる．このアルゴリズムは，DP 問題を解くことなく，制約付き最適化問題を 1 回だけ解くことにより構造パラメータを推定することができる．つまり，構造パラメータに対して得られる均衡式を制約として，構造パラメータとモデルの内生変数によって目的関数を最適化する方法である．以下，Su and Judd (2012) にしたがって，ロジット型モデルに限定して説明しよう．

第 2.1 節の仮定の下で，$EV(x,a) \equiv \sum_{m=1}^{M} f(x^m|x,a)\bar{V}(x^m)$ を定義しよう．ロジット型モデルの場合は，(2.17) 式より

$$
\begin{aligned}
&EV(x,a)\\
&= \sum_{m=1}^{M} \ln\left(\sum_{j=1}^{J} \exp\Big\{u(x^m,a^j;\boldsymbol{\theta}_u) + \beta \boldsymbol{F}(x^m,a^j;\boldsymbol{\theta}_f)\bar{\boldsymbol{V}}\Big\}\right) f(x^m|x,a;\boldsymbol{\theta}_f)\\
&= \sum_{m=1}^{M} \ln\left(\sum_{j=1}^{J} \exp\Big\{u(x^m,a^j;\boldsymbol{\theta}_u) + \beta EV(x^m,a^j)\Big\}\right) f(x^m|x,a;\boldsymbol{\theta}_f)
\end{aligned}
\tag{2.28}
$$

となる．$EV(x^m,a^j)$ を要素とする $(M \times J)$ の行列を $\boldsymbol{EV}$ とすると，(2.28) 式は，パラメータ $\boldsymbol{\theta}$ に対して次のような写像として表すことができる．

$$
\boldsymbol{EV} = T(\boldsymbol{EV};\boldsymbol{\theta}). \tag{2.29}
$$

つまり，DP 問題の解は (2.29) 式の不動点として求められる．ロジット型モデルにおける (2.20) 式の対数尤度関数を $\boldsymbol{\theta}$ と $\boldsymbol{EV}$ の関数として $\mathcal{L}$ で表そう．つまり，$\mathcal{L}$ は

$$
\begin{aligned}
\mathcal{L}(\boldsymbol{\theta};\boldsymbol{EV}) &= \sum_{i=1}^{N}\sum_{t=1}^{T_i} \ln\left(\frac{\exp\Big\{u(x_{it},a_{it};\,\boldsymbol{\theta}_u) + \beta EV(x_{it},a_{it})\Big\}}{\sum_{a\in A}\exp\Big\{u(x_{it},a;\,\boldsymbol{\theta}_u) + \beta EV(x_{it},a)\Big\}}\right)\\
&\quad + \sum_{i=1}^{N}\sum_{t=1}^{T_i-1} \ln f(x_{i,t+1}|x_{it},a_{it};\,\boldsymbol{\theta}_f)
\end{aligned}
\tag{2.30}
$$

と表すことができる．MPEC アルゴリズムでは，次の制約付き最大化問題を解くことにより $\hat{\boldsymbol{\theta}}$ を推定することができる．

$$\max_{\boldsymbol{\theta}, \boldsymbol{EV}} \quad \frac{1}{N} \mathcal{L}(\boldsymbol{\theta}, \boldsymbol{EV})$$
$$\text{subject to:} \quad \boldsymbol{EV} = T(\boldsymbol{EV}; \boldsymbol{\theta}). \tag{2.31}$$

つまり，DP 問題の解の条件を制約として，尤度関数（の標本平均）を最大化する問題を解けばよい．近年の数値計算ソフトはこのような制約付き最適化問題にも対応してきており，Su and Judd (2012) は MATLAB と AMPL のソルバーを用いてこのアルゴリズムにより Rust モデルを推定している．

2.4.4 標準的な仮定を満たさない場合

現実の研究分析では，観察不可能な状態が個人によって異なることがありえる．例えば，バスエンジン交換の場合，バスが走る路線によって交換に関する選択確率が異なるかもしれない．一般に，観察可能な状態や行動が個人によって異なる観察不可能な状態に依存している場合は大きな問題となる．これを，**観察不可能な異質性 (unobserved heterogeneity)** の問題と呼ぼう．このような問題に対応するために，有限混合分布を仮定することがある．有限混合分布とは，異なるパラメータにもとづく有限個の分布をウエイト付けして和をとった確率分布である．例えば，確率変数 x が異なる密度関数 $f_q(x), q = 1, \ldots, Q$ にしたがう可能性がある場合，有限混合分布 p は π_q をウエイトとして

$$p(x) = \sum_{q=1}^{Q} \pi_q f_q(x) \tag{2.32}$$

となる．一般に，有限混合分布を使ったモデルは**有限混合モデル (finite mixture model)** と呼ばれる．有限混合モデルでは，確率分布のパラメータに加えてウエイト π_q を推定する．Arcidiacono and Jones (2003) は，このモデルを **EM アルゴリズム** で推定する方法を提案している[24]．さらに，Arcidiacono and Miller (2011) は，この EM ア

[24] 一般に，EM アルゴリズムとは，不完全なデータに基づいてパラメータを推定する手法である．このアルゴリズムは，**E ステップ**（Expectation ステップ: 観察されたデータが与えられた条件のもとで欠測

ルゴリズムを観察不可能な状態の条件付き期待値と条件付き選択確率を求めるアルゴリズムに拡張している．本書の第 2.5.2 節では，Aguirregabiria and Mira (2010) にしたがって，Keane and Wolpin (1997) のモデルを EM アルゴリズムで推定する方法を簡単に解説する．

その他の推定研究として，Arcidiacono et al. (2013) は，Sieve Value Function Iteration (SVFI) を用いて価値関数を近似する推定法を，Kasahara and Shimotsu (2008) はブートストラップ法を用いる手法を提案している．

さらに，Kasahara and Shimotsu (2011) は，(1) **仮定AS** が満たされないか**仮定CLOGIT** が満たされない，(2) 観察不可能な状態 ε_{it} が系列相関を持っている，(3) 選択される行動が ε_{it} に依存している，という状況での推定法を提案している．

2.5 経済分野の応用例

最初に述べたように，動的離散選択モデルを使って分析される応用分野は，労働経済学，産業組織論，経済人口学，医療経済学，開発経済学，政治経済学，マーケティングと多岐にわたる．この節では，労働経済学の分野から Rust and Phelan (1997) の退職モデルと Keane and Wolpin (1997) の若年層の職業選択モデルをとりあげ，Aguirregabiria and Mira (2010) にしたがってそれらのモデルを簡単に説明する．まず，注 4 で述べた利得変数に関して仮定をもうけておこう．

仮定CI-Y「利得変数の条件付き独立性」

任意の現在の状態と行動に対して，利得変数 y は観察不可能な状態 ε_{it} とは独立である．

また，利得変数 y_{it} はその期の状態 x_{it} と行動 a_{it} によって決定されるとしよう．

しているデータに関する条件付き期待値を求めて，それを擬似的な観察データとする）と，**M** ステップ（Maximization ステップ: 擬似的に完全にしたデータにもとづいて，尤度を最大にするパラメータを求める）の 2 つのステップを収束条件を満たすまで交互に繰り返す．動的離散選択モデルの場合は，観察された状態と行動のデータを条件として観察不可能な状態の条件付き期待値を求め（**E** ステップ），観察不可能な状態を観察可能な状態と見なして最尤法によりパラメータを求める（**M** ステップ）のを交互に繰り返せばよい．詳しくは，Greene (2012)，小西ほか (2008) などを参照．

2.5.1 Rust and Phelan (1997) の退職モデル

まず，NFXP アルゴリズムを使った例として Rust and Phelan (1997) の退職モデルがある．このモデルは，各期に個人が働き続けるか ($a_{it}=1$)，退職して年金生活を始めるか（$a_{it}=0$）のどちらかを選択する有限期間モデルである．個人 i の t 期の効用は消費支出 c_{it} の関数として

$$
\begin{aligned}
U(x_{it}, a_{it}, \varepsilon_{it}) = E\left(c_{it}^{\theta_{u1}} | x_{it}, a_{it}\right) \times \exp\left\{\theta_{u2} + \theta_{u3} h_{it} + \theta_{u4} m_{it} + \theta_{u5} \frac{t_{it}}{1+t_{it}}\right\} \\
- \theta_{u6} a_{it} + \varepsilon_{it}(a_{it}),
\end{aligned}
\tag{2.33}
$$

消費支出と収入 y_{it} の関係は

$$
c_{it} = y_{it} - hc_{it}, \quad y_{it} = a_{it} w_{it} + (1 - a_{it}) b_{it}, \tag{2.34}
$$

賃金 w_{it} は

$$
w_{it} = \exp\left\{\theta_{w1} + \theta_{w2} h_{it} + \theta_{w3} m_{it} + \theta_{w4} \frac{t_{it}}{1+t_{it}} + \theta_{w5} pp_{it} + \xi_{it}\right\} \tag{2.35}
$$

となる．ただし，h_{it} は健康状態，m_{it} は結婚歴，t_{it} は年齢，hc_{it} は医療支出（控除除く）である．$b_{it} = b(ra_{it}, pp_{it})$ は（観察可能な）年金システムのルールで決まる年金で，ra_{it} は退職時の年齢，pp_{it} は年金点数とする．効用関数は，消費から得られる効用から労働による不効用を引いたものである．このモデルで，観察可能な状態は，$x_{it} = \{h_{it}, hc_{it}, m_{it}, t_{it}, ra_{it}, pp_{it}\}$ となる．また，y_{it} は観察可能な利得変数と考えることができる．さて，この状態のうち，h_{it} と m_{it} はそれぞれ推移確率 $F_h(h_{i,t+1}|h_{it})$ と $F_m(m_{i,t+1}|m_{it})$ にしたがい，t_{it} と ra_{it} は確定的なルール（$t_{i,t+1} = t_{it} + 1$，$ra_{i,t+1} = ra_{it} + 1$）にしたがう．pp_{it} に関しては，年金システムにより $F_{pp}(pp_{i,t+1}|pp_{it}, w_{it})$ を想定している．さらに，hc_{it} は h_{it} と m_{it} を条件とするパレート分布にしたがう．

以上の設定で，このモデルが**仮定AS**，**仮定CI**，**仮定DIS**，**仮定CI-Y** を満たしていることを確認しよう．観察不可能な状態 $\varepsilon_{it}(a)$ は，(2.33) 式の効用関数の中に加法分離的に含まれているので明らかに**仮定AS** は満たされている．また，ε_{it} には系列相関はなく，それとは独立に各状態が推移している．さらに，h_{it} と m_{it} は賃金 w_{it} とは無関係に推移

すると仮定されているので，ξ_{it} とも無関係である．したがって，**仮定CI** も満たされている．そして，全ての状態は（医療支出と年金点数も含めて）離散型としているので，**仮定DIS** も満たされることになる．さらに，y_{it} は ε_{it} と無関係なので，**仮定CI-Y** も満たされることになる．すると，状態，行動，利得の推移確率は，

$$\begin{aligned}&\Pr(x_{i,t+1}, a_{i,t+1}, y_{i,t+1}|x_{it}, a_{it}, y_{it})\\&\quad= f_y(y_{i,t+1}|x_{i,t+1}, a_{i,t+1}) \cdot P(a_{i,t+1}|x_{i,t+1}) \cdot f(x_{i,t+1}|x_{it}, a_{it})\end{aligned} \tag{2.36}$$

と積の形で書くことができる．ξ_{it} が平均 0，分散 σ_ξ^2 の正規分布にしたがうとすれば，f_y は $I\{a_{it}=1\} \cdot \phi\Big(\Big[\ln y_{it} - \theta_{w1} - \theta_{w2}h_{it} - \theta_{w3}m_{it} - \theta_{w4}\frac{t_{it}}{1+t_{it}} - \theta_{w5}pp_{it} - \xi_{it}\Big]/\sigma_\xi\Big)$ のように表すことができるので，(2.36) 式より対数尤度関数を導出することができる．ε_{it} に関して**仮定CLOGIT** を仮定すれば，このモデルはロジット型の NFXP アルゴリズムで推定することができる．

Rust and Phelan (1997) は，このモデルを NFXP で推定し，米国で退職年齢のピークが 65 歳になるのは，社会保険便益が 65 歳以降の退職では不利なものとなり，また，65 歳までメディケアの受給資格を待つからであると結論づけている．

2.5.2　Keane and Wolpin (1997) の職業選択モデル

一方，Keane and Wolpin (1997) は，若年層の個人がどのような職業（または無職）を選択するかを動的離散選択モデルとして分析した．これも，Aguirregabiria and Mira (2010) にしたがって簡単にまとめる．このモデルでは，16 歳以上の個人 i が職業選択に関して t 期に行動 a_{it} を選択する．ただし，$a_{it}=0$（無職），$a_{it}=1$（ホワイトカラー），$a_{it}=2$（ブルーカラー），$a_{it}=3$（軍職），$a_{it}=4$（就学）とする．効用関数は，

$$U(x_{it}, a_{it}) = \begin{cases} \omega_i(0) + \varepsilon_{it}(0) & \text{if } a_{it}=0 \\ W_{it}(1) & \text{if } a_{it}=1 \\ W_{it}(2) & \text{if } a_{it}=2 \\ W_{it}(3) & \text{if } a_{it}=3 \\ \omega_i(4) - \theta_{tc1}I(h_{it} \geq 12) - \theta_{tc2}I(h_{it} \geq 16) + \varepsilon_{it}(4) & \text{if } a_{it}=4, \end{cases} \tag{2.37}$$

$$\text{ただし，}\quad W_{it}(a) = r_a \exp\Big\{\omega_i(a) + \theta_{a1}h_{it} + \theta_{a2}k_{it}(a) - \theta_{a3}\big(k_{it}(a)\big)^2 + \varepsilon_{it}(a)\Big\}$$

である．ここで，h_{it} は就学年数，$k_{it}(a)$ は勤労年数，ω_i は，ε_{it} は観察不可能な状態とする．年齢を t_{it} とすると，観察可能な状態は $x_{it} = \{h_{it}, t_{it}, k_{it}(a)\}$，観察不可能な状態は $\varepsilon_{it}(a)$ と $\omega_{it}(a)$ となる（$a = 1, 2, 3$）．$W_{it}(a)$ は $a = 1, 2, 3$ のときの賃金なので，このモデルでは観察可能な利得変数と見なすことができる．（$a = 0$，$a = 4$ のときは 0 となる．）すると，$\varepsilon_{it}(a)$ が $W_{it}(a)$ に含まれているため，Rust and Phelan (1997) の例とは違い，**仮定CI-Y** は満たされない．

もう一つ，このモデルでは，各個人が選択する行動がその個人に特有の観察不可能な状態 $\omega_i(a)$ に依存して，セレクション・バイアスが生じている可能性がある．なぜなら，職業選択は，観察可能な状態 x_{it} だけでなく，観察不可能な個人の能力や経済状態などにも依存するからである．これは，上で述べた観察不可能な異質性の問題ということになる．この問題を扱うために，次のような有限混合モデルを考える．

まず，Keane and Wolpin (1997) は 16 歳からの状態を含む個人のデータを入手している．つまり，第 1 期の状態 x_{i1} は全ての個人においてそれ以前の状態には依存せず，ω_i にのみ依存しているはずである．個人のタイプが $Q < \infty$ あるとして，$\omega_i \in \Omega = \left\{\omega^1, \ldots, \omega^Q\right\}$ とし，個人 i がタイプ q であるときの尤度関数を

$$L_i(\boldsymbol{\theta}, \omega^q) = \prod_{t=1}^{T_i} f_y(y_{it}|x_{it}, a_{it}; \boldsymbol{\theta}, \omega^q) \cdot P(a_{it}|x_{it}; \boldsymbol{\theta}, \omega^q) \prod_{t=1}^{T_i - 1} f(x_{i,t+1}|x_{it}, a_{it}; \boldsymbol{\theta}_f, \omega^q) \tag{2.38}$$

としよう．すると，初期の状態が x_{i1} のとき，$\omega_i = \omega^q$ となる条件付き確率を $\pi(\omega^q|x_{i1})$ とすれば，個人 i の対数尤度関数は，$\pi(\omega^q|x_{i1})$ をウエイトとして

$$\ell_i(\boldsymbol{\theta}, \Omega, \boldsymbol{\pi}) = \ln\left(\sum_{q=1}^{Q} \pi(\omega^q|x_{i1}) L_i(\boldsymbol{\theta}, \omega^q)\right) \tag{2.39}$$

と書くことができる．ただし，$\boldsymbol{\pi} = \left(\pi(\omega^1|x_{i1}), \ldots, \pi(\omega^Q|x_{i1})\right)$．これを有限混合尤度関数と呼ぶ．そこで，Arcidiacono and Jones (2003) の提案した逐次的 EM アルゴリズムを使って，次のようにパラメータ $\left\{\hat{\boldsymbol{\theta}}, \hat{\Omega}, \hat{\boldsymbol{\pi}}\right\}$ を更新する．

逐次的 EM アルゴリズム (ESM)

次の 2 つのステップを，パラメータが収束するまで交互に繰り返す．

Eステップ　あるパラメータ $\{\hat{\boldsymbol{\theta}}, \hat{\Omega}, \hat{\boldsymbol{\pi}}\}$ の下で，状態，行動，利得の履歴 (history) が $(\boldsymbol{x}, \boldsymbol{a}, \boldsymbol{y})$ であるときの ω^q の条件付き確率 $\Pr(\omega^q|\boldsymbol{x}, \boldsymbol{a}, \boldsymbol{y}; \hat{\boldsymbol{\theta}}, \hat{\Omega}, \hat{\boldsymbol{\pi}}) = \hat{\pi}(\omega^q|x_{i1})L_i(\hat{\boldsymbol{\theta}}, \hat{\omega}^q)/\exp\left\{\ell_i(\hat{\boldsymbol{\theta}}, \hat{\Omega}, \hat{\boldsymbol{\pi}})\right\}$ を計算する．

(Sequential) Mステップ　$\Pr(\omega^q|\boldsymbol{x}, \boldsymbol{a}, \boldsymbol{y}; \hat{\boldsymbol{\theta}}, \hat{\Omega}, \hat{\boldsymbol{\pi}})$ を最大化するように，$\left\{\hat{\boldsymbol{\theta}}, \hat{\Omega}^q, \hat{\boldsymbol{\pi}}\right\}$ を推定する．ただし，$\hat{\pi}(\omega^q|x_{i1}) = (1/Q)\sum_{i=1}^{Q}\Pr(\omega^q|\boldsymbol{x}, \boldsymbol{a}, \boldsymbol{y}; \hat{\boldsymbol{\theta}}, \hat{\Omega}, \hat{\boldsymbol{\pi}})$ とする．

Arcidiacono and Jones (2003) によると，このアルゴリズムが収束すれば，それは一致漸近的正規推定量となるが，それは漸近的有効性は持たない．彼らは学校選択モデルを推定して，ESM アルゴリズムが完全情報最尤法 (FIML) よりも計算速度が速いことを示している．

2.6　おわりに

この章では，シングルエージェントの動的離散選択モデルの推定について，基本的なモデル，推定アルゴリズム，経済分野における応用例について解説した．シングルエージェントの動的離散選択モデルのその他の研究分析としては，NFXP を使って原子力発電所の稼働問題を推定した Rust and Rothwell (1995)，出生率をライフサイクルの最適化問題と考えて子供の価値を推定した Ahn (1995)，有限期間で医療支出を分析した Gilleskie (1998)，また，最近の研究では，移民の問題の Kennan and Walker (2011)，ミンサー型賃金関数を推定した Ge (2013)，自動車購入問題の Cirillo et al. (2015) 居住地選択問題の Bayer et al. (2016) などがある．さらに，Keane and Wolpin (2009) は動的離散選択モデルを静的モデルと比較する形で解説し，Lee and Wolpin (2010), Keane and Wolpin (2000), Todd and Wolpin (2006), Lucarelli (2006), Diermeier et al. (2005)，Colussi (2004) の 6 つの論文のそれぞれに関して問題を設定して概観している[25]．第 1 章で触れ

[25] その 6 つの問題とは，問題 1: 1960 年代の米国における (i) 賃金不平等の拡大，(ii) 大卒者プレミアムの上昇，(iii) 男女間の賃金格差の縮小，(iv) 女性の労働参加率の上昇，(v) サービス部門の成長，の要因と

たように，労働経済学の分野においては実験的アプローチが優位であるように見えるものの，今後も，構造推定アプローチを使ったさらなる研究が期待される．

付録 A　条件付き選択確率，$\boldsymbol{E}(a)$，期待価値関数の導出

ここでは，ロジット型モデルにおける [1] 条件付き選択確率，[2] 16 ページの $\boldsymbol{E}(a)$，[3] 期待価値関数を導出する．

[1] まず，$v^j \equiv u(x^m, a^j) + \beta \boldsymbol{F}(x^m, a^j)\bar{\boldsymbol{V}}$ としよう．（この節を通じて x^m は 1 つ固定しておく．）すると，t 期において個人 i が行動 a^j を選択する確率は，

$$
\begin{aligned}
&\mathrm{Prob}\Big\{v^j + \varepsilon_{it}(a^j) > v^h + \varepsilon_{it}(a^h);\ \forall h \neq j\Big\} \\
&= \mathrm{Prob}\Big\{\varepsilon_{it}(a^h) < \varepsilon_{it}(a^j) + v^j - v^h;\ \forall h \neq j\Big\}
\end{aligned}
\tag{2.40}
$$

となる．記号の簡略化のために，この節を通じて $\varepsilon^j \equiv \varepsilon_{it}(a^j)$，$\varepsilon^h \equiv \varepsilon_{it}(a^h)$ としよう．すると，ある h に対して，個人が a^h ではなく a^j を選択する確率は，**仮定CLOGIT** より，$g(\varepsilon^j + v^j - v^h)$ となる．（ただし，$g(\cdot)$ は (2.14) 式で定義されたものである．）ε^h，$h = 1, \ldots, J$; $h \neq j$ は互いに独立なので，個人が a^j を選択する確率は $g(\varepsilon^j + v^j - v^h)$

なった経済変化とは何か？ 問題 2:金銭的報酬は，学歴と賃金に関する人種間格差をどの程度低下させるか？ 問題 3:発展途上国における学歴の上昇に対して，もっとも効果的な政策は何か？ 問題 4:処方薬の適用を含むメディケアの拡大は，高齢者の健康と平均余命にどのような影響を与えるか？ 問題 5:任期制限，議員報酬の改定，退職後の職業変更などの政策によって政治家の職業選択はどのように影響を受けるか？ 問題 6:雇用者制裁と国境警備の増強がメキシコから米国への不法移民に対してどれぐらい影響を与えるか？ である．

を $h \neq j$ に関してかけ合わせたものを $g(\varepsilon^j)$ に関して積分したものである．つまり，

$$
\begin{aligned}
P(a^j|x^m) &= \int_{-\infty}^{\infty} \prod_{h\neq j} g(\varepsilon^j + v^j - v^h) dg(\varepsilon^j) \\
&= \int_{-\infty}^{\infty} \prod_{h\neq j} \exp\left\{-\exp\left[-(\varepsilon^j + v^j - v^h) + \gamma\right]\right\} dg(\varepsilon^j) \\
&= \int_{-\infty}^{\infty} \prod_{h\neq j} \exp\left\{-\exp\left[-(\varepsilon^j + v^j - v^h) + \gamma\right]\right\} \\
&\quad \times \exp(-\varepsilon^j + \gamma) \cdot \exp\bigl(-\exp(-\varepsilon^j + \gamma)\bigr) d\varepsilon^j \\
&= \int_{-\infty}^{\infty} \prod_{h\neq j} \exp\left\{-\exp\left[-(\varepsilon^j + v^j - v^h) + \gamma\right]\right\} \\
&\quad \times \exp(-\varepsilon^j + \gamma) \cdot \exp\left\{-\exp\left[-(\varepsilon^j + v^j - v^j) + \gamma\right]\right\} d\varepsilon^j \\
&= \int_{-\infty}^{\infty} \prod_{h=1}^{J} \exp\left\{-\exp\left[-(\varepsilon^j + v^j - v^h) + \gamma\right]\right\} \cdot \exp(-\varepsilon^j + \gamma) d\varepsilon^j \\
&= \int_{-\infty}^{\infty} \exp\left\{-\exp(-\varepsilon^j + \gamma) \sum_{h=1}^{J} \exp\left[-(v^j - v^h)\right]\right\} \cdot \exp(-\varepsilon^j + \gamma) d\varepsilon^j.
\end{aligned}
\tag{2.41}
$$

これを解くために，$t \equiv \exp(-\varepsilon^j + \gamma)$ として置換積分を行う．すると，$\varepsilon^j \to -\infty$ のとき $t \to \infty$，$\varepsilon^j \to \infty$ のとき $t \to 0$，$d\varepsilon^j = -(1/t)dt$ であるので，

$$
\begin{aligned}
P(a^j|x^m) &= \int_{\infty}^{0} \exp\left\{-t \sum_{h=1}^{J} \exp\left[-(v^j - v^h)\right]\right\} \cdot t\left(-\frac{1}{t}\right) dt \\
&= \int_{0}^{\infty} \exp\left\{-t \sum_{h=1}^{J} \exp\left[-(v^j - v^h)\right]\right\} dt \\
&= \left|\frac{\exp\left\{-t \sum_{h=1}^{J} \exp\left[-(v^j - v^h)\right]\right\}}{\sum_{h=1}^{J} \exp\left[-(v^j - v^h)\right]}\right|_{0}^{\infty} \\
&= \frac{1}{\sum_{h=1}^{J} \exp\left[-(v^j - v^h)\right]} \\
&= \frac{\exp(v^j)}{\sum_{h=1}^{J} \exp(v^h)}.
\end{aligned}
\tag{2.42}
$$

したがって，v^j の定義より (2.15) 式が得られる．

[2] $\boldsymbol{E}(a)$ も同様に導出できる．これは条件付き期待値なので，

$$
\begin{aligned}
&E\Big[\varepsilon^j|x^m,\delta(x^m,\varepsilon^j)=a^j\Big] \\
&\quad=\frac{1}{P(a^j|x^m)}\int_{-\infty}^{\infty}\varepsilon^j\prod_{h\neq j}g(\varepsilon^j+v^j-v^h)dg(\varepsilon^j) \\
&\quad=\frac{1}{P(a^j|x^m)}\int_{-\infty}^{\infty}\varepsilon^j\prod_{h\neq j}\exp\Big\{-\exp\Big[-(\varepsilon^j+v^j-v^h)+\gamma\Big]\Big\}dg(\varepsilon^j) \\
&\quad=\frac{1}{P(a^j|x^m)}\int_{-\infty}^{\infty}\varepsilon^j\exp\Big[-Q\exp(-\varepsilon^j+\gamma)\Big]\cdot\exp(-\varepsilon^j+\gamma)d\varepsilon^j
\end{aligned}
\tag{2.43}
$$

となる．ただし，$Q=\sum_{h=1}^{J}\exp\Big[-(v^j-v^h)\Big]$ である．これを解くために，$y\equiv Q\exp(-\varepsilon^j+\gamma)$ として置換積分を行う．すると，

$$
\begin{aligned}
&\int_{-\infty}^{\infty}\varepsilon^j\exp\Big[-Q\exp(-\varepsilon^j+\gamma)\Big]\cdot\exp(-\varepsilon^j+\gamma)d\varepsilon^j \\
&\qquad=\int_{\infty}^{0}\left[\gamma-\ln\left(\frac{y}{Q}\right)\right]\exp(-y)\left(\frac{y}{Q}\right)\left(-\frac{1}{y}\right)dy \\
&\qquad=\frac{1}{Q}\int_{0}^{\infty}\big(\ln Q-\ln y+\gamma\big)\exp(-y)\,dy \\
&\qquad=\frac{1}{Q}\left\{\int_{0}^{\infty}\big(\ln Q+\gamma\big)\exp(-y)\,dy-\int_{0}^{\infty}\ln y\,\exp(-y)\,dy\right\} \\
&\qquad=\frac{1}{Q}\bigg|-\big(\ln Q+\gamma\big)\exp(-y)\bigg|_{0}^{\infty}-\frac{\gamma}{Q} \\
&\qquad=\frac{1}{Q}\big(\ln Q+\gamma\big)-\frac{\gamma}{Q} \\
&\qquad=\frac{\ln Q}{Q}.
\end{aligned}
\tag{2.44}
$$

ここで，$Q=1/P(a^j|x^m)$ であるので，

$$
E\Big[\varepsilon^j|x^m,\delta(x^m,\varepsilon^j)=a^j\Big]=\frac{1}{P(a^j|x^m)}\frac{\ln\big(1/P(a^j|x^m)\big)}{1/P(a^j|x^m)}=\ln\left(\frac{1}{P(a^j|x^m)}\right)
$$

$$
=\ln(1)-\ln P(a^j|x^m)
$$

となり，目的の答が得られる．（なお，極値分布が $g(\varepsilon_{it})=\exp\big[-\exp(-\varepsilon_{it})\big]$ である場合は，$E\big[\varepsilon^j|x^m,\delta(x^m,\varepsilon^j)=a^j\big]=\gamma-\ln P(a^j|x^m)$ となる．）

[3] 期待価値関数に関しては，ε_{it} が (2.14) 式にしたがうとき，(2.8) 式の「期待価値関数版」ベルマン方程式を計算すればよい．まず，w を次のように定義する．

$$w \equiv \max_{j=1,\dots,J} \left\{ v^j + \varepsilon_{it} \right\}. \tag{2.45}$$

ただし，$v^j \equiv u(x^m, a^j) + \beta \boldsymbol{F}(x^m, a^j)\bar{\boldsymbol{V}}$ である．ε_{it} は**仮定CI** の下で独立同分布 (IID) であり，(2.14) 式にしたがうので，この w の確率分布は，

$$\begin{aligned} G(w) &\equiv \prod_{j=1}^{J} g(w - v^j) \\ &= \prod_{j=1}^{J} \exp\Big\{ -\exp\big[-(w - v^j) + \gamma \big] \Big\} \\ &= \exp\left\{ -\exp(-w+\gamma) \sum_{j=1}^{J} \exp(v^j) \right\} \\ &= \exp\Big\{ -D \exp(-w+\gamma) \Big\}, \end{aligned} \tag{2.46}$$

その密度関数は，

$$G'(w) = D \exp(-w+\gamma) \exp\big(-D \exp(-w+\gamma) \big) \tag{2.47}$$

となる．ただし，$D \equiv \sum_{j=1}^{J} \exp(v^j)$．求めたい期待価値関数は，$\bar{V}(x^m) = \int w \, dG(w)$ に等しいことに注目しよう．つまり，

$$\bar{V}(x^m) \equiv \int_{-\infty}^{\infty} w \, D \exp(-w+\gamma) \exp\big(-D \exp(-w+\gamma) \big) \, dw. \tag{2.48}$$

これを解くために，$z \equiv D \exp(-w+\gamma)$ として置換積分を行う．すると，

$$\begin{aligned}
\bar{V}(x^m) &= \int_{\infty}^{0} \left[\gamma - \ln\left(\frac{z}{D}\right)\right] z \exp(-z) \times \left(-\frac{1}{z}\right) dz \\
&= \int_{0}^{\infty} \big(\ln D - \ln z + \gamma\big) \exp(-z)\, dz \\
&= \int_{0}^{\infty} \big(\ln D + \gamma\big) \exp(-z)\, dz - \int_{0}^{\infty} \ln z \exp(-z)\, dz \\
&= \Big|-\big(\ln D + \gamma\big) \exp(-z)\Big|_{0}^{\infty} - \gamma \\
&= \ln D + \gamma - \gamma \\
&= \ln \sum_{j=1}^{J} \exp(v^j).
\end{aligned} \tag{2.49}$$

v^j の定義より，(2.17) 式が得られる．（極値分布が $g(\varepsilon_{it}) = \exp\big[-\exp(-\varepsilon_{it})\big]$ である場合は，$\bar{V}(x^m) = \ln \sum_{j=1}^{J} \exp(v^j) + \gamma$ となる．）

付録 B　ニュートン法と準ニュートン法について

ここでは，制約なし最大化問題を解く方法について解説する[26]．まず，アルゴリズムのイメージをつかむために，ある微分可能な関数 $f: \mathbb{R} \to \mathbb{R}$ を考え，$f(x) = 0$ となる x^* を探索したいとする．関数 f を $x^{(k)}$ の近くで一次テイラー展開すると

$$f(x) = f(x^{(k)}) + f'(x^{(k)})(x - x^{(k)}) \tag{2.50}$$

と $f(x) = 0$ より近似式

$$x^{(k+1)} = x^{(k)} - \frac{f(x^{(k)})}{f'(x^{(k)})} \tag{2.51}$$

が得られる．適当な $x^{(0)}$ から始めて，$k = 0, 1, \ldots$ に対して (2.51) の探索ルールを適用すると，$x^{(0)}, x^{(1)}, \ldots$ はある値に収束する．収束した値が求めるべき x^* である．ここで，f が 2 回連続的微分可能であり，$f'(x) = 0$ となる値をこのやり方で探索すれば，$f(x)$ の局所的な最大点または最小点を求めることができる．

いま，2 回連続的微分可能な関数 $\ell: \mathbb{R}^N \to \mathbb{R}$; $\ell(\boldsymbol{\theta})$, $\boldsymbol{\theta} = (\theta_1, \ldots, \theta_n)'$ の最大点を探索

[26] 詳しくは福島 (1996) などを参照.

したいとしよう．2次のテイラー展開より，探索ルールは次のような式で表される．

$$\boldsymbol{\theta}^{(k+1)} = \boldsymbol{\theta}^{(k)} - \left(\nabla^2 \ell\big(\boldsymbol{\theta}^{(k)}\big)\right)^{-1} \frac{\partial \ell\big(\boldsymbol{\theta}^{(k)}\big)}{\partial \boldsymbol{\theta}}. \tag{2.52}$$

ここで，$\nabla^2 \ell\big(\boldsymbol{\theta}^{(k)}\big)$ はヘッセ行列，$\partial \ell\big(\boldsymbol{\theta}^{(k)}\big)/\partial \boldsymbol{\theta}$ は勾配ベクトル である．つまり，

$$\nabla^2 \ell\big(\boldsymbol{\theta}^{(k)}\big) = \begin{bmatrix} \frac{\partial^2 \ell(\boldsymbol{\theta}^{(k)})}{\partial \theta_1^2} & \frac{\partial^2 \ell(\boldsymbol{\theta}^{(k)})}{\partial \theta_1 \partial \theta_2} & \cdots & \frac{\partial^2 \ell(\boldsymbol{\theta}^{(k)})}{\partial \theta_1 \partial \theta_n} \\ \frac{\partial^2 \ell(\boldsymbol{\theta}^{(k)})}{\partial \theta_2 \partial \theta_1} & \frac{\partial^2 \ell(\boldsymbol{\theta}^{(k)})}{\partial \theta_2^2} & \cdots & \frac{\partial^2 \ell(\boldsymbol{\theta}^{(k)})}{\partial \theta_2 \partial \theta_n} \\ \vdots & \vdots & \ddots & \vdots \\ \frac{\partial^2 \ell(\boldsymbol{\theta}^{(k)})}{\partial \theta_n \partial \theta_1} & \frac{\partial^2 \ell(\boldsymbol{\theta}^{(k)})}{\partial \theta_n \partial \theta_2} & \cdots & \frac{\partial^2 \ell(\boldsymbol{\theta}^{(k)})}{\partial \theta_n^2} \end{bmatrix}, \quad \frac{\partial \ell\big(\boldsymbol{\theta}^{(k)}\big)}{\partial \boldsymbol{\theta}} = \begin{bmatrix} \frac{\partial \ell(\boldsymbol{\theta}^{(k)})}{\partial \theta_1} \\ \frac{\partial \ell(\boldsymbol{\theta}^{(k)})}{\partial \theta_2} \\ \vdots \\ \frac{\partial \ell(\boldsymbol{\theta}^{(k)})}{\partial \theta_n} \end{bmatrix}.$$

このようにして，最大点 $\hat{\boldsymbol{\theta}}$ を探索していく方法を**ニュートン法** と呼ぶ．

ニュートン法は概念的にわかりやすい探索ルールであるが，大域的な収束が保証されず，計算コストが大きいという欠点がある．そこで，一般的には次のような**準ニュートン法** が用いられることも多い．準ニュートン法では，ヘッセ行列の代わりにある正定値対称行列 $\boldsymbol{B}^{(k)}$ を用いて次のような次のような探索ルールを考える．

$$\boldsymbol{\theta}^{(k+1)} = \boldsymbol{\theta}^{(k)} - \big(\boldsymbol{B}^{(k)}\big)^{-1} \frac{\partial \ell\big(\boldsymbol{\theta}^{(k)}\big)}{\partial \boldsymbol{\theta}}. \tag{2.53}$$

ここで，$\boldsymbol{s}^{(k)} = \boldsymbol{\theta}^{(k+1)} - \boldsymbol{\theta}^{(k)}$，$\boldsymbol{y}^{(k)} = \big(\partial \ell\big(\boldsymbol{\theta}^{(k+1)}\big)/\partial \boldsymbol{\theta}\big) - \big(\partial \ell\big(\boldsymbol{\theta}^{(k)}\big)/\partial \boldsymbol{\theta}\big)$ とすると，$\boldsymbol{B}^{(k)}$ は $\boldsymbol{y}^{(k)} = \boldsymbol{B}^{(k)}\boldsymbol{s}^{(k)}$ という条件を満たさなければならない（これをセカント条件と呼ぶ）．実際，$\boldsymbol{B}^{(k)}$ は次のような **BFGS の公式**によって更新していけばよい．

$$\boldsymbol{B}^{(k+1)} = \boldsymbol{B}^{(k)} + \frac{\boldsymbol{y}^{(k)}\big(\boldsymbol{y}^{(k)}\big)'}{\big(\boldsymbol{y}^{(k)}\big)'\boldsymbol{s}^{(k)}} - \frac{\boldsymbol{B}^{(k)}\boldsymbol{s}^{(k)}\big(\boldsymbol{s}^{(k)}\big)'\boldsymbol{B}^{(k)}}{\big(\boldsymbol{s}^{(k)}\big)'\boldsymbol{B}^{(k)}\boldsymbol{s}^{(k)}}. \tag{2.54}$$

つまり，準ニュートン法は，ニュートン法のようにヘッセ行列を逐次計算していく必要がなく，$\boldsymbol{\theta}^{(k)}$ と同時に $\boldsymbol{B}^{(k)}$ も更新していくことで探索していく方法である．さらに，それでも $\boldsymbol{B}^{(k)}$ の逆行列を計算する手間がかかるので，$\boldsymbol{H}^{(k)} = \big(\boldsymbol{B}^{(k)}\big)^{-1}$ を更新するルールを

用いることができる．その更新ルールは，

$$
\begin{aligned}
\boldsymbol{H}^{(k+1)} = \boldsymbol{H}^{(k)} &+ \left(1 + \frac{\left(\boldsymbol{y}^{(k)}\right)' \boldsymbol{H}^{(k)} \boldsymbol{y}^{(k)}}{\left(\boldsymbol{y}^{(k)}\right)' \boldsymbol{s}^{(k)}}\right) \frac{\boldsymbol{s}^{(k)} \left(\boldsymbol{s}^{(k)}\right)'}{\left(\boldsymbol{y}^{(k)}\right)' \boldsymbol{s}^{(k)}} \\
&- \frac{\boldsymbol{H}^{(k)} \boldsymbol{y}^{(k)} \left(\boldsymbol{s}^{(k)}\right)' + \boldsymbol{s}^{k} \left(\boldsymbol{y}^{(k)}\right)' \left(\boldsymbol{H}^{(k)}\right)'}{\left(\boldsymbol{y}^{(k)}\right)' \boldsymbol{s}^{(k)}}
\end{aligned}
\tag{2.55}
$$

となることが知られている．そこで，(2.21) 式の $\boldsymbol{H}^{(k)}$ は，$\left(\nabla^2 \ell\left(\boldsymbol{\theta}^{(k)}\right)\right)^{-1}$，$\left(\boldsymbol{B}^{(k)}\right)^{-1}$，または上の $\boldsymbol{H}^{(k)}$ を用いればよい．

付録 C　プログラムコード

ここでは，第 2.3 節で推定のために作成したプログラム（MATLAB コード）の一部を掲載する．

NFXP.m

```
% NFXP アルゴリズム

clear

beta = 0.975;

% 真のパラメータの設定
RC = 11.7257; theta11 = 2.4569; theta30 = 0.0937;
theta31 = 0.4475; theta32 = 0.4459; theta33 = 0.0127;
theta34 = 0.0002;

% パラメータの真の値
THETA_TRUE = [RC, theta11, theta30, theta31, theta32,
theta33, theta34]';

M = 175; % X 空間の次元
XMAX = 5000; % 最大マイル数
```

```
N = 5; % バスの数
T = 120; % 期間

% パラメータの真の値を使ってデータを生成する.
[x, a] = func_data(M, XMAX, N, T, THETA_TRUE, beta);

%% パラメータの初期値
RC = 12; theta11 = 3;
THETA3 = func_theta3(M, XMAX, N, T, x, a);
% THETA3 は先に推定しておく.
THETA(:, 1) = [RC, theta11, THETA3']';

%% Outer-loop （パラメータの更新）

tic  % 計算時間の計測開始
kMAX = 200; % Outer-loop の最大計算回数
logL = ones(1, kMAX)*(-1e+12); % 対数尤度の初期値

for k = 1:kMAX

  fprintf('NFXP:␣␣␣␣k␣=␣%d,␣logL␣=␣%f\n', k, logL(k));

  %% Inner-loop （不動点を求める.）

  % P0 の初期値
  P0(:, 1) = ones(M, 1)*0.6;

  iterMAX = 100; % Inner-loop の最大計算回数
  ERROR = 1e-12; % 収束を終了させる値
  X = linspace(0, XMAX, M)';
  % 0 から XMAX までを M 個に分割したもの

  for iter = 1:iterMAX

    V(:, iter) = func_Phi(X, M, P0(:, iter), THETA(:, k),
    beta); % 関数Φ
```

```
    P0(:, iter+1) = func_Lambda(X, M, V(:, iter),
    THETA(:, k), beta); % 関数Λ

    if (pdist([P0(:, iter), P0(:, iter+1)]') < ERROR)
      break;
    end

  end
  %% Inner-loop 終わり

  % 勾配ベクトルとヘッセ行列の計算
  Vbar = V(:, iter);
  GRAD = func_grad(M, XMAX, N, T, x, a, Vbar, THETA(:, k),
  beta);
  H = func_Hessian(M, XMAX, N, T, x, Vbar, THETA(:, k),
  beta);

  % パラメータの更新
  THETA(1:2, k+1) = THETA(1:2, k) - H\GRAD*0.02;
  THETA(3:7, k+1) = THETA(3:7, k); % theta3 はそのまま更新

  % 対数尤度の計算
  logL(k+1) = func_logL(M, XMAX, N, T, x, a, Vbar,
  THETA(:, k+1), beta);

  % 対数尤度が下がったら終了する.
  if logL(k+1) < logL(k)
    break;
  end

end
% Outer-loop 終わり

[~, maxk] = max(logL); % 最大対数尤度
RESULT = THETA(:, maxk);
TIME = toc; % 計算時間
```

func_data.m

```
function [x, a] = func_data(M, XMAX, N, T, THETA, beta)

  theta30 = THETA(3);
  theta31 = THETA(4);
  theta32 = THETA(5);
  theta33 = THETA(6);

  %% theta の初期値のもとで不動点を求める.

  X = linspace(0, XMAX, M)';
  % 0 から XMAX までを M 個に分割したもの

  % P0 と P1 の初期値
  P0(:, 1) = ones(M, 1)*0.6;
  P1(:, 1) = 1 - P0(:, 1);

  iterMAX = 30; % 反復計算の最大回数
  ERROR = 1e-12; % 収束を終了させる値

  V = zeros(M, iterMAX);

  for iter = 1:iterMAX

    V(:, iter) = func_Phi(X, M, P0(:, iter), THETA, beta);
    % 関数Φ
    P0(:, iter+1) = func_Lambda(X, M, V(:, iter), THETA,
    beta); % 関数Λ

    if (pdist([P0(:, iter), P0(:, iter+1)]') < ERROR)
      break
    end

  end

  P1 = 1 - P0(:, iter+1);
```

```
%% データの生成

Lv_x = ones(N, T);
a = zeros(N, T);

for t = 1:T-1
  for i = 1:N

    % データ a
    if rand < P1(Lv_x(i, t))
    % 交換確率より乱数が小さければ交換する.
      a(i, t) = 1;
    end

    if a(i, t) == 0

      r = rand;

      if Lv_x(i, t) < M-3

        if r < theta30
          Lv_x(i, t+1) = Lv_x(i, t) + 0;
        elseif r < theta30 + theta31
          Lv_x(i, t+1) = Lv_x(i, t) + 1;
        elseif r < theta30 + theta31 + theta32
          Lv_x(i, t+1) = Lv_x(i, t) + 2;
        elseif r < theta30 + theta31 + theta32 + theta33
          Lv_x(i, t+1) = Lv_x(i, t) + 3;
        else
          Lv_x(i, t+1) = Lv_x(i, t) + 4;
        end

       elseif Lv_x(i, t) == M-3

        if r < theta30/(theta30 + theta31 + theta32
```

```
      + theta33)
        Lv_x(i, t+1) = Lv_x(i, t) + 0;
      elseif r < (theta30 + theta31)/(theta30
      + theta31 + theta32 + theta33)
        Lv_x(i, t+1) = Lv_x(i, t) + 1;
      elseif r < (theta30 + theta31 + theta32)/
      (theta30 + theta31 + theta32 + theta33)
        Lv_x(i, t+1) = Lv_x(i, t) + 2;
      else
        Lv_x(i, t+1) = Lv_x(i, t) + 3;
      end

    elseif Lv_x(i, t) == M-2

      if r < theta30/(theta30 + theta31 + theta32)
        Lv_x(i, t+1) = Lv_x(i, t) + 0;
      elseif r < (theta30 + theta31)/(theta30
      + theta31 + theta32)
        Lv_x(i, t+1) = Lv_x(i, t) + 1;
      else
        Lv_x(i, t+1) = Lv_x(i, t) + 2;
      end

    elseif Lv_x(i, t) == M-1

      if r < theta30/(theta30 + theta31)
        Lv_x(i, t+1) = Lv_x(i, t) + 0;
      else
        Lv_x(i, t+1) = Lv_x(i, t) + 1;
      end

    elseif Lv_x(i, t) == M

Lv_x(i, t+1) = Lv_x(i, t) + 0;

    end
```

```
      else % a(t) == 1

        r = rand;

        if r < theta30
          Lv_x(i, t+1) = 1;
        elseif r < theta30 + theta31
          Lv_x(i, t+1) = 2;
        elseif r < theta30 + theta31 + theta32
          Lv_x(i, t+1) = 3;
        elseif r < theta30 + theta31 + theta32 + theta33
          Lv_x(i, t+1) = 4;
        else
          Lv_x(i, t+1) = 5;
        end

      end

    end
  end

  % データ x
  x = X(Lv_x);

end
```

func_Phi.m

```
function V = func_Phi(X, M, P0, THETA, beta)

  % 推移確率行列
  F0 = func_F0(M, THETA);
  F1 = func_F1(M, THETA);

  % 効用関数
```

```
  u0 = - 0.001*THETA(2)*X;
  u1 = - THETA(1)*ones(M, 1);

  % P0*F0, P1*F1 の計算
  PF = zeros(M, M);
  for i = 1:M
    PF(i, :) = P0(i).*F0(i, :);
  end
  P0F0 = PF;

  PF = zeros(M, M);
  for i = 1:M
    PF(i, :) = P1(i).*F1(i, :);
  end
  P1F1 = PF;

  V = (eye(M) - beta*(P0F0 + P1F1\))(P0.*(u0 - log(P0))
  + P1.*(u1 - log(P1)));

end
```

func_Lambda.m

```
function P0 = func_Lambda(X, M, V, THETA, beta)

  % 推移確率行列
  F0 = func_F0(M, THETA);
  F1 = func_F1(M, THETA);

  % 効用関数
  u0 = - 0.001*THETA(2)*X;
  u1 = - THETA(1)*ones(M, 1);

  R0 = u0 + beta*F0*V;
  R1 = u1 + beta*F1*V;
```

```
    P0 = exp(R0)./(exp(R0) + exp(R1));

end
```

第3章

動学ゲームの離散選択モデル

3.1 はじめに

第 2 章では，シングルエージェントの意思決定問題に関する動的離散選択モデルの構造推定について概観した．この章では，それに続く議論として，動学ゲームにおける理論モデルの枠組み，推定アルゴリズム，シミュレーションについて説明する．シングルエージェントのモデルが労働経済学などで広く用いられるのに対し，動学ゲームはおもに産業組織論（特に寡占市場）の分析に役立つ．そこで，まずこの節では，動学ゲームの特徴を明らかにし，そこで用いられる均衡概念を考え，産業組織論における先行研究を取り上げながら，モデルの枠組みと推定アルゴリズムの発展について簡単にまとめる[1]．

3.1.1 シングルエージェントモデルから動学ゲームへ

動学ゲームとは

多くの寡占市場は，複数の企業（プレイヤー）が長期的な意味で相互に関係している．そこでは，価格や生産量のような選択（行動）だけではなく，いったん選ぶと容易に変更することができず，長期的な意味で市場や企業の状態に影響を与えるような企業の選択が存在する．費用をともなう参入と退出，または，市場の状態に影響を与えるような投資がそのような選択である．そこで，長期の寡占市場モデルを動的離散選択モデルとして考え

---

[1] 新しい実証的産業組織論 **(new empirical industrial organization, NEIO)** の包括的な解説は，本書では行わない．Einav and Levin (2010) などを参照のこと．

る場合，「長期的な選択」（参入・退出，投資など）と「短期的な選択」（価格，生産量など）の2つを分けて考えなければならない．このような企業の選択は，市場の変化や競争関係を通じて，他の企業の利潤や選択にも影響するので，各企業間の関係は，動的に戦略的な相互依存関係を持っている．その意味で，このような寡占市場モデルは，**動学ゲーム (dynamic game)** として分析される．ここでの動学ゲームとは，価格・生産量競争ゲームを各期に行う繰り返しゲームである．

マルコフ完全均衡（MPE）

そのような動学ゲームにおいて考えられる均衡概念は，Maskin and Tirole (1988a,b) によって提唱された**マルコフ完全均衡 (Markov perfect equilibrium, MPE)** である．MPEでは，各プレイヤーの行動が利得にかかわる（payoff-relevant）状態だけの関数（**マルコフ戦略 (Markov strategy)** ）になっていると仮定されており，それによって，膨大にありうる部分ゲーム完全均衡を排除することができる．MPEにおいては，(1) 全てのプレイヤーが，他のプレイヤーの現在および将来における行動に関する予測をもとに信念を形成し，その信念のもとで利得の割引価値総和の期待値を最大化し，(2) 全てのプレイヤーが形成する信念が，他のプレイヤーのとる行動と整合的となっていなければならない．具体的には，全てのプレイヤーは，各期において，他のプレイヤーの戦略を所与としてベルマン方程式を設定してDP問題を解き，それにより選択された行動と状態によって，次の状態が実現する．そのような過程において，特定の期に依存せずに，状態によって決まる行動は，他のプレイヤーの戦略に対する最適反応となっている．マルコフ完全均衡とは，そのようなプレイヤーの戦略が互いに最適反応となっていることを言うのである．本書では，Aguirregabiria and Mira (2007) にしたがって，条件付き選択確率を用いたMPEを使うが，第3.3.2節において，マルコフ戦略を用いた定義にも触れる．

3.1.2 産業組織論における動学ゲーム

EPフレームワーク（PMフレームワーク）

産業組織論の中で，動学ゲームおよびMPEを寡占市場の分析に用いることは，Ericson and Pakes (1995) までさかのぼることができる（以下，EP）．そこで設定された枠組み（フレームワーク）では，長期的な寡占市場モデルにおいて，市場の中にいる既存企業が，各期に操業を継続するか，操業を停止して市場から退出するかのどちらかを選択し，かつ，潜在的にその市場に参入を考えている企業がいて，各期に参入するかしないかのどちらかを選択する．さらに，操業している企業はある種の投資を行うことで，市場および自分の「状態」を変えることができる．このような枠組みの中で，各企業は最適な選択（戦略）をとり，それが繰り返されることで，均衡における市場の企業数や，市場の状態および各企業の状態が決定する．EP は，このような枠組みにおいて長期的な寡占市場モデルの MPE を考察した．この枠組みは，その後の理論・実証モデルの基本となるもので，Ericson and Pakes フレームワーク，または**EP フレームワーク**などと呼ばれている (Doraszelski and Pakes, 2007)．さらに，このモデルは分析上とても複雑なので，Pakes and McGuire (1994)，Pakes and McGuire (2001) は，参入・退出を純粋戦略に限定した上で，より計算を容易にしたモデルを提示した．（そのため，EP フレームワークは**PM フレームワーク**とも呼ばれる．）ところが，離散的な戦略である参入・退出を純粋戦略に限定すると，モデルの中に MPE の存在が保証されないことが知られるようになった．その問題に対して，Doraszelski and Satterthwaite (2003, 2010) は，参入・退出を混合戦略として考える代わりに，企業が退出の際に得られる利益（売却利益）と参入費用を確率変数とし，その企業以外に観察できない私的情報であると仮定して，モデルを**不完備情報 (incomplete information)** のゲームとして設定することを提案した[2]．その結果，モデルには必ず MPE が存在することが証明され，また，推定も容易になることが示されている[3]．なお，第 3.5 節で解説するモデルでは，売却利益と参入費用を私的情報としている[4]．

動学ゲームの推定アルゴリズムの発展

動学ゲームの構造推定を行う場合，大きな問題は計算の複雑さと時間である．第 2.2.2 節で説明した「ネステッド不動点アルゴリズム」を使うと長い時間を要するので，計算が容易で一致推定量を得られるような推定法が提案されてきた．Bajari et al. (2007),

[2] ここで，完備情報ゲームとは，全てのプレイヤーがゲームの構造（利得，行動）を知っているゲームであり，そうでなければ不完備情報ゲームである．売却利益や参入費用を各企業の「タイプ」と考えれば，それは他の企業に観察できない私的情報であるので，このモデルは不完備情報ゲームである．

[3] さらに，Doraszelski and Satterthwaite (2005, 2010) は，連続型の選択の場合でも，企業の投資がある条件（unique investment choice, UIC）を満たせば，MPE の存在が保証されることを示している．

[4] ただし，このモデルにおいて企業の長期的な選択は参入・退出のみであり，その他の投資は考えられていない．

Pakes et al. (2007), Pesendorfer and Schmidt-Dengler (2008) などは,「2ステップアルゴリズム」と総称される様々な推定法を提案している.これらの手法は計算が容易であり,DP問題を解く必要がないが,少ないサンプルより推定する場合はバイアスが大きくなるという欠点がある.Aguirregabiria and Mira (2007) は,第2.2.3節で説明した「ネステッド擬似尤度アルゴリズム(NPL)」を動学ゲームにも適用し,参入・退出モデルを推定している.ところが,NPLは収束しない場合があるということがPesendorfer and Schmidt-Dengler (2010) によって示された.Kasahara and Shimotsu (2012) は,このNPLの欠点を補うために,NPLを修正したアルゴリズムを提示している.さらに,Egesdal et al. (2015) は,2ステップやNPLに変わる推定法として,別のアルゴリズムを提唱している.これは,第2.4.3節で説明した「均衡制約付き最適化アルゴリズム(MPEC)」を動学ゲームに適用し,それにより均衡に関する情報を完全に用いることによって最尤推定量を求めるものである.

産業組織論での応用例

参入・退出をともなう寡占市場の動学的な研究は,古くから産業組織論の中で大きな関心を集めていた.EP以前の代表的な実証研究として,Bresnahan and Reiss (1990, 1991a,b) とBerry (1992) がある.これらの研究は,参入阻止ゲームにもとづいて戦略的参入を可変利潤と既存企業の数に関連付けた研究の嚆矢であり,その議論の中にすでに複数均衡の問題を含んでいる.参入の意思決定は,可変利潤や既存企業数によって決定され,実証分析ではそれらの「しきい値」が推定されている.

EP以後の理論分析としては,企業合併(merger)を長期的な戦略として分析したGowrisankaran (1999),病院の参入・退出,投資のGowrisankaran and Town (1997),生産能力拡大のための投資のBesanko and Doraszelski (2004), Chen (2009), 広告投資のDoraszelski and Markovich (2007) などがある.また,EP以後の実証分析としては,ハンバーガーチェーンの参入モデルを分析したToivanen and Waterson (2000),航空産業のBenkard (2004),ネットスケープとマイクロソフト間の"ブラウザ戦争"のJenkins et al. (2004),レンタルビデオ店のSeim (2006),沖縄のコンビニエンスストアのNishida (2014) などがある.ただし,これらの中にはBresnahan and Reissにもとづいた静学的な研究と,動学ゲームにもとづいた研究が存在する.

最近では,Aguirregabiria and Ho (2012) が航空産業を推定して,複数均衡の問題を論じている．Fan (2016) は，Pakes et al. (2007) の推定アルゴリズムにもとづき，レンタルビデオ店の参入・退出モデルを推定した．さらに，Luo et al. (2018) は，ファーストフードチェーン市場（KFC とマクドナルド）の推定を行ない，複数均衡と市場の異質的な観察されない状態を含むゲームの推定を提示した[5]．

この章の目的

第 2 章のシングルエージェントの動的離散選択モデルでは，NFXP と NPL の 2 つのアルゴリズムに焦点を当てたが，この章では，動学ゲームの構造推定を行うためのアルゴリズムとして，NPL を含めた 4 つのアルゴリズム（NPL，2STEP，NPL-Λ，MPEC）について検討し，その導出を行ない，それらのアルゴリズムを用いた推定の実際について説明する．シングルエージェントの場合と同じく，それらの導出において重要なポイントは，条件付き選択確率（CCP，15 ページ参照）を用いるということである．つまり，シングルエージェントの場合は，条件付き選択確率による最適化問題の解を考えたが，この章の動学ゲームの場合は，ゲームの均衡解を条件付き選択確率によって表現する．シングルエージェントの場合と違う点は，その条件付き選択確率が他のプレイヤーの戦略をも表しているということである．したがって，ある条件付き選択確率からある条件付き選択確率へ写す写像の不動点は，ゲームの均衡点と考えることができる．

この章の基本モデルは，ほぼ Aguirregabiria and Mira (2007) に依拠したが，Aguirregabiria and Mira (2010) と Egesdal et al. (2015) などにも多くを負っている．条件付き選択確率を用いた均衡条件の導出と推定はとても有用なものである一方，若干の欠点も含んでいる．そこで，その NPL より議論を始め，その拡張として他のアルゴリズムを考えていく．さらに，Pakes et al. (2007) による別のモデルを考え，代替的なアルゴリズムの説明も行う．そのようないくつかのアルゴリズムを説明する上で，それぞれの特色を強調することにつとめた．さらに，アルゴリズムを比較するために，モンテカルロ・シミュレーションによって擬似データを生成して推定を行った．

なお，この章の推定の数値計算のプログラミングに際しては，Python（パイソン）を用いている．Python のもっとも大きな利点は，オープンソースであり無償で使えるということであろう．さらに，昨今のライブラリ（Python から特定の用途に応じて使えるよ

[5] また，産業組織論の分野ではないが，松村ほか (2012) は，動学ゲームモデルを用いて鉄道混雑メカニズムを推定している興味深い研究である．

うにされたプログラム群）の充実により，数値計算やデータ処理が容易になってきており，プログラマ人口の増大とともに学習がしやすいプログラミング言語であるといえよう．これらのことにより，構造推定に関する研究の参入障壁を下げる上で大きな役割が期待される．なお，Python および，先行研究でも用いられている AMPL（アンプル）と KNITRO（ナイトロ）については，第5章で説明した．

この章の構成は，以下の通りである．第3.2節では，動学ゲームの基本モデルについて説明し，第3.3節では，そのモデルにもとづいて推定する手法について議論する．第3.3.1節でネステッド擬似尤度アルゴリズム，第3.3.2節で2ステップアルゴリズム，第3.3.3節で修正ネステッド擬似尤度アルゴリズム，第3.3.4節で均衡制約付き最適化アルゴリズムを解説する．第3.4節では，実際にモンテカルロ法によってデータを生成し，そのデータよりいくつかのアルゴリズムを使って構造推定を行う．第3.5節では，応用例として売却利益と参入費用をともなう参入・退出モデルを解説し，推定を行う．最後に，第3.6節をまとめとする．

3.2 基本モデル

この節では，Aguirregabiria and Mira (2007) のモデルにしたがい，動学ゲームの基本モデルについて説明する．まず，モデルを DP 問題として設定し，いくつかの仮定をおいた上で，MPE を定義する．さらに，そのモデルを推定するための準備として，3つの関数を導出する．

3.2.1 動学ゲームの基本設定

基本となる動学ゲームを，以下のように設定しよう．シングルエージェントの動的離散選択モデルと同様に，期間を t で表し，意思決定を行う**企業 (firm)** または**プレイヤー (player)** を $i \in I \equiv \{1, 2, \ldots, N\}$ で表す．各企業 i は各期に状態を観察した上で，行動 $a_{it} \in A \equiv \{a^0, a^1, \ldots, a^{|A|-1}\}$, $|A| < \infty$ を選択するとする[6]．この状態を，誰にでも観察できる x_t（**共有知識 (common knowledge)** ）と企業 i にしか観察できない ε_{it}

[6] 第2章のシングルエージェントの場合と同様に，この章でも，上付きの添字で「可能な値の候補」，下付きの添字で「プレイヤー」や「期」を表す．

（**私的情報 (private information)**）の 2 つに分けよう．一般に，状態 x_t は市場の状態（**需要シフター (demand shifter)**，操業中の企業数など）や各企業の状態（店舗数，操業年数，規模，市場シェアなど）を含む．また，$\varepsilon_t \equiv (\varepsilon_{1t}, \varepsilon_{2t}, \ldots, \varepsilon_{Nt})$ は各企業固有の需要シフターや費用などである．次に，企業 i が t 期に得られる利潤は，状態 x_t および ε_{it} と全ての企業の行動 $a_t \equiv (a_{1t}, a_{2t}, \ldots, a_{Nt})$ に依存して決まるとしよう．この利潤を $\Pi_i(x_t, \varepsilon_{it}, a_t)$ と書くと，企業 i は次のような利潤の割引総和の条件付き期待値を最大化するように，行動を選択する．

$$E\left(\sum_{\tau=0}^{\infty} \beta^{\tau} \Pi_i(x_{t+\tau}, \varepsilon_{i,t+\tau}, a_{t+\tau}) \mid x_t, \varepsilon_{it}\right). \tag{3.1}$$

ただし，$\beta \in (0,1)$ は期間を通じて不変で全ての企業に共通な割引因子である．ここで，状態 (x_t, ε_t) の推移に関する企業の主観的確率（以下，**信念 (belief)**）は，全ての企業に共通な**推移確率** $p(x_{t+1}, \varepsilon_{t+1} \mid x_t, \varepsilon_t, a_t)$ にしたがうとする．この推移確率は共有知識である．つまり，全ての企業は，他の企業がこの推移確率にしたがって行動することを知っていると仮定する．シングルエージェントの動的離散選択モデルと同様に，推定したい**構造パラメータ** は構成要素 (Π, p, β) を決定するパラメータである．そこで，この動学ゲームのモデルでも次のような標準的な仮定をもうけよう．

仮定 AS「加法分離性」(Additive Separability)

利潤関数 Π_i は次のように 2 つの部分に分けられる．

$$\Pi_i(x_t, \varepsilon_{it}, a_t) = \pi_i(x_t, a_t) + \varepsilon_{it}(a_{it}). \tag{3.2}$$

ここで，ε_{it} は企業 i の選択する行動 $a_{it} \in A \equiv \{a^0, a^1, \ldots, a^{|A|-1}\}$ に対応して生じる $(|A| \times 1)$ 次元のベクトルであり，$a_{it} = a^j$ ならば $\varepsilon_{it}(a_{it})$ はその $(j+1)$ 番目の要素である．

仮定 CI「条件付き独立性」(Conditional Independence)

私的情報 ε_{it} は i, t に関して互いに独立で同一の確率分布 $g(\varepsilon_{it})$ にしたがう．さらに，推移確率は次のような積の形となる．

$$p(x_{t+1}, \varepsilon_{t+1}|x_t, \varepsilon_t, a_t) = f(x_{t+1}|x_t, a_t) \cdot \prod_{i=1}^{N} g(\varepsilon_{i,t+1}). \tag{3.3}$$

ここで，$f(x_{t+1}|x_t, a_t)$ は ε_{it} に依存しない確率分布である．

仮定 DIS「離散型の状態」(Discrete Support)

ある市場の状態 x_t のとる範囲（状態空間）は離散かつ有限である．つまり，ある $|X| < \infty$ が存在して，$x_t \in X \equiv \{x^1, x^2, \ldots, x^{|X|}\}$ と書ける．

つまり，利潤関数は状態によって加法的に分離され，推移確率は積の形で分離される．私的情報 ε_t は共有知識 x_t に影響せず，影響されることもない．また，私的情報は，期に関して独立に発生する．ここで，シングルエージェントの場合との違いは，各企業の利潤と推移確率が全ての企業の私的情報 ε_i に依存していることである．これにより，ある企業の最適化問題は，他の企業が行動を選択する確率に依存していることになる．さらに，

仮定 CLOGIT「条件付きロジット型モデル」(Conditional Logit Model)

私的情報 $\{\varepsilon_{it}(a), a \in A\}$ は互いに独立であり，それぞれタイプI型極値分布

$$g(\epsilon) = \exp[-\exp(-\epsilon + \gamma)] \tag{3.4}$$

にしたがう．ただし，γ はオイラー定数（18ページ参照）である．

を追加しよう．シングルエージェントの問題で見たように，この仮定により，モデルは推定しやすいものとなる．

以上の基本設定のもとで，ベルマン方程式を定式化し，均衡戦略を定義する．

3.2.2 ベルマン方程式と均衡戦略

企業の戦略的関係を明確にするために，ここからしばらくは 2 プレイヤーモデルを考えよう $(i=1,2)$．各企業は，状態を観察した上で，期に依存しない純粋戦略を持つとする[7]．すなわち，企業 i は t にかかわらず，状態 (x,ε_i) を観察すれば，1 つの行動 a_i を選択する．これを $\sigma_i(x,\varepsilon_i)=a_i$ で表す．つまり，σ_i は定常的なマルコフ戦略である．

いま，戦略の組 $\sigma\equiv(\sigma_1,\sigma_2)$ を 1 つ固定し，各企業ともお互いこの戦略にしたがっていることを想定しているとしよう．この σ のもとで，企業 i の**条件付き選択確率** は次のように定義できる．

$$P_i(a_i|x)\equiv\Pr\bigl\{\sigma_i(x,\varepsilon_i)=a_i|x\bigr\}=\int I\bigl(\sigma_i(x,\varepsilon_i)=a_i\bigr)\,dg(\varepsilon_i). \tag{3.5}$$

ここで，$I(\cdot)$ は指示関数である．

次に，企業の利潤と推移確率を定式化しよう．まず，企業 i は，相手の企業 j が戦略 σ_j にしたがっている前提のもとで行動 $a_j\in A$ を選択することを $P_j(a_j|x)$ の確率で予測するとしよう．すると，行動 a_1 を選択する企業 1 の**期待利潤 (expected profit)** は，その相手企業の条件付き選択確率を条件とする期待値

$$\tilde{\pi}_1(x,a_1;\boldsymbol{P}_2)\equiv\sum_{a_2\in A}P_2(a_2|x)\ \pi_1(x,a_1,a_2) \tag{3.6}$$

で表すことができる．ただし，$\boldsymbol{P}_2$ は，$P_2(a_2|x)$ を要素とする行列とする．同様に，現在の状態が x であるとき，行動 a_1 を選択する企業 1 が次の期の状態を x' と予測する**期待推移確率 (expected transition probability)** は，やはり相手企業の条件付き選択確率を条件として次のように書ける．

$$\tilde{f}_1(x'|x,a_1;\boldsymbol{P}_2)\equiv\sum_{a_2\in A}P_2(a_2|x)f(x'|x,a_1,a_2). \tag{3.7}$$

つまり，状態 x' が起きる確率は，自分の行動 a_1 だけでなく，相手の行動 a_2 にも依存しているので，企業 1 はその確率を $P_2(a_2|x)$ で評価する．すると，企業 1 が相手の条件付き確率が $\boldsymbol{P}_2$ であると予測するとき，状態 (x,ε_1) を観察した企業 1 の**価値関数** は次のよ

[7] このため，以下では添字 t を省略する．

うな**ベルマン方程式** で定式化できる．

$$
\begin{aligned}
V_1(x, \varepsilon_1; \boldsymbol{P}_2) = \max_{a_1 \in A} \Biggl\{ & \tilde{\pi}_1(x, a_1; \boldsymbol{P}_2) + \varepsilon_1(a_1) \\
& + \beta \sum_{x' \in X} \left[\left(\int V_1(x', \varepsilon_1'; \boldsymbol{P}_2) dg(\varepsilon_1') \right) \tilde{f}_1(x'|x, a_1; \boldsymbol{P}_2) \right] \Biggr\}.
\end{aligned}
\tag{3.8}
$$

すなわち，企業1の価値関数 V_1 は，相手の行動に関する期待利潤，期待推移確率，次の期の価値関数の3つを通じて，企業2の条件付き選択確率 $\boldsymbol{P}_2$ に依存していることになる．相手の条件付き確率を $\boldsymbol{P}_1$ と予測するときの企業2の価値関数 $V_2(x, \varepsilon_2; \boldsymbol{P}_1)$ も，同様に定式化できる．

ここで，シングルエージェントの場合と同様に，次のような**期待価値関数** を定義しよう．

$$
\bar{V}_1(x; \boldsymbol{P}_2) \equiv \int \max_{a_1 \in A} \Bigl\{ v_1(x, a_1; \boldsymbol{P}_2) + \varepsilon_1(a_1) \Bigr\} dg(\varepsilon_1). \tag{3.9}
$$

ただし，$v_1(x, a_1; \boldsymbol{P}_2)$ は**選択価値関数**，つまり，

$$
v_1(x, a_1; \boldsymbol{P}_2) \equiv \tilde{\pi}_1(x, a_1; \boldsymbol{P}_2) + \beta \sum_{x' \in X} \bar{V}_1(x'; \boldsymbol{P}_2) \tilde{f}_1(x'|x, a_1; \boldsymbol{P}_2) \tag{3.10}
$$

である．つまり，この期待価値関数は，企業 i が自分の私的情報 ε_i を観察する事前の期待値を表す．さらに，$\bar{V}_1$ を全ての状態でまとめたベクトルを以下では $\bar{\boldsymbol{V}}_1$ で表すことにする．

一般に，企業の数が N のときは，企業 $i \in I$ に対して，

$$
\begin{aligned}
\tilde{\pi}_i(x, a_i; \boldsymbol{P}_{-i}) &\equiv \sum_{\boldsymbol{a}_{-i} \in A^{N-1}} \left(\prod_{j \neq i} P_j\Bigl(\boldsymbol{a}_{-i}[j] | x\Bigr) \right) \pi_i(x, a_i, \boldsymbol{a}_{-i}), \\
\tilde{f}_i(x'|x, a_i; \boldsymbol{P}_{-i}) &\equiv \sum_{\boldsymbol{a}_{-i} \in A^{N-1}} \left(\prod_{j \neq i} P_j\Bigl(\boldsymbol{a}_{-i}[j] | x\Bigr) \right) f_i(x'|x, a_i, \boldsymbol{a}_{-i})
\end{aligned}
\tag{3.11}
$$

と表すことができる．ただし，$\boldsymbol{a}_{-i}$ は i 以外の企業の行動のベクトル，つまり $\boldsymbol{a}_{-i} \equiv (a_j), j \neq i$ とし，$\boldsymbol{a}_{-i}[j]$ はその j 番目の要素とする．$\boldsymbol{P}_{-i}$ も同様である．(3.11) 式より，$v_i(x, a_i; \boldsymbol{P}_{-i})$ も同様に定義できる．そこで，これを用いて，この動学ゲームの均衡を次のように定義しよう．

定義（マルコフ完全均衡, Markov perfect equilibrium, MPE）

全ての企業 $i \in I$ と全ての状態 (x, ε_i) について，戦略 $\sigma_i^*(x, \varepsilon_i)$ が次を満たすとき，$\boldsymbol{\sigma}^* \equiv \{\sigma_i^*(x, \varepsilon_i) : i \in I\}$ を**マルコフ完全均衡** と呼ぶ．

$$\sigma_i^*(x, \varepsilon_i) = \arg\max_{a_i \in A} \Big\{ v_i(x, a_i; \boldsymbol{P}_{-i}^*) + \varepsilon_i(a_i) \Big\}. \tag{3.12}$$

ただし，$P_j^*(a_j|x) \equiv \int I\big(\sigma_j^*(x, \varepsilon_j) = a_j\big)\, dg(\varepsilon_j)$ とし，$\boldsymbol{P}_{-i}^*$ はそれを全ての $j \neq i$ に関してまとめたものである．

すなわち，この定義は，全ての企業に対して，「他の企業が $\boldsymbol{\sigma}^*$ にしたがっているとき，その行動を条件付き選択確率 $\boldsymbol{P}_{-i}^*$ で評価すれば，自分も $\boldsymbol{\sigma}^*$ にしたがうことが最適となっている」という意味である．ここで，MPE は，行動空間上で定義されているが $(A^N \to A^N)$，これを条件付き選択確率の空間で定義することもできる．次節では，Aguirregabiria and Mira (2007) にしたがい，条件付き選択確率を用いた均衡を考える．

3.2.3 推定のための準備

基本モデルの説明の最後に，次節で行う推定のための準備として，いくつかの式を求めよう．ここでの目的は，上で定義した戦略の組 $\boldsymbol{\sigma} \equiv (\sigma_1, \sigma_2)$ の代わりに条件付き選択確率の組 $\boldsymbol{P} \equiv (\boldsymbol{P}_1, \boldsymbol{P}_2)$ を用いて均衡を表現することである．この $\boldsymbol{P}$ と，期待価値関数の組 $\bar{\boldsymbol{V}} \equiv (\bar{\boldsymbol{V}}_1, \bar{\boldsymbol{V}}_2)$ を用いれば，推定のための式は 3 つの関数にまとめることができて，後で説明する推定のための各アルゴリズムは，それらの関数により容易に表現することができる．

まず，企業 2 が $\boldsymbol{P}_2$ をとるときの企業 1 の条件付き選択確率は，次のように表すことができる．

$$P_1(a_1|x) = \int I\left(a_1 = \arg\max_{a_1' \in A} \Big\{ v_1(x, a_1'; \boldsymbol{P}_2) + \varepsilon_1(a_1') \Big\} \right) dg(\varepsilon_1). \tag{3.13}$$

ここで，この右辺は $\bar{V}_1$ と $\boldsymbol{P}_2$ に依存していることに注目しよう．そこで，この右辺を $\bar{V}_1$ と $\boldsymbol{P}_2$ の関数として $\Lambda_1(a_1|x; \bar{V}_1, \boldsymbol{P}_2)$ と書くことにしよう．これは，「条件付き選択確率を用いた最適反応」に他ならない．企業 2 に関して $\Lambda_2(a_2|x; \bar{V}_2, \boldsymbol{P}_1)$ も同様に定義すると，それらを全ての { 企業, 状態, 行動 } でまとめた $\{\Lambda_i(a_i|x; \bar{V}_i, \boldsymbol{P}_j) : i \in I, x \in X, a_i \in A\}$ は $\bar{\boldsymbol{V}}$ と $\boldsymbol{P}$ の関数と考えることができる．そこで，これを $\boldsymbol{\Lambda}(\bar{\boldsymbol{V}}, \boldsymbol{P})$ で表す．ここで，シ

ングルエージェントの場合との違いは，シングルエージェントの場合の $\boldsymbol{\Lambda}$ は $\bar{\boldsymbol{V}}$ のみの関数であったのに対し（15 ページ参照），動学ゲームの場合の $\boldsymbol{\Lambda}$ は $\boldsymbol{P}$ の関数にもなっているということである．さらに，**仮定 CLOGIT** より，ε_1 がタイプ I 型極値分布にしたがうとすれば，(3.13) 式の右辺は，

$$\Lambda_1(a_1|x;\bar{V}_1,\boldsymbol{P}_2)=\frac{\exp\{v_1(x,a_1;\boldsymbol{P}_2)\}}{\sum_{a'\in A}\exp\{v_1(x,a_1;\boldsymbol{P}_2)\}} \tag{3.14}$$

と表すことができる．（この導出は，付録 A と同様.）

次に，(3.9) 式の期待価値関数を別の表現で表そう．ある戦略 $\boldsymbol{\sigma}$ のもとで，企業 1 が自分の条件付き選択確率を $\boldsymbol{P}_1$ とし，相手の条件付き選択確率を $\boldsymbol{P}_2$ で予測するとしよう．すると，企業 1 の期待価値関数は

$$\bar{V}_1(x;\boldsymbol{P}_2)=\sum_{a_1\in A}P_1(a_1|x)\Big[v_1(x,a_1;\boldsymbol{P}_2)+E\big(\varepsilon_1(a_1)|x,\sigma_1(x,\varepsilon_1)=a_1\big)\Big] \tag{3.15}$$

と書くことができる．さらに，**仮定 CLOGIT** を仮定すれば，この式の $[\cdot]$ の第 2 項は $-\ln P_1(a_1|x)$ に等しくなるので（付録 A を参照），σ_1 を用いずに表現できることになる．ここで，(3.15) 式の右辺は $\bar{V}_1$ と $\boldsymbol{P}\equiv(\boldsymbol{P}_1,\boldsymbol{P}_2)$ に依存しているので，この右辺を $\bar{V}_1$ と $\boldsymbol{P}$ の関数として $\Phi_1(x;\bar{V}_1,\boldsymbol{P})$ で表すことにしよう．$\Phi_2(x;\bar{V}_2,\boldsymbol{P})$ も同様に定義できるので，これを全ての { 企業, 状態 } でまとめた $\{\Phi_i(x;\bar{V}_i,\boldsymbol{P}):i\in I,x\in X\}$ は，$\bar{\boldsymbol{V}}$ と $\boldsymbol{P}$ の関数と考えることができる．これを $\boldsymbol{\Phi}(\bar{\boldsymbol{V}},\boldsymbol{P})$ で表そう．

さらに，(3.15) 式は $\bar{V}_1$ に関して解くことができるので，シングルエージェントの場合と同様に，(3.15) 式を全ての状態でまとめて行列・ベクトルで表現して，式を整理すると，

$$\begin{aligned}\bar{\boldsymbol{V}}_1(\boldsymbol{P}_2)=&\left[\boldsymbol{I}_M-\beta\sum_{a_1\in A}\boldsymbol{P}_1(a_1)*\tilde{\boldsymbol{F}}(a_1;\boldsymbol{P}_2)\right]^{-1}\\&\times\sum_{a_1\in A}\boldsymbol{P}_1(a_1)*\big\{\tilde{\boldsymbol{\pi}}_1(a_1;\boldsymbol{P}_2)+\boldsymbol{E}(a_1;\boldsymbol{P}_1)\big\}\end{aligned} \tag{3.16}$$

と書ける．ただし，

$$\tilde{\boldsymbol{F}}(a_1;\boldsymbol{P}_2)=\begin{bmatrix}\tilde{f}_1(x^1|x^1,a_1;\boldsymbol{P}_2) & \cdots & \tilde{f}_1(x^{|X|}|x^1,a_1;\boldsymbol{P}_2)\\ \tilde{f}_1(x^1|x^2,a_1;\boldsymbol{P}_2) & \cdots & \tilde{f}_1(x^{|X|}|x^2,a_1;\boldsymbol{P}_2)\\ \vdots & \ddots & \vdots\\ \tilde{f}_1(x^1|x^{|X|},a_1;\boldsymbol{P}_2) & \cdots & \tilde{f}_1(x^{|X|}|x^{|X|},a_1;\boldsymbol{P}_2)\end{bmatrix},$$

$\tilde{\boldsymbol{\pi}}_1(a_1;\boldsymbol{P}_2)=\big(\tilde{\pi}_1(x^1,a_1;\boldsymbol{P}_2),\ldots,\tilde{\pi}_1(x^{|X|},a_1;\boldsymbol{P}_2)\big)'$，$\boldsymbol{E}(a_1;\boldsymbol{P}_1)=-\big(\ln P_1(a_1|x^1),\ldots,\ln P_1(a_1|x^{|X|})\big)'$ である．ここで，(3.16) 式の右辺は $\boldsymbol{P}\equiv(\boldsymbol{P}_1,\boldsymbol{P}_2)$ に依存している．そこで，この右辺を $\boldsymbol{P}$ の関数として $\boldsymbol{\Gamma}_1(\boldsymbol{P})$ と書き，$\bar{\boldsymbol{V}}_2(\boldsymbol{P}_1)$ についても同様に表現できるので，$\boldsymbol{\Gamma}_i(\boldsymbol{P})$ を全ての企業でまとめた $\{\boldsymbol{\Gamma}_i(\boldsymbol{P}):i\in I\}$ を $\boldsymbol{\Gamma}(\boldsymbol{P})$ で表すことにする．

いま，$(\bar{\boldsymbol{V}},\boldsymbol{P})$ の関数として $\boldsymbol{\Lambda}$ が，$\boldsymbol{P}$ の関数として $\boldsymbol{\Gamma}$ が得られている．そこで，$\boldsymbol{\Psi}(\cdot)\equiv\boldsymbol{\Lambda}\big(\boldsymbol{\Gamma}(\cdot),\cdot\big)$ と定義すれば，これは，$\boldsymbol{P}$ から $\boldsymbol{P}$ への関数となる．したがって，条件付き選択確率を用いた MPE は，$\boldsymbol{P}=\boldsymbol{\Psi}(\boldsymbol{P})$ を満たすような不動点として表すことができる．

3.3 推定アルゴリズム

ここからは，いくつかの推定アルゴリズムについて述べる．まず，動学ゲームの場合には，「次元の呪い」のために，**ネステッド不動点アルゴリズム (nested fixed point algorithm, NFXP)** を用いるのは一般的には困難であるとされてきた[8]．そこで，推定の正確さを犠牲にせずに，計算量や計算時間を短縮できるような代替的な推定アルゴリズムが提案されている．表 3.1 に，そのような代表的なアルゴリズムを記す[9 10]．

この研究分析の中で，Aguirregabiria and Mira (2007)（以下，**AM2007**）の推定アルゴリズムは，シングルエージェントと同様に，NXFP の外部ループと内部ループを交換して，条件付き選択確率と構造パラメータを逐次的に更新していくアルゴリズムである．

---

[8] ただし，Seim (2006) のように NFXP を用いた分析も存在する．また，現在では高速な計算が可能なソルバーも利用可能となってきている．この章でも，NFXP による推定を試みる．

[9] 第 2 章のシングルエージェントの場合と同じく，これらの日本語名は便宜上のものである．

[10] 表の最後のアルゴリズムによる推定量は，（擬似ではない）尤度関数を最大化するので，MLE 推定量に他ならない．しかし，本書では，他のアルゴリズムとの違いを強調するために，第 2 章のシングルエージェントの場合（31 ページ参照）と同様に，このアルゴリズムを Mathematical Program with Equilibrium Constraints（MPEC）と呼ぶことにする．

表 3.1 先行研究と推定アルゴリズム

研究分析	推定方法
Aguirregabiria and Mira (2007)	ネステッド擬似尤度アルゴリズム（NPL）
Bajari, Benkard, and Levin (2007)	2 ステップアルゴリズム（2STEP）
Pakes, Ostrovsky, and Berry (2007)	2 ステップアルゴリズム（2STEP）
Pesendofer and Schmidt-Dengler (2008)	2 ステップアルゴリズム（2STEP）
Kasahara and Shimotsu (2012)	修正されたネステッド擬似尤度アルゴリズム（NPL-Λ）
Egesdal, Lai, and Su (2015)	均衡制約付き最適化アルゴリズム（MPEC）

ところが，この推定アルゴリズムによって構造パラメータが収束するという保証がないことがわかっている．Kasahara and Shimotsu (2012)（以下，**KS2012**）は，この欠点を修正し，不動点が得られるように推定アルゴリズムの改良を行った．2 ステップアルゴリズムとしては，2.4.1 節で説明した Hotz and Miller の "逆写像法（inversion）" により，観察された条件付き選択確率から価値関数の差を求める方法と，観察された条件付き選択確率を一度だけ用いて価値関数を計算する方法が考えられる．Bajari et al. (2007)（以下，**BBL2007**）は前者の方法を用いている．Pakes et al. (2007)（以下，**POB2007**）は，各企業が参入・退出するモデルを二項分布によって定式化し，既存企業と参入企業の価値関数を計算して推定を行っている．一方，Pesendorfer and Schmidt-Dengler (2008) は，漸近的な最小二乗推定量（asymptotic least squares estimator）を考え，上記のアルゴリズムによる推定量が，均衡条件に与えた「ウエイト」が異なるだけで，全てこのクラスの推定量に包含され，漸近正規性を持つことを示している[11]．Egesdal et al. (2015)（以下，**ELS2015**）は，2 ステップアルゴリズム，KS2015 と比較する形で，均衡条件を制約とした最適化問題を定式化することで推定を行った．この第 3.3 節では，NPL，2 ステップ，修正された NPL，均衡制約付き最適化の 4 つの推定アルゴリズムを順を追って見ていこう[12]．

ここで，いま一度，推定アルゴリズムに必要な 3 つの関数を（便宜的に名付けて）表 3.2 にまとめておく．いま，推定したい構造パラメータのベクトルを $\boldsymbol{\theta} = (\theta_1, \theta_2, \ldots, \theta_{|\Theta|})$

[11] Bugni and Bunting (2018) の議論も参照．

[12] この他にも，利潤関数がパラメータに関して線形であれば（$\pi_i(x_t, a_t; \boldsymbol{\theta}) = z_i(x_t, a_t) \cdot \boldsymbol{\theta}$），選択価値関数を利潤の期待割引総和と私的情報の期待割引総和に分けることで（$v_i(x_t, a_t) = \tilde{z}_i(x_t, a_t) + \tilde{e}_i(x_t, a_t)$），推定することもできる．Aguirregabiria and Mira (2007) と Aguirregabiria and Mira (2010) を参照．

表 3.2　推定のための 3 つの関数

ラムダ関数: $\boldsymbol{\Lambda} : (\bar{\boldsymbol{V}}, \boldsymbol{P}; \boldsymbol{\theta}) \to \boldsymbol{P}$ $$\Lambda_i(a_i \mid x; \bar{V}_i, \boldsymbol{P}_{-i};\ \boldsymbol{\theta}) = \frac{\exp\{v_i(x, a_i; \boldsymbol{P}_{-i};\ \boldsymbol{\theta})\}}{\sum_{a' \in A} \exp\{v_i(x, a_i'; \boldsymbol{P}_{-i};\ \boldsymbol{\theta})\}}, \quad i \in I,\ x \in X,\ a \in A.$$
ファイ関数: $\boldsymbol{\Phi} : (\bar{\boldsymbol{V}}, \boldsymbol{P}; \boldsymbol{\theta}) \to \bar{\boldsymbol{V}}$ $$\Phi_i(x; \bar{V}_i, \boldsymbol{P}; \boldsymbol{\theta}) = \sum_{a_i \in A} P_i(a_i \mid x)\Big[v_i(x, a_i; \boldsymbol{P}_{-i}; \boldsymbol{\theta}) - \ln\big(P_i(a_i \mid x; \boldsymbol{\theta})\big)\Big], \quad i \in I,\ x \in X.$$
ガンマ関数: $\boldsymbol{\Gamma} : (\boldsymbol{P}; \boldsymbol{\theta}) \to \bar{\boldsymbol{V}}$ $$\boldsymbol{\Gamma}_i(\boldsymbol{P}; \boldsymbol{\theta}) = \left[\boldsymbol{I}_M - \beta \sum_{a_i \in A} \boldsymbol{P}_i(a_i) * \tilde{\boldsymbol{F}}(a_i; \boldsymbol{P}_{-i}; \boldsymbol{\theta})\right]^{-1} \times \sum_{a_i \in A} \boldsymbol{P}_i(a_i) * \Big\{\tilde{\boldsymbol{\pi}}_i(a_i; \boldsymbol{P}_{-i}; \boldsymbol{\theta}) + \boldsymbol{E}(a_i; \boldsymbol{P}_i; \boldsymbol{\theta})\Big\}, \quad i \in I.$$

としよう．第 3.2.3 節で導出した関数は $\boldsymbol{\theta}$ にも依存するので，以下では，$\boldsymbol{\Lambda}(\bar{\boldsymbol{V}}, \boldsymbol{P}; \boldsymbol{\theta})$，$\boldsymbol{\Phi}(\bar{\boldsymbol{V}}, \boldsymbol{P}; \boldsymbol{\theta})$，$\boldsymbol{\Gamma}(\boldsymbol{P}; \boldsymbol{\theta})$ などと書くことにする．ここで，ラムダ関数とファイ関数は，$(\bar{\boldsymbol{V}}, \boldsymbol{P}; \boldsymbol{\theta})$ の関数であるのに対し，ガンマ関数は $(\boldsymbol{P}; \boldsymbol{\theta})$ の関数である．ファイ関数とガンマ関数は，ともに $\bar{\boldsymbol{V}}$ を求める関数であるが，ガンマ関数は $\bar{\boldsymbol{V}}$ に関して解かれた形になっているのに対して，ファイ関数は $\bar{\boldsymbol{V}}$ に関して解かれていないという違いがある．

第 3.4.1 節で述べるように，サンプルとして多数の市場を観察したデータが得られるとしよう．市場を $m \in \{1, \ldots, M\}$ として，期間 $t \in \{1, \ldots, T\}$ の各企業 $i \in I$ のデータを観察したとき，推定のための目的関数は，

$$L\big((\boldsymbol{x}, \boldsymbol{a}), \bar{\boldsymbol{V}}, \boldsymbol{P}; \boldsymbol{\theta}\big) \equiv \sum_{i=1}^{N} \sum_{m=1}^{M} \sum_{t=1}^{T} \ln \Lambda_i(a_{imt} \mid x_{imt}; \bar{\boldsymbol{V}}_i, \boldsymbol{P}_{-i}; \boldsymbol{\theta}) \tag{3.17}$$

として定式化することができる[13]．ただし，$(\boldsymbol{x}, \boldsymbol{a}) \equiv \big\{(x_{imt}, a_{imt}) : i \in \{1, \ldots, N\}$，$m \in$

[13] シングルエージェントの場合と同様，NPL や NPL-Λ では，この関数は推定の過程で逐次的に更新されるので，尤度関数ではなく**擬似尤度関数 (pseudo-likelihood function)** と呼ばれる．

$\{1,\ldots,M\}$, $t \in \{1,\ldots,T\}\}$ とする．

3.3.1　ネステッド擬似尤度アルゴリズム（AM2007）

前節で見たように，$\boldsymbol{P}$ から $\boldsymbol{P}$ への関数 $\boldsymbol{\Psi}$ を定義すれば，この不動点が MPE となる．**ネステッド擬似尤度アルゴリズム (nested pseudo-likelihood algorithm, NPL)** とは，シングルエージェントの場合と同様に，$\boldsymbol{P} = \boldsymbol{\Psi}(\cdot\,;\boldsymbol{\theta})$ と $\boldsymbol{\theta}$ を逐次的に更新していきながら $\boldsymbol{P} = \boldsymbol{\Psi}(\boldsymbol{P};\boldsymbol{\theta})$ の解を求める方法である．

ネステッド擬似尤度アルゴリズム（NPL）

ステップ 0 最初の $\boldsymbol{P}^{(0)}$ の各要素に適当な $[0,1]$ 間の値を割り当てる．以降，$k = 1,2,\ldots$ に対して，次の 2 つのステップを繰り返す．

ステップ 1 次のようにして，$\boldsymbol{\theta}$ の次の候補を見つける．

$$\boldsymbol{\theta}^{(k)} = \arg\max_{\boldsymbol{\theta}} \frac{1}{M} L\big((\boldsymbol{x},\boldsymbol{a}), \boldsymbol{\Gamma}(\boldsymbol{P}^{(k-1)};\boldsymbol{\theta}), \boldsymbol{P}^{(k-1)};\boldsymbol{\theta}\big), \tag{3.18}$$

ステップ 2 次のようにして，$\boldsymbol{P}$ の次の候補を見つける．

$$\boldsymbol{P}^{(k)} = \boldsymbol{\Lambda}\left[\boldsymbol{\Gamma}(\boldsymbol{P}^{(k-1)};\boldsymbol{\theta}^{(k)}), \boldsymbol{P}^{(k-1)};\boldsymbol{\theta}^{(k)}\right]. \tag{3.19}$$

この計算を $\boldsymbol{P}^{(k)}$ と $\boldsymbol{\theta}^{(k)}$ が収束するまで行う．

シングルエージェントの場合で見たように，NPL は再帰的に 2 ステップアルゴリズムを繰り返すことで，計算時間を短縮しながら推定を行うことができる．ところが，この方法で推定された値が，真の値へ収束するとは限らないことが指摘されている．例えば，Pesendorfer and Schmidt-Dengler (2010) は反例を用いて，計算した結果が真の値とは異なる値に収束することを示している．

3.3.2　2 ステップアルゴリズム（BBL2007 など）

次に，2 ステップアルゴリズムとして，まず，BBL2007 にしたがい，逆写像を用いる方法（inversion）を考えよう．ここでは，まず，(3.9) 式のベルマン方程式を他の企業の条件付き選択確率 $\boldsymbol{P}_2$ の関数ではなく，$\boldsymbol{\sigma}$ の関数と考えることにしよう．つまり，全ての企

業が戦略 $\boldsymbol{\sigma} = (\sigma_1, \sigma_2)$ にしたがっているとき，企業 1 の期待価値関数は次のように表すことができる．

$$\begin{aligned}\bar{V}_1(x;\boldsymbol{\sigma}) \equiv \int \Big\{ & \pi_1\big(x, \sigma_1(x,\varepsilon_1), \sigma_2(x,\varepsilon_2)\big) + \varepsilon_1\big(\sigma_1(x,\varepsilon_1)\big) \\ & + \beta \sum_{x' \in X} \bar{V}_1(x';\sigma) f\big(x'|x, \sigma_1(x,\varepsilon_1), \sigma_2(x,\varepsilon_2)\big)\Big\} dG(\varepsilon_1, \varepsilon_2).\end{aligned} \tag{3.20}$$

ただし，$G(\varepsilon_1, \varepsilon_2)$ は $\varepsilon_1, \varepsilon_2$ に関する同時確率分布とする．つまり，この $\bar{V}_1$ は (3.9) 式とは異なり，企業 1 の私的情報だけではなく，全ての企業の私的情報に関する期待値となっている．この (3.20) 式より，

$$\bar{V}_i(x;\boldsymbol{\sigma}^*) \geq \bar{V}_i(x;\sigma_i, \boldsymbol{\sigma}^*_{-i}), \quad \forall \sigma_i \tag{3.21}$$

が全ての企業 i と全ての状態 x について成り立つとき，$\boldsymbol{\sigma}^*$ は MPE である．次に，企業 2 が σ_2 にしたがっているという前提で，企業 1 が状態 x を観察し，行動 a_1 をとるとき，前節で定義した v_1 を ε_2 に関して期待値をとったものを，次のように表そう．

$$\begin{aligned}\tilde{v}_1(x, a_1) \equiv \int \Big\{ & \pi_1\big(x, a_1, \sigma_2^*(x,\varepsilon_2)\big) \\ & + \beta \sum_{x' \in X} \bar{V}_1(x';\boldsymbol{\sigma}^*) f\big(x'|x, a_1, \sigma_2^*(x,\varepsilon_2)\big)\Big\} dg(\varepsilon_2).\end{aligned} \tag{3.22}$$

これは，今期の行動に関して企業 2 が σ_2^* にしたがっており，次の期以降は全ての企業が $\boldsymbol{\sigma}^*$ にしたがうとするとき，今期のみ企業 1 が a_1 をとるときの価値関数の期待値である．したがって，企業 1 が最適な行動 a_1 を選択するならば，次の関係が成り立っていなければならない．

$$\tilde{v}_1(x, a_1) + \varepsilon_1(a_1) \geq \tilde{v}_1(x, a_1') + \varepsilon_1(a_1'), \quad \forall a_1'. \tag{3.23}$$

この関係を使えば 2 ステップアルゴリズムを用いて，条件付き選択確率より価値関数を推定することができる（Hotz and Miller , 1993）．つまり，私的情報 ε_i が独立にタイプ I 型極値分布にしたがうとすれば，任意の a_1, a_1' について，次の関係が得られる．

$$\tilde{v}_1(x, a_1') - \tilde{v}_1(x, a_1) = \ln\big(P_1(a_1'|x)\big) - \ln\big(P_1(a_1|x)\big) \tag{3.24}$$

これにより，観察されたデータから状態 x のときに a_1 または a_1' が起きた頻度を求めて P_1 とすれば，この式より $\tilde{v}_1$ を推定することができる[14]．本書では便宜的に，このような方法を「逆写像法」と呼んでおこう．BBL2007 は，$\left(\min\{\bar{V}_i(x;\boldsymbol{\sigma}^*) - \bar{V}_i(x;\boldsymbol{\sigma}_i,\sigma^*_{-i}),0\}\right)^2$ を最小化するようなパラメータを推定しているが，本書では，擬似尤度を最大化する方法を用いる．

なお，別の2ステップアルゴリズムとして，条件付き選択確率を一度だけ用いて価値関数を計算する方法を考えることもできる．つまり，初期値 $P^{(0)}$ として，観察されたデータ $\{(x_{imt},a_{imt})\}$ より各企業が行動を選択した頻度を用いると，推定されるパラメータは

$$\tilde{\boldsymbol{\theta}} = \arg\max_{\boldsymbol{\theta}} \frac{1}{M} L\big((\boldsymbol{x},\boldsymbol{a}),\boldsymbol{\Gamma}(\boldsymbol{P}^{(0)};\boldsymbol{\theta}),\boldsymbol{P}^{(0)};\boldsymbol{\theta}\big) \tag{3.25}$$

となる（LSE2015 も参照）．言い換えれば，この方法を再帰的に繰り返す方法が NPL である．

3.3.3 修正されたネステッド擬似尤度アルゴリズム（KS2012）

Kasahara and Shimotsu (2012) は，関数 $\boldsymbol{\Lambda}$ が縮小写像でない場合は NPL が収束しないとし，上の (3.19) 式を修正して，$\boldsymbol{P}$ を更新する方法を提案している．つまり，(3.19) 式を，$\lambda \in [0,1]$ でウエイトづけされた関数

$$\boldsymbol{P}^{(k)} = \Big\{\boldsymbol{\Lambda}\big[\boldsymbol{\Gamma}(\boldsymbol{P}^{(k-1)};\boldsymbol{\theta}),P^{(k-1)};\boldsymbol{\theta}\big]\Big\}^{\lambda} \cdot \big(\boldsymbol{P}^{(k-1)}\big)^{1-\lambda} \tag{3.26}$$

に代えて，上記の NPL アルゴリズムを行う．ここで，$\lambda = 1$ ならば結果は NPL に等しく，$\lambda = 0$ ならば，上の2番目の2ステップアルゴリズムに等しくなる．KS2012 は，これを **NPL-Λ アルゴリズム**と名付けている．KS2012 は，2ステップアルゴリズムで評価したヤコビ行列のスペクトラム半径を用いることを提案しているが，その値が小さくなれば，収束するまで多くの計算が必要となる[15]．ELS2015 は，シミュレーションの中で $\lambda = 0.5$ を採用している．

---

[14] ただし，この方法で推定できるのは $\tilde{v}_1$ の「差」のみである．したがって，ある $a_1 = a^0$ に関して，$\tilde{v}_1(x,a^0) = 0$ と基準化しておく必要がある．

[15] この場合のスペクトラム半径とは，2ステップアルゴリズムの推定量で評価した $\Psi(\boldsymbol{P};\boldsymbol{\theta})$ のヤコビ行列の固有値のうち最大のものである．

3.3.4　均衡制約付き最適化アルゴリズム（ELS2015）

ELS2015 は，Su and Judd (2012) のシングルエージェントモデルと同様に，動学ゲームを均衡制約付き最適化問題（MPEC）として解くことを提案している．表 3.2 の $\boldsymbol{\Phi}(\bar{\boldsymbol{V}}, \boldsymbol{P}; \boldsymbol{\theta})$ と $\boldsymbol{\Lambda}(\bar{\boldsymbol{V}}, \boldsymbol{P}; \boldsymbol{\theta})$ は，それぞれ，均衡における $\bar{\boldsymbol{V}}$ と $\boldsymbol{P}$ に関する「制約」として考えることができる．したがって，ある $\boldsymbol{\theta}$ のもとで，MPE は，

$$\left\{ (\bar{\boldsymbol{V}}, \boldsymbol{P}) \,\middle|\, \begin{array}{l} \bar{\boldsymbol{V}} = \boldsymbol{\Phi}(\bar{\boldsymbol{V}}, \boldsymbol{P}; \boldsymbol{\theta}) \\ \boldsymbol{P} = \boldsymbol{\Lambda}(\bar{\boldsymbol{V}}, \boldsymbol{P}; \boldsymbol{\theta}) \end{array} \right\} \tag{3.27}$$

と表すことができる．ここでは，これを「均衡制約」と呼ぶことにしよう．ここで，$\boldsymbol{\Phi}(\bar{\boldsymbol{V}}, \boldsymbol{P}; \boldsymbol{\theta})$ は，$\boldsymbol{\Gamma}(\boldsymbol{P}; \boldsymbol{\theta})$ のように $\bar{\boldsymbol{V}}$ について解く必要がなく，逆行列を計算することもないので，解を求める時間を短縮することができる．$\boldsymbol{\theta}$ は，$\bar{\boldsymbol{V}} = \boldsymbol{\Phi}(\bar{\boldsymbol{V}}, \boldsymbol{P}; \boldsymbol{\theta})$ と $\boldsymbol{P} = \boldsymbol{\Lambda}(\bar{\boldsymbol{V}}, \boldsymbol{P}; \boldsymbol{\theta})$ を均衡制約として，$(\boldsymbol{\theta}, \bar{\boldsymbol{V}}, \boldsymbol{P})$ に関して目的関数を最適化することで推定することができるので，均衡制約付き最適化問題は

$$\begin{aligned} &\max_{\boldsymbol{\theta}, \bar{\boldsymbol{V}}, \boldsymbol{P}} \ \frac{1}{M} L\big((\boldsymbol{x}, \boldsymbol{a}), \bar{\boldsymbol{V}}, \boldsymbol{P}; \boldsymbol{\theta}\big) \\ &\text{subject to: } \left\{ \begin{array}{l} \bar{\boldsymbol{V}} = \boldsymbol{\Phi}(\bar{\boldsymbol{V}}, \boldsymbol{P}; \boldsymbol{\theta}) \\ \boldsymbol{P} = \boldsymbol{\Lambda}(\bar{\boldsymbol{V}}, \boldsymbol{P}; \boldsymbol{\theta}) \end{array} \right. \end{aligned} \tag{3.28}$$

と定式化できる．

ここで，このアルゴリズムは，$\bar{\boldsymbol{V}}$ と $\boldsymbol{P}$ を変数とすることで，DP 問題を解くことなく，静学的な最適化問題として $\boldsymbol{\theta}$ を求めている．ところが，制約条件が複雑な形をしているために解析的に解を求めるのが困難であり，変数と制約条件式の数が多いので，最適化問題を解くためのソルバーを用いる必要がある．この場合，この最適化問題の変数の数は $|\Theta| + N(1 + |A|) \cdot |X|$，制約条件式の数は $N(1 + |A|) \cdot |X|$ となる．

3.4　モンテカルロ・シミュレーション

この節では，上で説明した 4 つの推定アルゴリズム — ネステッド擬似尤度（NPL），逆写像法による 2 ステップ（2STEP），修正されたネステッド擬似尤度（NPL-Λ），均衡制約付き最適化（MPEC）— を比較するために，具体的なモデルを考えて，擬似的なデー

タを生成し，そのデータより推定を行う．モデルは AM2007 にしたがい，複数の市場に出店するスーパーマーケットのモデルを用いよう．このモデルでは，各プレイヤーの行動は出店するかしないかの 2 択であり，計算が容易なものとなる．以下では，モデルを定式化し，データを生成し，ネステッド不動点アルゴリズム（NFXP）を加えた 5 つのアルゴリズムにより推定を行なっていく．

3.4.1 実験モデルの定式化

AM2007 で用いられた参入・退出モデルを，ここでも用いることにしよう．このモデルの特徴は，市場の状態および前期のプレイヤーの存在の有無によって，企業が操業するかしないかを決める単純なゲームであるということである．まず，企業 (プレイヤー) をスーパーマーケット・チェーンとする．各企業は，小さく分割された市場 $m \in \{1, \ldots, M\}$ に参入するかしないかを考え，すでに参入している場合は退出するかしないかを決定する．各企業は，複数の市場で操業することができる．つまり，企業は**グローバル・プレイヤー (global player)** である．各市場は十分に小さく，各企業は 1 つの市場にたかだか 1 店舗しか出店しない[16]．そこで，企業 i が市場 m で t 期に操業する（active）という選択を $a_{imt} = 1$，操業しないという選択を $a_{imt} = 0$ で表そう．すると，t 期に市場 m で操業するときの企業 i の利潤は，次のような形で定式化できる．

$$\Pi_{imt}(x_{mt}, \varepsilon_{imt}, a_{imt} = 1, \boldsymbol{a}_{-i,mt}; \boldsymbol{\theta})$$

$$\equiv \theta_{RS} \ln(S_{mt}) - \theta_{RN} \ln\left(1 + \sum_{j \neq i} a_{jmt}\right) - \theta_{FC,i} - \theta_{EC}(1 - a_{im,t-1}) + \varepsilon_{imt}(1). \tag{3.29}$$

ただし，S_{mt} は t 期における市場 m のサイズ (離散型)，$\boldsymbol{\theta} = (\theta_{RS}, \theta_{RN}, \theta_{EC}, \theta_{FC,1}, \ldots, \theta_{FC,N})$ はパラメータである．もし，この企業が前期に操業していなければ ($a_{im,t-1} = 0$)，今期は参入費用 θ_{EC} を払う必要がある．また，固定費用 $\theta_{FC,i}$ は企業によって異なる．この市場より得られる利潤は**クールノー競争 (Cournot competition)** を反映しており，市場で操業する企業の数が多くなれば，個々の利潤は小さくなる．一方，企業が操業

[16] AM2007 では実証分析も行っているが，そこでの「市場」はチリの郡 (comuna) である．AM2007 はチリに存在する 342 郡から大都市を除いた 189 郡を選び，そのサンプルの人口の中央値が 10,400 人となるようにしている．

しなければ，外部の利潤として $\Pi_{imt}(x_{mt}, \varepsilon_{imt}, a_{imt} = 0, \boldsymbol{a}_{-i,mt}; \boldsymbol{\theta}) = \varepsilon_{imt}(0)$ を得るとしよう．このモデルの状態（共有知識）は，$x_{mt} = (S_{mt}, \boldsymbol{a}_{m,t-1})$ である．すなわち，各期首で，各企業はその市場の状態と期首に存在している企業の数を観察し，それを前提としてその期に操業するかしないか（退出するか）を選択する．したがって，可能な S の数を $|S|$ とすれば，状態の数は，$2^N \times |S|$ となる[17]．ここで，市場の状態 S の推移確率を $f_S(S_{m,t+1}|S_{mt}; \boldsymbol{\theta})$ としよう．つまり，S は各企業の行動とは関係ない外生的なものとする．

このモデルでは，退出の際の利益または費用は考慮されておらず，各企業の参入費用は同一であることに注意しよう．第 3.5 節の別の参入・退出モデルでは，退出の際の売却利益を考慮し，各企業の参入費用が異なる場合を考えている．逆に，このモデルでは固定費用に関して異質性を仮定している．また，このモデルでは利潤の大きさに関する ε_{imt} が私的情報であるのに対し，第 3.5 節のモデルでは，退出の際の売却利益と参入費用が私的情報である場合を扱う．

(3.29) 式の利潤のもとで，動学ゲームを定式化していこう．まず，t 期に市場 m の企業 i が状態 $(S_{mt}, \boldsymbol{a}_{m,t-1})$ を観察したとき行動 a_{imt} をとる条件付き選択確率は，$P_i(a_{imt}|S_{mt}, \boldsymbol{a}_{m,t-1})$ となる．すると，操業を決めた企業 i の期待利潤は，(3.11) 式より次のように書ける．

$$\begin{aligned}\tilde{\pi}_i\big((S_{mt}, \boldsymbol{a}_{m,t-1}), a_{imt} = 1; \boldsymbol{\theta}\big) \quad &\equiv \sum_{\boldsymbol{a}_{-i,mt} \in A^{N-1}} \prod_{j \neq i} P_j\Big(\boldsymbol{a}_{-i,mt}[j] | S_{mt}, \boldsymbol{a}_{m,t-1}\Big) \\ &\quad \times \pi_i\big((S_{mt}, \boldsymbol{a}_{m,t-1}), a_{imt} = 1, \boldsymbol{a}_{-i,mt}; \boldsymbol{\theta}\big).\end{aligned} \tag{3.30}$$

ただし，$\pi_i\big((S_{mt}, \boldsymbol{a}_{m,t-1}), a_{imt} = 1, \boldsymbol{a}_{-i,mt}; \boldsymbol{\theta}\big)$ は，(3.29) 式から $\varepsilon_{imt}(1)$ を除いた部分である．一方，操業しない企業の期待利潤は，$\tilde{\pi}_i\big((S_{mt}, \boldsymbol{a}_{m,t-1}), a_{imt} = 0; \boldsymbol{\theta}\big) = 0$ とな

[17] このように，動学ゲームではプレイヤーの数とともに状態の数がとても大きくなる．これは，広く次元の呪い (**curse of dimensionality**) として知られる．

る．次に，期待推移確率は，

$$
\begin{aligned}
&\tilde{f}_i(S_{m,t+1}, a_{imt}, \boldsymbol{a}_{-i,mt}|(S_{mt}, \boldsymbol{a}_{m,t-1}), a_{imt}; \boldsymbol{P}_{-i}, \boldsymbol{\theta}) \\
&\equiv \sum_{\boldsymbol{a}_{-i,mt} \in A^{N-1}} \prod_{j \neq i} P_j\Big(\boldsymbol{a}_{-i,mt}[j]|S_{mt}, \boldsymbol{a}_{m,t-1})\Big) f_S(S_{m,t+1}|S_{mt}; \boldsymbol{\theta})
\end{aligned}
\tag{3.31}
$$

である．

この $\tilde{\pi}_i\big((S_{mt}, \boldsymbol{a}_{m,t-1}), a_{imt}; \boldsymbol{\theta}\big)$ と $\tilde{f}_i\big(S_{m,t+1}, a_{imt}, \boldsymbol{a}_{-i,mt}|(S_{mt}, \boldsymbol{a}_{m,t-1}), a_{imt}; \boldsymbol{P}_{-i}, \boldsymbol{\theta}\big)$ にもとづいて，各企業は (3.12) 式のようなマルコフ完全均衡戦略をとる．ここで，全ての企業は 1 つの均衡にしたがうとし，観察されたデータはその均衡から生成されるものと仮定しよう．

3.4.2 データの生成

上のモデルにしたがって，推定に用いる擬似的なデータの生成について説明する．まず，真のパラメータを設定した．ここでは単純化のために企業の数を $N = 2$，その他のパラメータは AM2007，ELS2015 などを参考にして，$S = \{1, 2, 3, 4, 5\}$，$\theta_{RS} = 1.0$，$\theta_{RN} = 2.0$，$\theta_{EC} = 0.1$，$\theta_{FC,1} = 1.5$，$\theta_{FC,2} = 1.9$ とし，$f_S(S_{m,t+1}|S_{mt}; \boldsymbol{\theta})$ は，AM2007 にしたがい，

$$
f_S(S'|S) = \begin{pmatrix} 0.8 & 0.2 & 0 & 0 & 0 \\ 0.2 & 0.6 & 0.2 & 0 & 0 \\ 0 & 0.2 & 0.6 & 0.2 & 0 \\ 0 & 0 & 0.2 & 0.6 & 0.2 \\ 0 & 0 & 0 & 0.2 & 0.8 \end{pmatrix}
\tag{3.32}
$$

とした[18]．また，プレイヤーの数が 2，行動の数が 2，市場の状態の数が 5 であり，状態空間のサイズが $2 \times 2 \times 5 = 20$ と比較的小さいことより，以下の計算では，状態 x を (S, a_1, a_2) の組とし，通し番号で並べることにした．つまり，$x^0 = (1, 0, 0), x^1 = (1, 0, 1), x^2 = (1, 1, 0), \ldots, x^{18} = (5, 1, 0), x^{19} = (5, 1, 1)$，のようにして 20 通りの状態を表すことにした[19]．また，$P_i(a = 0|x) = 1 - P_i(a = 1|x)$ なので，$\boldsymbol{P}_i$ を $P_i(a_i = 1|x)$

[18] AM2007，ELS2015 のように $\theta_{EC} = 1.0$ とすると，この $N = 2$ のケースでは $\boldsymbol{P}$ の収束が確認できなかった．

[19] Python の辞書型配列を使えば，$x = x^j$ のときの S^j，a_1^j, a_2^j，$j = 0, 1, \ldots, 19$ の値を簡単に取り出すことができる（第 5.3.5 節を参照）．なお，Python では添字が 0 から始まる．

を要素とするベクトルと見なした．

次に，データの数（市場の数）は $M = 200$, $T = 1$ として，以下のようにデータの生成を行った[20]．まず，上記のパラメータにもとづく $\boldsymbol{P}$ を求めるために，第 2.1.3 節で説明した「CCP 不動点アルゴリズム」（17 ページ）を用いた．つまり，真の値のパラメータベクトルを $\boldsymbol{\theta}^{true}$ として，$\bar{\boldsymbol{V}}^{(k)} = \boldsymbol{\Gamma}(\boldsymbol{P}^{(k)}; \boldsymbol{\theta}^{true})$ と $\boldsymbol{P}^{(k+1)} = \boldsymbol{\Lambda}(\bar{\boldsymbol{V}}^{(k)}, \boldsymbol{P}^{(k)}; \boldsymbol{\theta}^{true})$ を逐次的に繰り返し，$||\boldsymbol{P}^{(k+1)} - \boldsymbol{P}^{(k)}|| < 0.000001$ となった時点で収束とした[21]．次に，乱数によって $X^{old} \in \{0, 1, \ldots, 19\}^{20}$ を選び，(3.32) 式の推移確率と P の収束値より，次の期の状態 X^{new} を求める計算を 200 回行って，200 個のデータを作成した．さらに，X^{old} と X^{new} より推移確率を計算し，行列 $F^{dat}(X^{new}|X^{old})$ とした．

3.4.3 推定結果

推定は，Python 3.6.4 と，AMPL（モデリング言語），KNITRO（ソルバー）を用いた．基本的な計算プログラムとしては Python を用いて，NFXP，NPL，NPL-Λ と，2STEP の目的関数の最適化（それぞれ，(3.18) 式と (3.25) 式），および MPEC（(3.28) 式）には AMPL と KNITRO を用いた．NFXP の内部ループ，NPL，NPL-Λ の外部ループの $\boldsymbol{\theta}$ の初期値は $(0.1, 0.1, 0.1, 0.1, 0.1)$ とし，それらの目的関数の最適化および均衡制約最適化における $\boldsymbol{\theta}$ の初期値は特に定めなかった．（つまり，AMPL に初期値は与えていない．）なお，全てのケースで $\beta = 0.95$，そして NPL-Λ の λ は 0.5 とした．

付録 D に，MPEC で用いた AMPL の mod ファイルを示した[22]．AMPL はモデリング言語の一種であり，最適化問題を解くのに適している．(3.28) 式の問題は，変数 85 個，制約条件式 80 本の問題となる[23]．変数は，$\big((\theta_{RS}, \theta_{RN}, \theta_{EC}, \theta_{FC,1}, \theta_{FC,2}), \boldsymbol{P}_1, \boldsymbol{P}_2, \bar{\boldsymbol{V}}_1, \bar{\boldsymbol{V}}_2\big)$ なので，var として定義し，最適化問題のためのパラメータは，β，M と X（集合），そして上で求めた $X^{old} = (S^{old}, a_1^{old}, a_2^{old})$，$(a_1^{new}, a_2^{new})$ と F^{dat} であるので，それらを param として定義している．そして，目的関数 L と制約条件 $\boldsymbol{\Lambda}_1$，$\boldsymbol{\Lambda}_2$，$\boldsymbol{\Phi}_1$，$\boldsymbol{\Phi}_2$ を設定した上で，Python でそれぞれのデータごとにパラメータを計算し，Python より AMPL の

[20] つまり，AM2007 のように，ランダムに生成した初期の状態を一度だけ更新して 2 期間のデータのみを用いる．一方，ELS2015 は，$T = 1, 10, 20$ のケースを検討している．

[21] 計算の結果，収束までの計算は 15 回であった．

[22] mod ファイルとは，AMPL で最適化問題を記述したものである．詳しくは第 5.2 節を参照．

[23] 各 x に対して $P_i(a = 0|x) = 1 - P_i(a = 1|x)$ となるので，$\boldsymbol{P}_i$ の要素の数は 20 となる．

API（Application Programming Interface）を呼び出して，これらの値を mod ファイルにセットした[24]．AMPL で計算した結果は，API によって再び Python に返される．その他のアルゴリズムでの最適化も，このように API より AMPL を用いて計算している．

表 3.3 と図 3.1 に推定結果を示す．表 3.3 には，上の実験を 1000 回行なって得た 1000

表 3.3　推定結果 [a]

Algorithm	True values:	θ_{RS} **1.0**	θ_{RN} **2.0**	θ_{EC} **0.1**	$\theta_{FC,1}$ **1.5**	$\theta_{FC,2}$ **1.9**	Mean Time (in sec.)
NFXP	Mean	0.935	0.998	0.149	1.407	1.924	12.03
	Std.dev.	(0.446)	(2.143)	(0.164)	(0.507)	(0.686)	
NPL	Mean	1.117	2.365	0.139	1.439	1.869	7.41
	Std.dev.	(0.846)	(3.888)	(0.166)	(0.444)	(0.562)	
2STEP	Mean	0.889	0.001	0.168	1.555	2.213	0.21
	Std.dev.	(0.241)	(0.018)	(0.180)	(0.311)	(0.332)	
NPL-Λ	Mean	1.003	1.098	0.154	1.514	2.059	7.07
	Std.dev.	(0.393)	(1.943)	(0.175)	(0.393)	(0.518)	
MPEC	Mean	1.157	2.997	0.124	1.416	1.799	0.25
	Std.dev.	(0.458)	(3.001)	(0.164)	(0.432)	(0.576)	

[a] アルゴリズムは，上から「ネステッド不動点」「ネステッド擬似尤度」「2 ステップ（逆写像法）」「修正されたネステッド擬似尤度」「均衡制約付き最適化」を表す．Mean，Std.dev は，それぞれ 1000 個の推定値の平均と標準偏差，Mean Time は平均計算時間．全てのケースで $\beta = 0.95$ としている．

個の推定値の平均と標準偏差，および平均計算時間を示した．この結果より，全体的に，θ_{RS}，$\theta_{FC,1}$，$\theta_{FC,2}$ については 2 ステップを除いてどのアルゴリズムも大差なく，ほぼ満足のいく結果が出たと言える．θ_{EC} に関しては，どの推定結果も過大な結果が出た．θ_{RN} に関しては，どのアルゴリズムも満足のいく結果が出なかった．平均計算時間に関しては，NFXP，NPL，NPL-Λ，MPEC，2STEP の順に長くかかった．平均計算時間を比べると，NFXP は NPL の 1.6 倍ほど長くかかっているが，このような簡単な実験でソルバーを使えば，NFXP も十分に有用であることがわかった．

ただし，この実験では，NPL や NPL-Λ（$\lambda = 0.5$）も平均計算時間が長く，$\boldsymbol{P}$ の収束に時間がかかっていることがわかる．MPEC は，非常に短い時間で（θ_{RN} 以外は）ほぼ

[24] API とは，異なるプログラミング言語のやりとりを行うものである．AMPL の API には，MATLAB，R，Python のものがあり，それらのプログラムから AMPL を操作することができる．

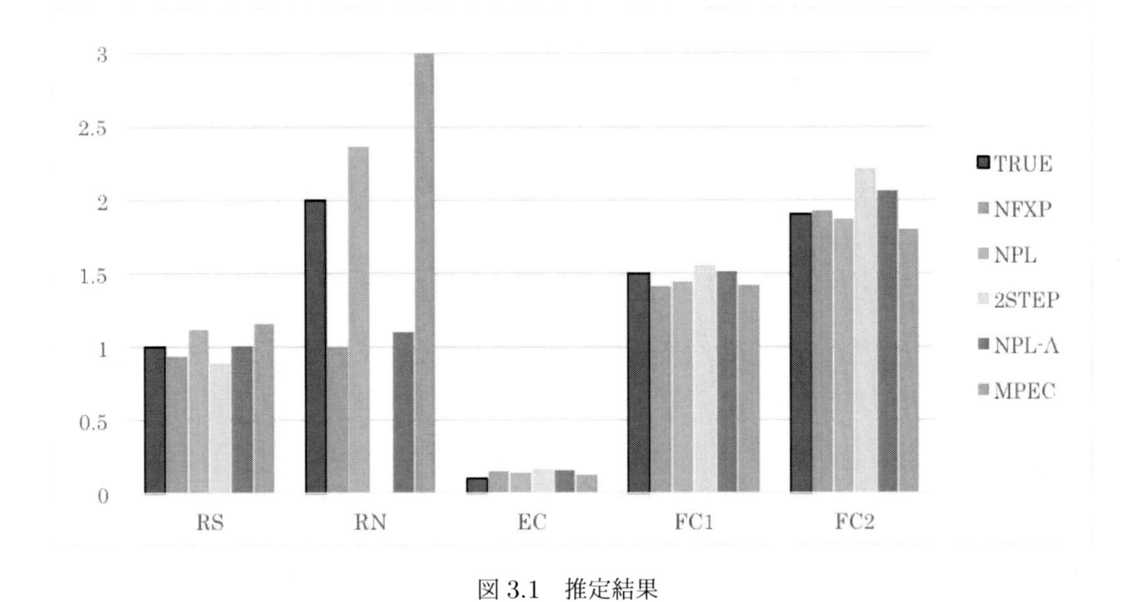

図 3.1 推定結果

満足のいく結果を出している．より時間のかかる複雑な推定を行う場合は，おそらくは最適なアルゴリズムであることを示唆している．ただし，この結果は，プレイヤーの数が少なく，状態が 2 期間のみという比較的単純なケースより得られたことに注意する必要があろう．ELS2015 は，表 3.4 のようないくつかのモデルを検討しているが，このケース 2 やケース 3 では，NPL が収束しない場合も多く起きたことを報告している．また，ケース 4 では，λ の値によっては NPL-Λ も収束しないことが確認されている．

表 3.4 ELS2015 の実験 [a]

1: $S = \{2, 6, 10\}$	$N = 3 : \theta_{FC} = (1.0, 0.9, 0.8)$	$(\theta_{RN}, \theta_{RS}) = (2, 1)$	$\beta = 0.96$
2: $S = \{2, 6, 10\}$	$N = 3 : \theta_{FC} = (1.0, 0.9, 0.8)$	$(\theta_{RN}, \theta_{RS}) = (4, 1)$	$\beta = 0.96$
3: $S = \{1, 2, 3, 4, 5\}$	$N = 5 : \theta_{FC} = (1.9, 1.8, 1.7, 1.6, 1.5)$	$(\theta_{RN}, \theta_{RS}) = (2, 1)$	$\beta = 0.95$
4: $S = \{1, 2, 3, 4, 5\}$	$N = 5 : \theta_{FC} = (1.9, 1.8, 1.7, 1.6, 1.5)$	$(\theta_{RN}, \theta_{RS}) = (4, 2)$	$\beta = 0.95$
5: $S = \{1, 2, \ldots, 10\}$	$N = 5 : \theta_{FC} = (1.9, 1.8, 1.7, 1.6, 1.5)$	$(\theta_{RN}, \theta_{RS}) = (2, 1)$	$\beta = 0.95$
6: $S = \{1, 2, \ldots, 15\}$	$N = 5 : \theta_{FC} = (1.9, 1.8, 1.7, 1.6, 1.5)$	$(\theta_{RN}, \theta_{RS}) = (2, 1)$	$\beta = 0.95$

[a] $\theta_{FC} = (\theta_{FC,1}, \theta_{FC,2}, \ldots, \theta_{FC,N})$ とする．ケース 1, 2 は KS2012，ケース 3, 4 は AM2007 にしたがっている．全てのケースで $\theta_{EC} = 1.0$ としている．ケース 1, 2 は $(\theta_{RN}, \theta_{RS})$ のみ推定し，他のケースは全てのパラメータを推定している．それぞれのケースで，$M = 400$，$T = 1, 10, 20$ である．

3.5 応用例：売却利益と参入費用をともなう参入・退出モデル（POB2007）

この節では，応用例としてPOB2007の参入・退出モデルについて概説する．このモデルでは，ある種の2ステップアルゴリズムを用いて，企業が参入・退出を決定する市場モデルを推定する．その2ステップアルゴリズムの特徴とは，まず，観察されたデータより価値関数を計算（recover）して，それにより擬似尤度関数を計算してパラメータを推定するということである．AM2007のモデルとこのモデルの違いは，このモデルでは，「退出する際に企業が得られる売却利益」や「参入する際に発生する参入費用」が，各企業の私的情報となっているということである．POB2007は，この2ステップアルゴリズムを用いてそのような2つの私的情報に関するパラメータを推定している．この節では，まずモデルの概要を設定し，POB2007の2ステップによる推定法と，前節の均衡付き最適化による推定法を説明する．

3.5.1 参入・退出の基本モデル

POB2007にしたがい，このモデルの設定を説明する[25]．ある1つの市場があり，すでに参入して操業している既存企業と，参入の可能性がある潜在的な参入企業が存在する[26]．市場で操業することにより得られる各期の利潤を $\pi(n)$ としよう．ただし，n はその期に市場で操業している企業の数とする．ここでは，企業の最大数を N とし，$n \in \{0, 1, \ldots, N\}$ としよう．すでに操業している既存企業は，各期の期首に状態（市場で操業している企業数）を観察し，次の期にも操業を継続するか，退出するかを決定する．次の期に退出する場合は，（退出費用と相殺された）**売却利益 (sell-off value)** を得る．一方，この市場に参入していない企業が $(N-n)$ 存在する．それらの潜在的な参入企業は，次の期に参入するか，しないかを決定する．参入する場合は，**参入費用 (sunk cost)** を支払う必要がある．一般に，売却利益や参入費用は，企業の私的情報なので，外部から

---

[25] ただし，POB2007では，状態変数の1つとして外生的な需要シフター z とその成長率 g を考えているが，本書では単純化のために省略した．つまり，利潤は状態に応じて確定的である．

[26] POB2007では，市場の数が複数である場合と潜在的参入企業の数が確率変数である場合も考察している．

観察するのは難しいが，ここでは動学ゲームを設定し，それにもとづいて構造推定することにより，それらの値に関するパラメータを推定することを目的とする．以下，既存企業と参入企業の問題を順に考える．

既存企業の問題

まず，既存企業 I が直面する DP 問題は，次のように定式化できる[27]．

$$\max\Big\{\pi(n)+\beta\phi,\ \pi(n)+\beta V^C(n)\Big\}. \tag{3.33}$$

ただし，ϕ は売却利益，V^C は次の期以降も操業を継続するときの価値関数，β は割引因子である（$0<\beta<1$）．ここで，V^C は，次の期の企業数に依存し，その数は今期の企業数（n）と今期の期末に決定する退出数（x）および参入数（e）によって確定する．企業は売却利益 ϕ（私的情報）を観察した上で意思決定を行う．一方，x と e は企業の意思決定の時点では未知であるので，各企業は，今期の企業数（n）と，次の期に自分自身も操業するということ（これを $\chi^I=1$ で表す）を前提として，次の期の企業数（n'）に関する整合的な信念を形成する．売却利益 ϕ は，企業数 n とは無関係な確率分布 F にしたがうとしよう．すると，V^C は次のように書くことができる．

$$V^C(n)\equiv\sum_{n'}\int\max\{\phi',V^C(n')\}dF(\phi')\cdot m^I(n'|n),\quad n'=n-x+e. \tag{3.34}$$

ここで，$m^I(n'|n)$ は，既存企業 I が n と $\chi^I=1$ のもとで形成する n' に関する信念（共有知識）であり，既存企業の認識の中での推移確率（incombents' perceived transition probability）と考えることができる．この $m^I(n'|n)$ は，「自分自身をのぞく $(n-1)$ 人のうち x 人が退出する確率」$b^x(x,n-1|n)$ と，「今の時点で参入していない $(N-n)$ 人のうち e 人が参入する確率」$b^e(e,N-n|n)$ によって形成される．つまり，$0\leq x\leq n-1$ と $0\leq e\leq N-n$ に対して，

$$m^I(n'|n)=\sum_{\substack{x,e:\\ n'=n-x+e}}b^x(x,n-1|n)\cdot b^e(e,N-n|n) \tag{3.35}$$

と表すことができる．

---

[27] このモデルでは，既存企業は継続/退出を決定する期では操業していることに注意．

潜在的な参入企業の問題

一方，潜在的な参入企業Eは参入するかしないかを決定する．参入する場合は，参入費用 κ をその期に支払い，次の期より操業することができるとする．企業 E は，この参入費用 κ（私的情報）を観察した上で意思決定を行う．すると，参入企業 E が直面する問題は，

$$\max\left\{\kappa,\ \beta V^E(n)\right\} \tag{3.36}$$

となる[28]．ただし，V^E は企業 E が参入して（これを $\chi^E=1$ で表す），次の期以降も操業を継続するときの価値関数であり，次のように定式化できる．

$$V^E(n) \equiv \sum_{n'} \int \max\{\phi', V^C(n')\} dF(\phi') \cdot m^E(n'|n). \tag{3.37}$$

この $m^E(n'|n)$ は参入企業 E が，n と $\chi^E=1$ のもとで形成する n' に関する信念であり，この参入企業の認識の中での推移確率（entrants' perceived transition probability）である．これは，「現在操業している n 人のうち x 人が退出する確率」$b^x(x,n|n)$ と，「今の時点で参入していない企業で自分自身をのぞく $(N-n-1)$ 人のうち $(e-1)$ 人が参入する確率」$b^e(e-1,N-n-1|n)$ によって決まる．つまり，$0 \le x \le n$ と $1 \le e \le N-n-1$ に対して，

$$m^E(n'|n) = \sum_{\substack{x,e:\\ n'=n-x+e}} b^x(x,n|n) \cdot b^e(e-1,N-n-1|n) \tag{3.38}$$

となる．

各企業の信念

いま，ある1人の既存企業が状態 n を観察したとき退出する確率を $P^x(n)$，ある1人の潜在的な参入企業が状態 n を観察したとき参入する確率を $P^e(n)$ としよう．すると，

[28] 退出の場合の売却利益とは異なり，参入費用は操業開始の1期前に支払うことに注意しよう．参入に十分な時間がかかることを考えれば，これは自然な設定であろう．

(3.35) 式と (3.38) 式の b^x と b^e は，次のような二項分布によって求めることができる．

$$
\begin{aligned}
b^x(x, r|n) &\equiv \binom{r}{x} \cdot [P^x(n)]^x \cdot [1 - P^x(n)]^{r-x}, \qquad r \geq x, \\
b^e(e, r|n) &\equiv \binom{r}{e} \cdot [P^e(n)]^e \cdot [1 - P^e(n)]^{r-e}, \qquad r \geq e.
\end{aligned}
\tag{3.39}
$$

結果として，既存企業の認識の中の推移確率 $m^I(n'|n)$ と潜在的な参入企業の認識の中の推移確率 $m^E(n'|n)$ は，$P^x(n)$ と $P^e(n)$ に依存して決まることになる．ここで，各企業の私的情報である退出利益 ϕ と参入費用 κ について，POB2007 にしたがって次の仮定を設定しよう．

仮定（売却利益と参入費用）

売却利益 ϕ と参入費用 κ は，市場，期，企業に関して独立で，それぞれ次の確率分布にしたがう確率変数である．

$$F(\phi) \equiv 1 - \exp(-\phi/\sigma), \tag{3.40}$$

$$G(\kappa) \equiv \begin{cases} 1 - a\kappa \exp[-a(\kappa - 1/a)] & \text{if } \kappa \in (1/a, \infty) \\ 0 & \text{otherwise.} \end{cases} \tag{3.41}$$

もし，各企業が合理的に行動するならば，これらの確率は条件付き選択確率と考えることができる．つまり，$P^x(n) \equiv \Pr\{\phi > V^C(n)\}$，$P^e(n) \equiv \Pr\{\kappa < \beta V^E(n)\}$ であるので，これらは次のように表すことができる．

$$P^x(n) \equiv 1 - F\big(V^C(n)\big), \tag{3.42}$$

$$P^e(n) \equiv G\big(\beta V^E(n)\big). \tag{3.43}$$

図 3.2 に，これらのイメージを示した．ここで，(3.42) 式と (3.43) 式の右辺は，それぞれ $V^C(n)$ と $V^E(n)$ の関数となっているので，これらを $\Lambda^x(n; V^C(n))$ と $\Lambda^e(n; V^E(n))$ で表そう．さらに，$\boldsymbol{V}^C = (V^C(0), \ldots, V^C(N))'$，$\boldsymbol{V}^E = (V^E(0), \ldots, V^E(N))'$ とすると，(3.42) 式と (3.43) 式は状態 n でまとめて，それぞれ，$\boldsymbol{\Lambda}^x(\boldsymbol{V}^C)$，$\boldsymbol{\Lambda}^e(\boldsymbol{V}^E)$ で表すことができる．（これらは，前節の「ラムダ関数」に相当する．）

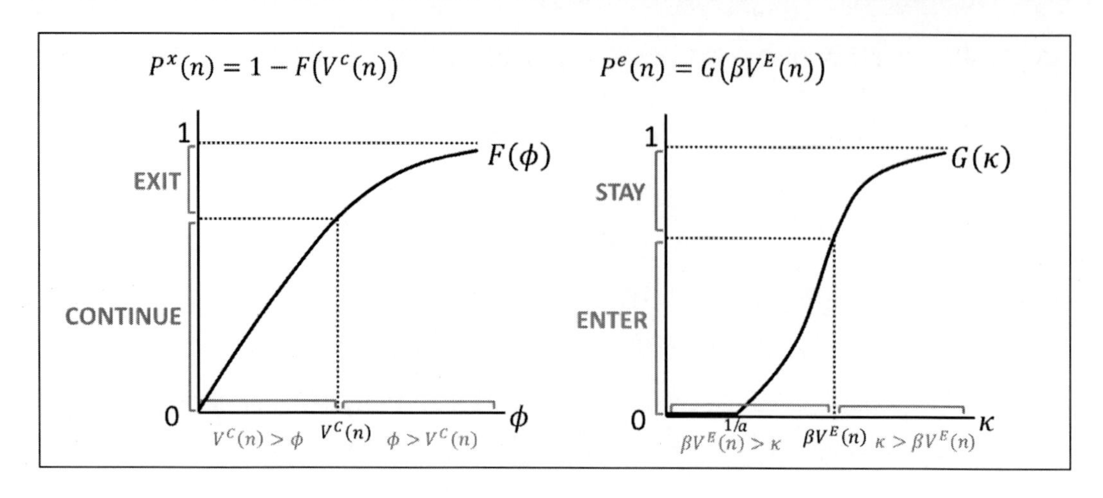

図 3.2　退出確率と参入確率

価値関数の計算

次に，期待価値関数を次のように定義しよう．

$$EV^C(n) \equiv \int \max\{\phi, V^C(n)\} dF(\phi). \tag{3.44}$$

これは，次のような表現に書きかえることができる．

$$\begin{aligned} EV^C(n) \quad &= \big(1 - P^x(n)\big)V^C(n) + P^x(n)E\Big[\phi' | \phi' > V^C(n)\Big] \\ &= \big(1 - P^x(n)\big)V^C(n) + P^x(n)\big(V^C(n) + \sigma\big) \\ &= V^C(n) + \sigma P^x(n). \end{aligned} \tag{3.45}$$

ここで，$E\big[\phi'|\phi' > V^C(n)\big] = V^C(n) + \sigma$ を用いている[29]．これより，

$$
\begin{aligned}
V^C(n) &= \sum_{n'} m^I(n'|n)\big(\pi(n') + \beta E V^C(n')\big) \\
&= \sum_{n'} m^I(n'|n)\big(\pi(n') + \beta V^C(n') + \beta\sigma P^x(n')\big)
\end{aligned}
\tag{3.46}
$$

となる．ここで，この右辺は $V^C(n)$ と $P^x(n)$ の関数になっているので，これを $\Phi^C(n; \boldsymbol{V}^C, \boldsymbol{P}^x)$ で表そう．ただし，$\boldsymbol{P}^x = (P^x(0), \ldots, P^x(N))'$ とする．同様に，

$$
V^E(n) = \sum_{n'} m^E(n'|n)\big(\pi(n') + \beta V^C(n') + \beta\sigma P^x(n')\big) \tag{3.47}
$$

なので，(3.47) 式の右辺を $\Phi^E(n; \boldsymbol{V}^C, \boldsymbol{P}^x)$ としよう．（これらは，前節の「ファイ関数」である．）

さらに，(3.46) 式を n に関して行列・ベクトル表現にすると，

$$
\boldsymbol{V}^C = \left[\boldsymbol{I}_M - \beta \boldsymbol{M}^I\right]^{-1} \boldsymbol{M}^I \left[\boldsymbol{\pi} + \beta\sigma \boldsymbol{P}^x\right] \tag{3.48}
$$

と書ける．ただし，$\boldsymbol{\pi} \equiv (\pi(0), \ldots, \pi(N))'$，$\boldsymbol{M}^I \equiv \begin{bmatrix} m^I(0|0) & \cdots & m^I(N|0) \\ m^I(0|1) & \cdots & m^I(N|1) \\ \vdots & \ddots & \vdots \\ m^I(0|N) & \cdots & m^I(N|N) \end{bmatrix}$ とする．同様に，参入企業 E に関しても次のように書ける．

$$
\boldsymbol{V}^E = \boldsymbol{M}^E[\boldsymbol{\pi} + \beta \boldsymbol{V}^C + \beta\sigma \boldsymbol{P}^x]. \tag{3.49}
$$

ただし，$\boldsymbol{M}^E$ は $m^E(n'|n)$ を要素とする行列である．(3.48) 式と (3.49) 式の右辺を，それぞれ $\boldsymbol{\Gamma}^C(\boldsymbol{P}^x)$ と $\boldsymbol{\Gamma}^E(\boldsymbol{V}^C, \boldsymbol{P}^x)$ と書くことにしよう．

---

[29] $f(\phi)$ を密度関数とすると，

$$
\begin{aligned}
E[\phi'|\phi' > V^C(n)] &\equiv \frac{1}{1 - F\big(V^C(n)\big)} \int_{V^C(n)}^{\infty} \phi' \cdot f(\phi')\, d\phi' \\
&= \frac{1}{\exp\big(-V^C(n)/\sigma\big)} \int_{\infty}^{V^C(n)} (-\phi'/\sigma) \cdot \exp(-\phi'/\sigma)\, d\phi'
\end{aligned}
$$

なので，$\varphi \equiv -\phi'/\sigma$ として置換積分すれば $V^C(n) + \sigma$ が求まる．

3.5.2 推定アルゴリズム

ここからは，参入・退出モデルの推定について考える．推定の目的は，売却利益，参入費用に関するパラメータ，σ と κ を求めることである．推定したいパラメータは，$\boldsymbol{\theta} = (\sigma, \kappa)$ にまとめられるので，以下では各関数に $\boldsymbol{\theta}$ をつけて書くことにする．

2ステップアルゴリズム（POB2007）

POB2007は，以下のような2ステップアルゴリズムを考え，シミュレーションを行っている．そのアイデアとは，観察されたデータより，各状態に対して参入が起きた頻度，および次の状態に以降した推移確率を求め，それらが漸近的に理論値に収束すると仮定して，価値関数を計算するのに用いる，というものである．つまり，各企業は観察した状態に整合的な信念を形成すると仮定していたので，十分大きなデータが観察できれば，実際に起きた参入・退出の数より“平均的な”価値関数が計算できるであろう．そして，もし真の値に近いパラメータが推定できれば，その推定値のもとで，その平均的な価値関数は各企業が予測する期待値に近いものになっているはずである．

推定する方法は，次のように2段階とする．

ステップ1：観察されたデータより価値関数を計算する．

ステップ2：その価値関数を用いてパラメータの推定を行う．

そこで，まず**ステップ1**として，ある状態のもとで参入が起きた頻度より求めた割合を $\tilde{\boldsymbol{p}}^x$, 状態から状態へ推移した頻度より求めた割合を $\tilde{\boldsymbol{M}}^I$ とし，それぞれ，$\boldsymbol{p}^x(\theta)$ と $\boldsymbol{M}^I(\theta)$ に置き換えれば，(3.48) 式は次のように推定できる[30].

$$\hat{\boldsymbol{V}}^C(\theta) = \tilde{\boldsymbol{A}}_1 + \tilde{\boldsymbol{A}}_2\sigma. \tag{3.50}$$

ただし，$\tilde{\boldsymbol{A}}_1 \equiv [\boldsymbol{I}_M - \beta\tilde{\boldsymbol{M}}^I]^{-1}\tilde{\boldsymbol{M}}^I\boldsymbol{\pi}$，$\tilde{\boldsymbol{A}}_2 \equiv \beta[\boldsymbol{I}_M - \beta\tilde{\boldsymbol{M}}^I]^{-1}\tilde{\boldsymbol{p}}^x$ とする．同様に，$\tilde{\boldsymbol{M}}^E$ を $\boldsymbol{M}^E(\boldsymbol{\theta})$ に置き換えれば，(3.49) 式は

$$\hat{\boldsymbol{V}}^E(\theta) = \tilde{\boldsymbol{B}}_1 + \tilde{\boldsymbol{B}}_2\sigma \tag{3.51}$$

[30] 正確には，状態 n が起きた t の集合を $T(n)$，その数を $\#T(n)$ とすれば，$\tilde{\boldsymbol{P}}^x$ の要素は $\tilde{p}^x(n) \equiv \frac{1}{\#T(n)}\sum_{t\in T(n)}\frac{x_t}{n}$ というように定義できる．

となる．ただし，$\tilde{\boldsymbol{B}}_1 \equiv \tilde{\boldsymbol{M}}^E[\boldsymbol{I}_M - \beta\tilde{\boldsymbol{M}}^I]^{-1}\tilde{\boldsymbol{M}}^I + \beta\tilde{\boldsymbol{M}}^E\tilde{\boldsymbol{A}}$，$\tilde{\boldsymbol{B}}_2 \equiv \beta\tilde{\boldsymbol{M}}^E(\tilde{\boldsymbol{A}}_2 + \tilde{\boldsymbol{p}}^x)$ とする．

次に，**ステップ 2** では，**ステップ 1** で計算した価値関数をもとにパラメータの推定を行う．推定の目的関数を擬似尤度関数，推移確率および価値関数は**ステップ 1** で計算したものを用いる．ここでは，前節と同じように，サンプルとして多数の市場を観察したデータが得られるとし，市場を $m \in \{1, \ldots, M\}$，期間 $t \in \{1, \ldots, T\}$ の市場のデータが観察できるとしよう．市場 m において t 期に操業している企業の数が n_{mt}，退出が起きた回数 x_{mt}，参入が起きた回数 e_{mt} を観察したとすると，観察されるデータは $(\boldsymbol{n}, \boldsymbol{x}, \boldsymbol{e}) \equiv \big\{(n_{mt}, x_{mt}, e_{mt}) :\ m \in \{1, \ldots, M\},\ t \in \{1, \ldots, T\}\big\}$ となるので，擬似尤度関数は，

$$\begin{aligned}\mathcal{L}\big((\boldsymbol{n}, \boldsymbol{x}, \boldsymbol{e}); \boldsymbol{\theta}\big) = \prod_{m,t} &\Big[1 - F\big(\hat{\boldsymbol{V}}^C(\boldsymbol{\theta}); \boldsymbol{\theta}\big)\Big]^{x_{mt}} F\big(\hat{\boldsymbol{V}}^C(\boldsymbol{\theta}); \boldsymbol{\theta}\big)^{n_{mt} - x_{mt}} \\ &\times G\big(\hat{\boldsymbol{V}}^E(\boldsymbol{\theta}); \boldsymbol{\theta}\big)^{e_{mt}} \Big[1 - G\big(\hat{\boldsymbol{V}}^E(\boldsymbol{\theta}); \boldsymbol{\theta}\big)\Big]^{N - e_{mt}}\end{aligned} \tag{3.52}$$

となる．そこで，この対数をとり，

$$\begin{aligned}L\big((\boldsymbol{n}, \boldsymbol{x}, \boldsymbol{e}); \boldsymbol{\theta}\big) = \sum_{m,t} \Big\{ &x_{mt} \ln\Big[1 - F\big(\hat{\boldsymbol{V}}^C(\boldsymbol{\theta}); \boldsymbol{\theta}\big)\Big] + (n_{mt} - x_{mt}) \ln F\big(\hat{\boldsymbol{V}}^C(\boldsymbol{\theta}); \boldsymbol{\theta}\big) \\ &+ e_{mt} \ln G\big(\hat{\boldsymbol{V}}^E(\boldsymbol{\theta}); \boldsymbol{\theta}\big) + (N - e_{mt}) \ln\Big[1 - G\big(\hat{\boldsymbol{V}}^E(\boldsymbol{\theta}); \boldsymbol{\theta}\big)\Big] \Big\}\end{aligned} \tag{3.53}$$

を最大にするような $\boldsymbol{\theta}$ を求めればよい．

均衡付き最適化アルゴリズム（MPEC）

上で求めたラムダ関数（(3.42) 式と (3.43) 式），ファイ関数（(3.46) 式と (3.47) 式）を制約として用いれば，前節のように，均衡付き最適化アルゴリズムを使うことができる．つまり，$\boldsymbol{\Phi}^C(\boldsymbol{V}^C, \boldsymbol{P}^x; \boldsymbol{\theta})$，$\boldsymbol{\Phi}^E(\boldsymbol{V}^C, \boldsymbol{P}^x; \boldsymbol{\theta})$，$\boldsymbol{\Lambda}^x(\boldsymbol{V}^C; \boldsymbol{\theta})$，$\boldsymbol{\Lambda}^e(\boldsymbol{V}^E; \boldsymbol{\theta})$ を，均衡における $\boldsymbol{V}^C$，$\boldsymbol{V}^E$，$\boldsymbol{P}^x$，$\boldsymbol{P}^e$ に関する制約として考えると，ある $\boldsymbol{\theta}$ のもとで，MPE は

$$\left\{ (\boldsymbol{V}^C, \boldsymbol{V}^E, \boldsymbol{P}^x, \boldsymbol{P}^e) \;\middle|\; \begin{array}{l} \boldsymbol{V}^C = \boldsymbol{\Phi}^C(\boldsymbol{V}^C, \boldsymbol{P}^x; \boldsymbol{\theta}) \\ \boldsymbol{V}^E = \boldsymbol{\Phi}^E(\boldsymbol{V}^C, \boldsymbol{P}^x; \boldsymbol{\theta}) \\ \boldsymbol{P}^x = \boldsymbol{\Lambda}^x(\boldsymbol{V}^C; \boldsymbol{\theta}) \\ \boldsymbol{P}^e = \boldsymbol{\Lambda}^e(\boldsymbol{V}^E; \boldsymbol{\theta}) \end{array} \right\} \tag{3.54}$$

と表すことができるので，均衡制約付き最適化問題（MPEC）は

$$\max_{\boldsymbol{\theta},\boldsymbol{V}^C,\boldsymbol{V}^E,\boldsymbol{P}^x,\boldsymbol{P}^e} \frac{1}{M} L\big((\boldsymbol{n},\boldsymbol{x},\boldsymbol{e}),\boldsymbol{V}^C,\boldsymbol{V}^E,\boldsymbol{P}^x,\boldsymbol{P}^e;\boldsymbol{\theta}\big)$$
$$\text{subject to:} \begin{cases} \boldsymbol{V}^C = \boldsymbol{\Phi}^C(\boldsymbol{V}^C,\boldsymbol{P}^x;\boldsymbol{\theta}) \\ \boldsymbol{V}^E = \boldsymbol{\Phi}^E(\boldsymbol{V}^C,\boldsymbol{P}^x;\boldsymbol{\theta}) \\ \boldsymbol{P}^x = \boldsymbol{\Lambda}^x(\boldsymbol{V}^C;\boldsymbol{\theta}) \\ \boldsymbol{P}^e = \boldsymbol{\Lambda}^e(\boldsymbol{V}^E;\boldsymbol{\theta}) \end{cases} \tag{3.55}$$

と定式化できる．この場合，変数の数は $2+4N$，制約条件式の数は $4N$ となる．

なお，POB2007 では，次の 3 つの推定法を提案している．

1. 擬似尤度関数（pseudo-likelihood function）を用いる．
2. データ上の参入・退出確率とモデル上の参入・退出確率の差が最小となるようなモーメント推定を行う．
3. データ上の参入・退出確率の平均とモデル上の参入・退出確率の平均の差が最小となるようなモーメント推定を行う．

さらに，POB2007 は 2 種類の方法で推定した推移確率と 2 種類の価値関数を考え，合計 12 通りの推定法でモンテカルロ・シミュレーションを行ない，結果を比較している．

3.5.3 推定結果

最後に，上の 2 つのアルゴリズムを用いて推定を行う．POB2007 とは異なり，利潤関数は

$$\pi(n) = 1.0 - \ln(1 + 0.05n) \tag{3.56}$$

とし，パラメータの真の値は，$\sigma = 1.2$，$\kappa = 0.3$ とした．これは，真の値のパラメータのもとで，比較的短い回数で収束させるためである[31]．シミュレーションは，市場の数を $C = 1000$ とし，実験の回数を $R = 500$ 回として，500 個の推定値の平均と標準偏差を求めた．第 3.4.2 節と同様に，ここでも，$T = 1$ とし，乱数を発生させて，それぞれの市場で状態 $n \in \{0,\ldots,N\}$，$N = 19$ を生成し，真の値のパラメータのもとで収束させて求めた P_x と P_e より，それぞれ退出数 x と参入数 e のデータを生成した．推定アルゴリズ

[31] 真のパラメータによっては，条件付き選択確率が収束しない場合もあった．

ムは上で説明した 2 つを使い，2STEP では，生成したデータより，上の $\tilde{\boldsymbol{A}}_1, \tilde{\boldsymbol{A}}_2, \tilde{\boldsymbol{B}}_1, \tilde{\boldsymbol{B}}_2$ を計算して，AMPL にパラメータとして与え，目的関数を最大化する (σ, κ) を計算させた．一方，MPEC では，(3.55) 式の制約条件式を AMPL に記述し，$\boldsymbol{P}^x$, $\boldsymbol{P}^e$, $\boldsymbol{V}^C$, $\boldsymbol{V}^E$ と (σ, κ) に関して目的関数を最大化して推定を行った．

表 3.5 に推定結果を示す．推定のための計算時間は，2STEP よりも MPEC が 2 倍ほど長くかかった．一方，推定値の正確さは，全般的にどちらが優越しているとも言えない．σ に関しては MPEC の方がやや近い値となっているのに対し，κ に関しては 2STEP のみが満足のいく結果を示している．ただし，このパラメータのもとでの実験では，退出確率がかなり 0 に近く，退出する企業（x）がほとんどいなかった．このようなモデルに対して，どのようなアルゴリズムが適切かという推定アルゴリズム選択の問題は，さらなる研究が待たれるところであろう．

表 3.5 推定結果 [a]

β	Algorithm	True values:	σ **1.2**	κ **0.3**	Mean Time (in sec.)
0.95	2STEP	Mean	1.011	0.256	0.20
		Std.dev.	(0.117)	(0.024)	
	MPEC	Mean	1.112	0.130	0.44
		Std.dev.	(0.937)	(0.624)	
0.96	2STEP	Mean	0.870	0.297	0.21
		Std.dev.	(0.160)	(0.029)	
	MPEC	Mean	1.460	0.067	0.36
		Std.dev.	(2.162)	(0.018)	

[a] アルゴリズムは，「2 ステップ（POB）」「均衡制約付き最適化」を表す．Mean，Std.dev は，それぞれ 1000 個のデータの平均と標準偏差，Mean Time は平均計算時間．

3.6 おわりに

この章では，動学ゲームの構造推定のためのいくつかの推定アルゴリズムについて説明した．最後に，この章のまとめとして，いくつかのコメントを付す．まず，この章の議論は，ほぼロジット型モデル（**仮定 CLOGIT**）を仮定していたが，私的情報が他の分布

（正規分布など）にしたがっている場合もある．あるいは，私的情報が系列相関していることもありえる．過去の研究分析では，そのような場合についても研究されている．また，全てのプレイヤーが，同じ均衡にしたがっているということもとても強い仮定である．Aguirregabiria and Mira (2013) は，複数均衡と観察されない共有知識の異質性の問題を考察している（Luo et al. (2018) も参照）．また，Aguirregabiria (2012) は，複数均衡の中で均衡が不連続的に“ジャンプ”しない条件（ホモトピー）を論じている．さらに，実証的に，現実の企業がこれまで述べたような形の“ゲーム”を行っているのか，というより本質的な問題も考えねばならない．Weintraub et al. (2008) は，“obvious equilibrium”という概念を提唱し，企業が私的情報と産業の“平均的な”状態を観察するとする興味深い考察を行っている．現実の企業が，限定された情報より最適な戦略を選択すると考えるならば，このような現実に合わせた設定も今後検討していく必要があるだろう．

最後に，各アルゴリズム間の関係に関する最近の研究として，Bugni and Bunting (2018) を見ておこう．Bugni and Bunting (2018) は，K 段階の政策反復法による推定量のクラスを考え，これを目的関数の規準（creteria）に関して「最大尤度（maximum likelihood)」と「最小距離（minimum distance)」の 2 種類に分けた．前者の K–ML 推定量にはこの章で説明した AM2007 などがあり，後者の $K-MD$ 推定量には Pesendorfer and Schmidt-Dengler (2008) などが相当する．さらに，$K=1$ とした 1–ML，1–MD 推定量が 2 ステップ推定量に相当し，$K=\infty$ とした $\infty-ML$ 推定量がネステッド擬似尤度による推定量となる．では，このように各アルゴリズムを 1 つのクラスの中で整理した場合，推定のための最適な K とはどのような値であろうか？この問題は，求められる推定量に一致性や漸近正規性などを期待する場合，整理されたアルゴリズムの“リスト”より，最適なアルゴリズムをどのように選択すべきか，という問題でもある．各アルゴリズム間の関係や，性質の違いに関するさらなる研究が期待されるところである．

この章の目的は（そして第 2 章も同じだが），ここで説明してきた推定アルゴリズムに優劣をつけることではない．計算時間や，概念理解の容易さ，コンピュータやソフトウェアの計算能力の制約など，様々な要因によって，それぞれ対象となる個々の寡占モデルに対して最適な推定アルゴリズムが選択されるべきだ，というのが筆者の立場である[32]．ただし，昨今の計算環境の飛躍的な向上を考えれば，幅広い寡占モデルに適用可能な汎用的

[32] それゆえに，紙幅の都合上，ここで説明できなかった $K-MD$ クラスのアルゴリズムに関してもまとめる機会を待ちたい．

アルゴリズムの“決定版”が教科書に掲載される日が近いのかもしれない．しかし，その日が来たとしても，過去十数年間に渡り，多くの研究者が様々なアルゴリズムを提案し，この分野において広く受け入れられてきたことが忘れられることのないように願うものである．

付録 D　プログラムコード

ここでは，第 3.4 節で用いた AMPL（MPEC 用）を掲載する．

```
param beta;
param M;  # 市場の数（データ数）
param X_old {1..M}; # 各市場で観察された状態 X
param S_old {1..M}; # 各市場で観察された市場の状態 S
param a1_old {1..M};  # 各市場で観察された企業 1 の前期の行動 a1(t-1)
param a2_old {1..M};  # 各市場で観察された企業 2 の前期の行動 a2(t-1)
param a1_new {1..M};  # 各市場で観察された企業 1 の今期の行動 a1(t)
param a2_new {1..M};  # 各市場で観察された企業 2 の今期の行動 a2(t)

set XSET;
param S {XSET}; # 市場の状態 S
param a1 {XSET};  # 企業 1 の前期の行動 a1(t-1)
param a2 {XSET};  # 企業 2 の前期の行動 a2(t-1)
param F_dat {XSET,XSET};  # データから推定した推移確率

var thetaRS >= 0; # 需要シフトパラメータ
var thetaRN >= 0; # 需要の傾きパラメータ
var thetaEC >= 0; # 参入費用パラメータ
var thetaFC1 >= 0;  # 企業 1 の固定費用パラメータ
var thetaFC2 >= 0;  # 企業 2 の固定費用パラメータ

var P1 {XSET} >= 0, <= 1;
var P2 {XSET} >= 0, <= 1;
var V1 {XSET};
var V2 {XSET};

maximize L : sum {im in 1..M} (
```

```
# 企業1
log(
  # 分子の部分
    exp(
      a1_new[im]*( # 次の期に a1=1 のときだけ
        thetaRS*log(S_old[im])
       -thetaRN*(P2[X_old[im]]*log(2)
       +(1-P2[X_old[im]])*log(1))
       -thetaEC*(1-a1_old[im])
       -thetaFC1
       )
      +beta*(sum {xj in XSET} F_dat[X_old[im],xj]*V1[xj])
      ) # 分子ここまで
     /
  # 分母の部分
    (
    # 分母第 1 項
    exp(
       thetaRS*log(S_old[im])
      -thetaRN*(P2[X_old[im]]*log(2)
      +(1-P2[X_old[im]])*log(1))
      -thetaEC*(1-a1_old[im])
      -thetaFC1
      +beta*(sum {xj in XSET} F_dat[X_old[im],xj]*V1[xj])
      ) # 第 1 項ここまで
    # 分母第 2 項
    +exp(
      0
      +beta*(sum {xj in XSET} F_dat[X_old[im],xj]*V1[xj])
      ) # 第 2 項ここまで
    +0.000001) # 分母ここまで
   +0.000001) # 企業 1 ここまで
+
# 企業2
log(
  # 分子の部分
```

```
      exp(
        a2_new[im]*( # 次の期に a2=1 のときだけ
          thetaRS*log(S_old[im])
         -thetaRN*(P1[X_old[im]]*log(2)+(1-P1[X_old[im]])*log(1))
         -thetaEC*(1-a2_old[im])
         -thetaFC2
         )
        +beta*(sum {xj in XSET} F_dat[X_old[im],xj]*V2[xj])
        ) # 分子ここまで
       /
    # 分母の部分
      (
      # 分母第 1 項
      exp(
         thetaRS*log(S_old[im])
        -thetaRN*(P1[X_old[im]]*log(2)
        +(1-P1[X_old[im]])*log(1))
        -thetaEC*(1-a2_old[im])
        -thetaFC2
        +beta*(sum {xj in XSET} F_dat[X_old[im],xj]*V2[xj])
        ) # 第 1 項ここまで
      # 分母第 2 項
      +exp(
        0
        +beta*(sum {xj in XSET} F_dat[X_old[im],xj]*V2[xj])
        ) # 第 2 項ここまで
      +0.000001) # 分母ここまで
     +0.000001) # 企業 2 ここまで
 );

subject to Lambda1 {xi in XSET} : P1[xi]
     = exp(
         thetaRS*log(S[xi])
        -thetaRN*(P2[xi]*log(2)+(1-P2[xi])*log(1))
        -thetaEC*(1-a1[xi])
        -thetaFC1
```

```
      +beta*(sum {xj in XSET} F_dat[xi,xj]*V1[xj])
      )/
    (exp(
       thetaRS*log(S[xi])
      -thetaRN*(P2[xi]*log(2)+(1-P2[xi])*log(1))
      -thetaEC*(1-a1[xi])
      -thetaFC1
      +beta*(sum {xj in XSET} F_dat[xi,xj]*V1[xj])
      )
    +exp(
      0+beta*(sum {xj in XSET} F_dat[xi,xj]*V1[xj])
      )
    +0.000001);

subject to Lambda2 {xi in XSET} : P2[xi]
    = exp(
       thetaRS*log(S[xi])
      -thetaRN*(P1[xi]*log(2)+(1-P1[xi])*log(1))
      -thetaEC*(1-a2[xi])
      -thetaFC2
      +beta*(sum {xj in XSET} F_dat[xi,xj]*V2[xj])
      )/
    (exp(
       thetaRS*log(S[xi])
      -thetaRN*(P1[xi]*log(2)+(1-P1[xi])*log(1))
      -thetaEC*(1-a2[xi])
      -thetaFC2
      +beta*(sum {xj in XSET} F_dat[xi,xj]*V2[xj])
      )
    +exp(
      0+beta*(sum {xj in XSET} F_dat[xi,xj]*V2[xj])
      )
    +0.000001);

subject to Phi1 {xi in XSET} : V1[xi]
    = P1[xi]*(
```

```
         thetaRS*log(S[xi])
        -thetaRN*(P2[xi]*log(2)+(1-P2[xi])*log(1))
        -thetaEC*(1-a1[xi])
        -thetaFC1
        +beta*(sum {xj in XSET} F_dat[xi,xj]*V1[xj])
        -log(P1[xi]+0.000001)
            )
  +(1-P1[xi])*(
        0+beta*(sum {xj in XSET} F_dat[xi,xj]*V1[xj])
        -log(1-P1[xi]+0.000001)
            );

subject to Phi2 {xi in XSET} : V2[xi]
    = P2[xi]*(
         thetaRS*log(S[xi])
        -thetaRN*(P1[xi]*log(2)+(1-P1[xi])*log(1))
        -thetaEC*(1-a2[xi])
        -thetaFC2
        +beta*(sum {xj in XSET} F_dat[xi,xj]*V2[xj])
        -log(P2[xi]+0.000001)
            )
  +(1-P2[xi])*(
        0+beta*(sum {xj in XSET} F_dat[xi,xj]*V2[xj])
        -log(1-P2[xi]+0.000001)
              );
```

第4章

静的離散選択モデル

4.1 はじめに

この章では，消費者が財を1つのみ選択して購入する**静的離散選択モデル**の構造推定について考える．具体的には，Berry et al. (1995)（以下，BLP）が提示した需要関数の推定方法について概説することにする．BLPは，構造推定アプローチを用いた分析として産業組織論の中でとても重要な研究であり，消費者や企業の行動理論に極めて強く依拠するとともに，データをうまく扱って実証分析ができるようにした“実用可能な”アプローチと言えるだろう．この節では，BLPモデルの説明に入る前に，少々回りくどいが，需要関数の分析について，その問題点を考えてみたい．

4.1.1 需要関数の推定

まず，もっとも単純な需要関数の推定を考えてみよう．いくつかの財の価格，販売量，その他の観察可能なデータより，われわれは，ある財の価格の変化がその財の販売量に与える影響（**自己価格弾力性 (own price elasticity)**）や，他の財の販売量に与える影響（**交差価格弾力性 (cross price elasticity)**）を知りたいとする．一般に，われわれが観察することができるデータは，市場単位の「集計的な」データである．つまり，ある市場（市町村，都道府県など）の中で，ある財 X がいくらの価格で販売され，どれだけの量が販売されたかという情報を知るのみである．では，そのような集計的な価格と販売量のデータを使った推定より，正しい影響を求めることが可能であろうか？

ここで，1つの問題として，需要と供給の分析に起こりうる同時性の問題が考えられる．つまり，価格と誤差項は供給サイドの中の関係より相関しており，需要関数だけを求めることは難しい．もう1つ考えなければならない問題は，このような市場単位のデータの分析は，消費者の同質性を仮定しなければならないということである．しかし，実際は，各々の消費者はそれぞれの財に対して異なる嗜好を持っており，集計的なデータは少ない情報しか与えてくれない．

では，仮に集計的なデータではなく，消費者個人ごとのデータが得られたとしてみよう．そのデータに年齢や所得水準などの消費者特有の属性（デモグラフィック）が含まれるならば，個人ごとの販売量を価格と消費者の属性によって推定することは可能かもしれない．しかし，そのようなデータによる推定値が好ましい性質を持つためには，十分なサイズのサンプルを大規模な調査によって適切に抽出しなければならない．さらに，各財の間の関係を考えれば，問題はさらに複雑となる．例えば，互いに競合する100個の財を分析するために，100本の需要関数の推定式が必要となり，合計で10,000個の弾力性を求める必要があるが，そのような複雑な推定を行うことはまったく現実的ではない．そこで，集計的なデータを用いて，上の問題を解決する1つの方法がBLPの提示した方法である．つまり，われわれは推定方法を考えなおし，単純な需要関数を推定するのではなく，消費者効用から議論を始める必要がある．

4.1.2 BLPモデル

BLP（そして，Berry (1994) も）は，上で考えたような単純な需要関数の推定に代わる新しい手法を提案した．それは，消費者の属性と財の特性を含む離散選択モデルより，財の市場シェアを計算して需要を推定するというアイデアである[1]．財をいくつかの特性の組み合わせとして考えるアイデアは，Lancaster (1971) までさかのぼることができる[2]．BLPの手法は，McFadden (1973) などの離散選択モデルに関する膨大な研究を土台として，複雑な確率の計算にもとづく需要関数の理論的なフレームワークを考え，集計的なデータがそのような消費者行動にもとづいているという前提のもとで，いわば理論とデータをつきあわせながら構成要素を推定するという構造推定アプローチである．このモデル

[1] 本書では，「属性 (attribute)」と「特性 (characteristic)」を区別している．ここでは，属性とはある物が持っている性質のことであり，特性とはその物を特徴付ける属性のことであると定義する．

[2] Lancasterのアイデアは，Hendler (1975) において簡潔にまとめられている．

は，需要関数の推定分析に多くの影響を与えたモデルであり，執筆者の頭文字をとって**BLP モデル**と呼ばれている．このモデルを用いれば，集計的なデータしか持っていなくても，理論的な消費者の行動を仮定することで，あるパラメータのもとでの予測される市場シェアが計算できて，その予測される市場シェアと実際の市場シェアの差を最小にすることで，パラメータを得ることができる．

BLP モデルを使う最大のメリットは，上で指摘した推定上の問題を解決できるということである．ここでは，需要関数の推定に関する問題を「BLP の基本問題」と名付けて，次のようにまとめよう．

BLP の基本問題

1. 効用関数の形を適切に定式化しなければ，もっともらしい代替パターンが得られないこと
2. 観察可能な財の特性と価格との間に相関が存在するため，内生性の問題があること
3. 消費者の行動に影響を与えていると思われる，分析者には観察不可能な財の特性をモデルに導入しなければならないこと

以下の議論では，BLP モデルがこの 3 つの問題をいかに解決しているかについて，特に注意して考えていく．

BLP モデルの 1 つの特徴は，消費者の嗜好がタイプ I 型極値分布にしたがうと仮定していることである．BLP によると，Bresnahan (1987) のように，消費者の嗜好を一様分布で仮定している先行研究は存在したが，消費者の嗜好に関する分布を特定することで，ロジット型モデルを拡張したモデルとして市場シェアを計算することが可能となっている．また，このモデルはロジット型モデルと違って，推定される需要関数の代替パターンに大きな制約を与えることがなく，より現実的な消費者の行動を描写していると言えよう．

BLP モデルは，需要の推定に関する豊富な内容を含んでいるが，それがやや広範囲で複雑な印象を与えている．Nevo (2000) とその付録は，BLP の "解説書" として BLP モデルを推定するアルゴリズムをより明確化し，このモデルを使う研究者の助けとなっている[3]．この章でも，基本的には Nevo (2000) とその付録にしたがったアルゴリズムを提示する[4]．

---

[3] http://faculty.wcas.northwestern.edu/~ane686/supplements/Ras_guide_appendix.pdf

[4] BLP モデルの概要をまとめた解説は，他にも Davis and Garcés (2010)，Ackerberg et al. (2007) な

以下，この章では，BLP のモデルを基本として次のように議論していこう．まず，第 4.2 節では基本モデルを説明する．基本モデルとしては「ランダム係数モデル」を用いるが，なぜこのモデルでなければならないのかを明確にするために，まず，消費者が同質的な場合の「ロジット型モデル」を説明し，その上で，「無関係な選択対象からの独立性」を回避するために，ランダム係数モデルを考える．そして，このランダム係数モデルによる市場シェアを計算する．次に，第 4.3 節で，基本モデルの推定法について考える．推定のためのアルゴリズムとして，「BLP アルゴリズム」と「MPEC アルゴリズム」の 2 つを考え，第 4.4 節で，シミュレーションを行い，その 2 つのアルゴリズムを比較する．第 4.5 節で BLP モデル（フルモデル）を考えるために，所得効果，供給サイドを含んだいくつかの拡張を行う．さらに，「ネステッドロジット型モデル」について説明する．第 4.6 節で，経済学上の応用として 3 つのモデルについて説明し，第 4.7 節でまとめとする．

4.2 基本モデル

この節では，基本モデルとして「ランダム係数モデル」を考察する．このモデルでは，需要サイドのみを考え，可能な限り単純化したモデルとなっている．一般に，財に対する消費者の嗜好は個々に異なっていると考えられるため，まず，財に対する消費者の選好分布を仮定し，その分布にしたがって消費者が財を選好する確率を集計することで市場レベルの需要関数が得られる．そこで問題は，需要の構造パラメータを推定するためにどのような計算を行わなければならないかということである．

4.2.1 効用関数

ロジット型モデル

基本モデルとしてのランダム係数モデルを考える前に，もっとも単純な需要モデルとして**ロジット型モデル** を考えよう．ここで，ロジット型モデルとは，財の特性に対する消費者の嗜好が同質的で，個々の効用の違いがランダムな誤差項にのみ集約されているようなモデルである．

消費者 $i = 1, \ldots, I$ は，互いに製品差別化されている財 $j = 1, \ldots, J$ より 1 つの財を

どがある．

選択して消費するか，あるいは何も選択しないとする．消費者の効用の中で，各財は，財の持つ特性の組み合わせとして表される．財の特性には，誰にでも**観察可能なタイプの財の特性** $x_j^1, \ldots, x_j^K$（K 個）と，全ての消費者と企業には観察可能だが，分析を行うわれわれには**観察不可能なタイプの財の特性** ξ_j（1 個）があるとする．観察可能なタイプの財の特性としては，色，サイズ，性能などを考えれば良い．観察不可能なタイプの財の特性には，財の需要に影響するような，データとして現れないあらゆる要素が含まれる．そこで，ロジット型モデルにおいて消費者 i が財 j を価格 p_j で購入することによる効用は，次のように定式化できる[5]．

$$u_{ij} = \beta^1 x_j^1 + \cdots + \beta^K x_j^K - \alpha p_j + \xi_j + \varepsilon_{ij}. \tag{4.1}$$

つまり，各消費者は，財 j の特性 x_j^k に対して消費者共通の嗜好パラメータ β^k を持ち，価格に対してはパラメータ α を持っている．また，ε_{ij} は消費者 i の財 j に対する撹乱項であり，i，j に関して独立に発生する．一方，消費者が財を購入しないことを "外部財" として，$j = 0$ とする．そのときの効用を，

$$u_{i0} = \varepsilon_{i0} \tag{4.2}$$

としよう．消費者は，各財から得られる効用を比べて，$u_{ij} \geq u_{ij'}$，$\forall j' \neq j$ ならば財 j を選んで購入する．すると，このモデルで，撹乱項 ε_{ij}，$j = 0, \ldots, J$ がそれぞれ独立にタイプ I 型極値分布 P にしたがうと仮定すれば，財 j の市場シェア s_j は，この撹乱項で積分することで次のように計算できる．

$$\begin{aligned} s_j &= \int_{\{\varepsilon_{ij}:\ u_{ij} \geq u_{ij'}\}} dP(\varepsilon_{ij}) \\ &= \frac{\exp\left(\beta^1 x_j^1 + \cdots + \beta^K x_j^K - \alpha p_j + \xi_j\right)}{1 + \sum_{j'=1}^{J} \exp\left(\beta^1 x_{j'}^1 + \cdots + \beta^K x_{j'}^K - \alpha p_{j'} + \xi_{j'}\right)}. \end{aligned} \tag{4.3}$$

[5] 正確に言えば，(4.1) 式は「間接効用関数」である．所得を含む効用のモデルは，第 4.5.1 節で解説する．

一方，財を購入しない消費者の割合は，

$$s_0 = \frac{1}{1 + \sum_{j'=1}^{J} \exp\left(\beta^1 x_{j'}^1 + \cdots + \beta^K x_{j'}^K - \alpha p_{j'} + \xi_{j'}\right)} \tag{4.4}$$

なので，ロジット型モデルでは，次のような推定式によって，パラメータ $\beta^1, \ldots, \beta^K, \alpha$ を推定できる．

$$\ln(s_j) - \ln(s_0) = \beta^1 x_j^1 + \cdots + \beta^K x_j^K - \alpha p_j + \xi_j, \quad j = 1, \ldots, J. \tag{4.5}$$

ここで，ξ_j は誤差項と見なされている．

このように，ロジット型モデルではパラメータ $\beta^1, \ldots, \beta^K, \alpha$ が消費者間で共通であるので，市場シェア，財の特性，価格のデータが観察できれば，ξ_j の確率分布に関して適当な仮定を置くことで (4.5) 式より推定が可能となる．しかし，パラメータが共通であるということは，現実の消費者の嗜好が多様的であることを考えると，とても問題が多いものである．なぜならば，任意の 2 つの財の交差価格弾力性がそれらの財の市場シェアのみによって決定されることになり，他の財の影響をまったく受けないということになるからである．この性質は，**無関係な選択対象からの独立性 (independence of irrelevant alternatives, IIA)** と呼ばれる問題であり，消費者の効用に強い制約を課すことによって非現実的な代替パターンを導いてしまうということになってしまう．

このことを確認するために，財の自己価格弾力性と交差価格弾力性を計算すると，それぞれ

$$\frac{\partial \ln(s_j)}{\partial \ln(p_j)} = -\alpha p_j (1 - s_j), \tag{4.6}$$

$$\frac{\partial \ln(s_j)}{\partial \ln(p_k)} = \alpha p_k s_k, \quad k \neq j \tag{4.7}$$

となる．このように，自己価格弾力性は自分の価格と比例的に決定することになり，交差価格弾力性は相手の価格とのみ比例関係になっている．ここで，この交差価格弾力性（つまり，財 j と財 k の代替パターン）は，価格が変わらないとすれば，その 2 財の市場シェアのみによって固定されることになり，第 3 の財の市場シェアの変化の影響をまったく受けない．これは，それぞれの財の特性の「近さ」が様々であるならば現実的ではない．例えば，財 k よりも財 j により近いタイプの財 ℓ の価格が上昇した場合，財 j はより大き

く財 ℓ から代替されるはずであり，財 j の p_k に対する弾力性はやはりより大きくなるはずである．(付録 E で，Train (2009) にしたがって，無関係な選択対象からの独立性を説明した．)

このような問題が生じる理由は，消費者の効用が財の特性によって決定される $\beta^1 x_j^1 + \cdots + \beta^K x_j^K - \alpha p_j + \xi_j$ の項と，消費者の特性を表す撹乱項 ε_{ij} が加法分離的な関係になっており，財の特性に対する消費者の嗜好の差異を捨象していることにある．つまり，より現実的な消費者の選択を考えるためには，財の特性に関するパラメータ β^k が消費者個々に異なっている必要があるということになる．次に説明するランダム係数モデルは，この問題を解決するためのモデルである．

ランダム係数モデル

上のロジット型モデルを修正して，個々の消費者の嗜好を反映したモデルを考えるために，消費者の効用関数を次のように定式化しよう．

$$u_{ij} = \beta_i^1 x_j^1 + \cdots + \beta_i^K x_j^K - \alpha p_j + \xi_j + \varepsilon_{ij}. \tag{4.8}$$

ここで，この効用関数が (4.1) 式と違うところは，観察可能な財の特性に対する消費者の嗜好のパラメータ $\beta_i^1, \ldots, \beta_i^K$ が消費者 i ごとに異なるという点である．つまり，「消費者は財の特性 $x^1, \ldots, x^K$ に対して異なる限界効用を持つ」ことになる．このようなモデルは，**ランダム係数モデル (random coefficient model)** と呼ばれる．

ランダム係数モデルはロジット型モデルよりもよく現実を表したものではあるが，上のロジット型モデルの (4.3) 式のように簡単な形に積分することはできない．そこで，以下の計算を容易にするために，財の特性に対する消費者のパラメータ $\beta_i^1, \ldots, \beta_i^K$ に関して次の仮定を設けよう．

仮定

β_i^k, $i = 1, \ldots, I$ は互いに独立な確率変数で，それぞれ，平均 $\bar{\beta}^k$，標準偏差 σ^k の正規分布にしたがう（$k = 1, \ldots, K$)．

つまり，われわれは個々の消費者に関するデータを観察することができないので，各市場ごとに消費者の属性の分布を想定し，各消費者の嗜好もその分布にしたがうと考えるのである．ここでは消費者の属性を直接には考えないが，第 4.5.1 節で，具体的な消費者の属性（性別，年齢など）を含む拡張的なモデルを考えることにする．

さて，各消費者はそれぞれ自分のパラメータ β_i^k を観察した後に，それにしたがって行動するとしよう．したがって，われわれが観察できる集計的なデータは，そのような消費者行動を反映しているものと考える．そこで，われわれの分析の目的は，「観察された集計的なデータよりパラメータ $\boldsymbol{\theta} \equiv (\bar{\beta}^1, \ldots, \bar{\beta}^K, \alpha, \sigma^1, \ldots, \sigma^K)$ を推定すること」である．以下では，$\bar{\boldsymbol{\beta}} \equiv (\bar{\beta}^1, \ldots, \bar{\beta}^K)$，$\boldsymbol{\sigma} \equiv (\sigma^1, \ldots, \sigma^K)$ とする．

4.2.2 市場シェアの計算

次に，ランダム係数モデルの市場シェアを考える．ランダム係数モデルでは，消費者 i の財 j に対する効用を「消費者 i の特性には関係しないが財 j には関係する部分」と「それらのどちらにも関係する部分」の 2 つに分離することで，市場シェアは計算しやすくなる．

まず，ν_i^k を標準正規分布にしたがう確率変数とすると，上の仮定より

$$\beta_i^k \equiv \bar{\beta}^k + \sigma^k \nu_i^k \tag{4.9}$$

となり，β_i^k は消費者共通の平均的なパラメータ $\bar{\beta}^k$ と消費者 i 特有のパラメータ $\sigma^k \nu_i^k$ の 2 つに分離されることになる．そこで，効用関数は次のように変形される．

$$\begin{aligned} u_{ij} &= \sum_{k=1}^{K} \beta_i^k x_j^k - \alpha p_j + \xi_j + \varepsilon_{ij} \\ &= \sum_{k=1}^{K} \bar{\beta}^k x_j^k - \alpha p_j + \xi_j + \sum_{k=1}^{K} \sigma^k x_j^k \nu_i^k + \varepsilon_{ij} \\ &\equiv \delta_j + \mu_{ij} + \varepsilon_{ij}. \end{aligned} \tag{4.10}$$

ここで，$\delta_j \equiv \sum_{k=1}^{K} \bar{\beta}^k x_j^k - \alpha p_j + \xi_j$，$\mu_{ij} \equiv \sum_{k=1}^{K} \sigma^k x_j^k \nu_i^k$ である．このように，消費者 i の財 j に対する効用を，消費者 i の嗜好には関係しないが財 j には関係する部分（δ_j）と，それらのどちらにも関係する部分（μ_{ij}，ε_{ij}）に分離できた．以下では，$\boldsymbol{\delta} \equiv (\delta_1, \ldots, \delta_J)$，$\boldsymbol{\mu} \equiv (\mu_{ij})_{i=1,\ldots,I;\ j=1,\ldots,J}$ と表すことにする．ここで，$\boldsymbol{\nu}_i \equiv (\nu_i^1, \ldots, \nu_i^K)$ が標準正規分

布 $F(\boldsymbol{\nu}_i)$ にしたがうとし，$\boldsymbol{F}(\boldsymbol{\nu})$ をその積としよう（$\boldsymbol{\nu} \equiv (\boldsymbol{\nu}_1, \ldots, \boldsymbol{\nu}_I)$）．すると，ここでも ε_{ij} がそれぞれ独立にタイプ I 型極値分布にしたがうと仮定すれば，ランダム係数モデルでは，財 j の市場シェアは次のようになる．

$$s_j(\boldsymbol{\delta}, \boldsymbol{\mu}) = \int_{\boldsymbol{\nu}} \frac{\exp(\delta_j + \mu_{ij})}{1 + \sum_{j'=1}^{J} \exp(\delta_{j'} + \mu_{ij'})} \, d\boldsymbol{F}(\boldsymbol{\nu}). \tag{4.11}$$

つまり，ランダム係数モデルの市場シェアは，ロジット型モデルの市場シェアを消費者の嗜好に関するランダム変数 ν_i^k によって積分したものと見なすことができる．また，この値は，$\boldsymbol{\delta}$，$\boldsymbol{\mu}$ に依存していることに注意しておこう．

(4.11) 式の市場シェアは積分の形であるが，ロジット型モデルの場合と違って，この積分を解析的に解くことは困難である．そこで，**無作為抽出 (random sampling)** による数値計算によって，この値を求めるアプローチをとる．つまり，$F(\boldsymbol{\nu}_i)$ より N 回サンプルをランダムに抽出して $\boldsymbol{\nu}_1, \ldots, \boldsymbol{\nu}_N$ とし，(4.11) 式の被積分項の標本平均を求めることにする．すると，数値計算上の市場シェアは，

$$\hat{s}_j(\boldsymbol{\delta}, \hat{\boldsymbol{\mu}}) = \frac{1}{N} \sum_{n=1}^{N} \frac{\exp(\delta_j + \hat{\mu}_{nj})}{1 + \sum_{j'=1}^{J} \exp(\delta_{j'} + \hat{\mu}_{nj'})} \tag{4.12}$$

となる．ただし，$\hat{\mu}_{nj} \equiv \sum_{k=1}^{K} \sigma^k x_j^k \nu_n^k$，$\hat{\boldsymbol{\mu}} \equiv (\hat{\mu}_{nj})_{n=1,\ldots,N;\, j=1,\ldots,J}$ とする．(4.12) 式を j でまとめたものを $\hat{\boldsymbol{s}}(\boldsymbol{\delta}, \hat{\boldsymbol{\mu}})$ で表し，**予測される市場シェア (predicted market share)** と呼ぶことにしよう．以下では，この予測される市場シェアを推定に用いることになる．

推定アルゴリズムの議論に入る前に，ロジット型モデルで生じた代替パターンの問題について検討しておこう．ランダム係数モデルでの自己価格弾力性と交差価格弾力性は，それぞれ，

$$\frac{\partial \ln(s_j)}{\partial \ln(p_j)} = -\frac{p_j}{s_j} \int_{\boldsymbol{\nu}} \alpha s_{ij}(1 - s_{ij}) \, d\boldsymbol{F}(\boldsymbol{\nu}), \tag{4.13}$$

$$\frac{\partial \ln(s_j)}{\partial \ln(p_k)} = \frac{p_k}{s_j} \int_{\boldsymbol{\nu}} \alpha s_{ij} s_{ik} \, d\boldsymbol{F}(\boldsymbol{\nu}) \tag{4.14}$$

となる．それぞれの被積分項は，各消費者がその財を購入する確率であり，その確率は財の特性に依存する．したがって，各消費者の嗜好を通じて財間の特性の「近さ」が含まれていることになり，ある財の価格の変化による影響は，その「近さ」によって異なることになる．

4.3 推定アルゴリズム

4.3.1 推定における問題点

ここからは，ランダム係数モデルにおいて，パラメータ $\boldsymbol{\theta}$ を求める推定アルゴリズムについて考えていこう．

まず，各市場ごとにわれわれが観察できるデータは，$Data = \{(x_j^k, z_j^d, p_j, S_j) : j = 1, \ldots, J;\ k = 1, \ldots, K;\ d = 1, \ldots, D\}$ である．ただし，x_j^k は財 j の特性，z_j^d は財 j に関する操作変数（第 4.3.4 節で詳しく述べる），p_j は財 j の価格，S_j は財 j の市場シェアである[6]．ここで，上で計算した予測される市場シェアと区別するために，S_j を**観察された市場シェア (observed market share)** と呼ぼう．これらのデータは全て集計的なデータなので，個人の行動に関してはもっともな仮定を設けて理論的に考え，その計算結果とデータをつき合わせてもっともらしい推定値を求めるのがこの構造推定のポイントとなる．

さて，観察された市場シェア $\boldsymbol{S} = (S_1, \ldots, S_J)$ が与えられたら，ある $\boldsymbol{\theta}$ のもとで，

$$\boldsymbol{s}(\boldsymbol{\delta}, \boldsymbol{\mu}) = \boldsymbol{S} \tag{4.15}$$

が理論的には成り立っていなければならない．ただし，$\boldsymbol{s}(\boldsymbol{\delta}, \boldsymbol{\mu})$ は，(4.11) 式を j でまとめたものである．そこで，(4.15) 式を，標本平均を用いて

$$\hat{\boldsymbol{s}}(\boldsymbol{\delta}, \hat{\boldsymbol{\mu}}) = \boldsymbol{S} \tag{4.16}$$

に置き換えて，できるだけこの式を満たすような（つまり，この 2 つの市場シェアの差ができるだけ小さくなるような）パラメータを求めることを目指したい．

[6] ここからは，全ての財は同一の財の特性の集合を持つとする．つまり，任意の財 j に対して x_j^k，$k = 1, \ldots, K$ が存在する．

ここで，推定に関する 2 つの困難な問題点が存在する．もし，(4.16) 式を誤差項 $\boldsymbol{\xi} = (\xi_1, \ldots, \xi_J)$ について解き，それを $\boldsymbol{\theta}$ に関する明示的な関数 (explicit function) の形で表すことができるならば，（後述する）GMM などを用いて $\boldsymbol{\theta}$ を推定することは可能かもしれない．ところが，$\hat{\boldsymbol{s}}(\boldsymbol{\delta}, \hat{\boldsymbol{\mu}})$ の形状より $\boldsymbol{\xi}$ を解析的に計算するのは不可能である．これが，このランダム係数モデルの推定における 1 つの問題点である．そこで，$\boldsymbol{\xi}$ を求めるために，まず，(4.16) 式を満たすような $\boldsymbol{\delta}$ の値を求めて，それより $\boldsymbol{\xi}$ の関数形を求めるとする．ところが，そのようにして求めた $\boldsymbol{\delta}$ の値は $\boldsymbol{\sigma} = (\sigma^1, \ldots, \sigma^K)$ に依存しており，異なる $\boldsymbol{\sigma}$ ごとに誤差項 $\boldsymbol{\xi}$ の関数形も異なる．これがもう 1 つの問題点である．したがって，これらの問題点を解決するような推定アルゴリズムを考えなければならない．

そこで，ここでは，数値計算で (4.16) 式を計算してそれによって推定式を作り推定する方法と，制約付き最適化問題としてソルバーによって解く方法の 2 つを考えよう．ここでは，これらをそれぞれ，「BLP アルゴリズム」，「制約付き最適化アルゴリズム」と便宜的に呼ぶことにしよう．

4.3.2 BLP アルゴリズム

BLP は，推定の方法について詳細な記述を残しているが，Nevo (2000) の付録は，その方法を簡潔に整理してまとめている．以下では，Nevo (2000) の付録に依拠しながら，BLP モデルを推定するアルゴリズムを考える．ここで **BLP アルゴリズム** とは，ある構造パラメータのもとで，解析的に計算が困難な計算を逐次的に数値計算によって求めて一部のパラメータを推定し（**内部ループ**），その数値計算の結果によって，推定のための目的関数を定式化して残りのパラメータを推定する（**外部ループ**），という過程を入れ子的に行うアルゴリズムである[7]．

まず，推定すべきパラメータ $\boldsymbol{\theta}$ を，$(\bar{\boldsymbol{\beta}}, \alpha)$ と $\boldsymbol{\sigma}$ の 2 つに分ける．ここで，定義より，$\boldsymbol{\delta}$ は $(\bar{\boldsymbol{\beta}}, \alpha)$ のみに依存し，$\hat{\boldsymbol{\mu}}$ は $\boldsymbol{\sigma}$ のみに依存していることに注意しておこう．

この推定アルゴリズムのポイントは，次のようにまとめられる．パラメータを推定するために後述する GMM を使いたいが，それには，GMM 目的関数を定式化するための**誤差項ベクトル (error term vector)** をパラメータの関数の形で求めておく必要がある[8]．

---

[7] ここでは，「内部ループ」「外部ループ」という言葉を使うが，これは本書での便宜上の用語である．

[8] 例えば，単純な線形モデル $\boldsymbol{y} = \boldsymbol{X}\boldsymbol{\beta} + \boldsymbol{\varepsilon}$ の場合は，$\boldsymbol{\varepsilon}(\boldsymbol{\beta}) = \boldsymbol{y} - \boldsymbol{X}\boldsymbol{\beta}$ を誤差項ベクトルとすればよい．

パラメータ $(\bar{\boldsymbol{\beta}}, \alpha)$ と $\boldsymbol{\sigma}$ に関する誤差項ベクトルをそれぞれ $\boldsymbol{\xi}(\bar{\boldsymbol{\beta}}, \alpha)$，$\hat{\boldsymbol{\xi}}(\boldsymbol{\sigma})$ としよう．推定アルゴリズムでは，$\boldsymbol{\sigma}$ を所与として $\boldsymbol{\xi}(\bar{\boldsymbol{\beta}}, \alpha)$ を求め，$(\bar{\boldsymbol{\beta}}, \alpha)$ を所与として $\hat{\boldsymbol{\xi}}(\boldsymbol{\sigma})$ を求めることになる．

以下の手順は，ステップ1からステップ4に分けて説明する[9]．

ステップ1　ある $\boldsymbol{\sigma}$ を固定して，予測される市場シェアを計算する．

第4.2.2節で説明したように，財の特性 k ごとに，確率分布 F より N 個の ν_n^k を無作為抽出する．所与の $\boldsymbol{\sigma}$ に対して $\hat{\mu}_{nj} = \sum_{k=1}^{K} \sigma^k x_j^k \nu_n^k$ を計算して，(4.12) 式より予測される市場シェア $\hat{s}(\boldsymbol{\delta}, \hat{\boldsymbol{\mu}})$ を定式化する．

ステップ2　$\boldsymbol{\sigma}$ を固定したままで，予測される市場シェアと観察された市場シェアを等しくするような $\boldsymbol{\delta}$ を計算する．

ステップ1で計算した予測される市場シェアを使って (4.16) 式を満たすような $\boldsymbol{\delta}$ を計算する．しかし，(4.16) 式を解析的に解くのは不可能なので，数値計算で逐次的に $\boldsymbol{\delta}$ を求めていく．次のような漸化式を考えよう．

$$\boldsymbol{\delta}^{(\kappa+1)} = \boldsymbol{\delta}^{(\kappa)} + \ln \boldsymbol{S} - \ln \boldsymbol{s}\big(\boldsymbol{\delta}^{(\kappa)}, \hat{\boldsymbol{\mu}}\big), \qquad \kappa = 0, 1, 2, \ldots. \tag{4.17}$$

ここで，この式は**縮小写像 (contranction mapping)** であるので，この更新の繰り返しによって一意的に収束して不動点が求まる[10]．そこで，適当な初期値から初めて，適当なノルムと収束条件を決めて $||\boldsymbol{\delta}^{(\kappa+1)} - \boldsymbol{\delta}^{(\kappa)}|| < \epsilon$ となったら収束とみなす．この不動点を $\boldsymbol{\delta}^*$ とすると，$\delta_j^* = \sum_{k=1}^{K} \bar{\beta}^k x_j^k - \alpha p_j + \xi_j$，つまり，$\xi_j = -\sum_{k=1}^{K} \bar{\beta}^k x_j^k + \alpha p_j + \delta_j^*$ である $(j = 1, \ldots, J)$．これを j でまとめたものを，誤差項ベクトルとして $\boldsymbol{\xi}(\bar{\boldsymbol{\beta}}, \alpha)$ で表す．ここで，この誤差項ベクトルは $\boldsymbol{\sigma}$ に依存していることに留意しておこう．

ステップ3　推定のための目的関数を定式化し，パラメータ $(\bar{\boldsymbol{\beta}}, \alpha)$ を推定する．

このステップでは，パラメータ $(\bar{\boldsymbol{\beta}}, \alpha)$ を GMM によって推定するために，GMM 目的関

[9] Nevo (2000) の付録では，ステップ0からステップ4に分けている．ステップ0は無作為抽出によるランダム変数の準備であるので以下では省略した．また，ステップ3とステップ4を変更している．

[10] 縮小写像については，Stokey and Lucas (1989) を参照．

数 $Q\big(\boldsymbol{\xi}(\bar{\boldsymbol{\beta}},\alpha)\big)$ を次のように定義する．

$$Q\big(\boldsymbol{\xi}(\bar{\boldsymbol{\beta}},\alpha)\big) \equiv \ \boldsymbol{m}\big(\boldsymbol{\xi}(\bar{\boldsymbol{\beta}},\alpha)\big)' \boldsymbol{W}\, \boldsymbol{m}\big(\boldsymbol{\xi}(\bar{\boldsymbol{\beta}},\alpha)\big). \tag{4.18}$$

ここで，$\boldsymbol{m}\big(\boldsymbol{\xi}(\bar{\boldsymbol{\beta}},\alpha)\big)$ はモーメント（積率），$\boldsymbol{W}$ はウエイト行列である．（これらについては，第 4.3.4 節で詳述する．）この $Q\big(\boldsymbol{\xi}(\bar{\boldsymbol{\beta}},\alpha)\big)$ を最小化するような $(\bar{\boldsymbol{\beta}},\alpha)$ を求めて，$(\hat{\boldsymbol{\beta}},\hat{\alpha})$ とする[11]．

ステップ 4　新しい目的関数を定式化し，パラメータ $\boldsymbol{\sigma}$ を推定する．

最後に，パラメータ $\boldsymbol{\sigma}$ を推定する．$\boldsymbol{\sigma}$ は非線形の目的関数を考えなければならず，計算は容易ではない．Nevo (2000) は，準ニュートン法による計算を考えているが，複雑なヘッセ行列を計算しておかなければならない．そこで，ここでは Dubé et al. (2012) のアイデアを援用して，次のような推定を考える．まず，ステップ 3 で得られた $(\hat{\boldsymbol{\beta}},\hat{\alpha})$ と任意の $\boldsymbol{\xi}$ に対して，予測される市場シェアを次のように書くことにしよう[12]．

$$\hat{s}_j(\boldsymbol{\xi};\boldsymbol{\sigma}) \equiv \frac{1}{N}\sum_{n=1}^{N} \frac{\exp\left(\hat{\delta}_j + \hat{\mu}_{nj}\right)}{1+\sum_{j'=1}^{J}\exp\left(\hat{\delta}_{j'} + \hat{\mu}_{nj'}\right)}. \tag{4.19}$$

ここで，$\hat{\delta}_j \equiv \sum_{k=1}^{K}\hat{\beta}^k x_j^k - \hat{\alpha}p_j + \xi_j$ である $(j=1,\ldots,J)$．つまり，(4.19) 式は，(4.12) 式に $(\hat{\boldsymbol{\beta}},\hat{\alpha})$ を代入したものである．次に，Dubé et al. (2012) の (5) 式にしたがい，次のような縮小写像を定義しよう．

$$\boldsymbol{\xi}^{(h+1)} = \boldsymbol{\xi}^{(h)} + \ln \boldsymbol{S} - \ln\big(\hat{\boldsymbol{s}}(\boldsymbol{\xi}^{(h)};\boldsymbol{\sigma})\big). \tag{4.20}$$

適当な初期値から初めて，この更新の繰り返しを行い，適当な ϵ に対して $||\boldsymbol{\xi}^{(h+1)}-\boldsymbol{\xi}^{(h)}|| < \epsilon$ となったら収束とみなし，そのときの $\boldsymbol{\xi}^{(h)}$ を $\boldsymbol{\xi}^*$ としよう．$\boldsymbol{\sigma}$ に対する誤差項ベクトル

---

[11] 一方，Nevo (2000) の付録では，GMM を使わずとも $(\hat{\boldsymbol{\beta}},\hat{\alpha}) = (X'ZWZ'X)^{-1}X'ZWZ'\boldsymbol{\delta}^*$ で計算できることを指摘している．（ただし，X は説明変数の行列，Z は操作変数の行列．）これは，$(\hat{\boldsymbol{\beta}},\hat{\alpha})$ が目的関数の中で線形であることによる．

[12] ここで，$\hat{s}_j$ をあえて $\boldsymbol{\xi}$ と $\boldsymbol{\sigma}$ の関数と表記しているのは単に「記号の濫用」であり，実際は (4.12) 式と同じものを表している．

は，次のように定義される[13]．

$$\hat{\boldsymbol{\xi}}(\boldsymbol{\sigma}) \equiv \boldsymbol{\xi}^* + \ln \boldsymbol{S} - \ln\big(\hat{\boldsymbol{s}}(\boldsymbol{\xi}^*; \boldsymbol{\sigma})\big). \tag{4.21}$$

新しい GMM 目的関数は，この誤差項ベクトルを用いて

$$\hat{Q}\big(\hat{\boldsymbol{\xi}}(\boldsymbol{\sigma})\big) \equiv \ \boldsymbol{m}\big(\hat{\boldsymbol{\xi}}(\boldsymbol{\sigma})\big)' \boldsymbol{W} \boldsymbol{m}\big(\hat{\boldsymbol{\xi}}(\boldsymbol{\sigma})\big) \tag{4.22}$$

と定式化される．この $\hat{Q}\big(\hat{\boldsymbol{\xi}}(\boldsymbol{\sigma})\big)$ を最小化するような $\boldsymbol{\sigma}$ を $\hat{\boldsymbol{\sigma}}$ とする．

ステップ 4 で求めた $\hat{\boldsymbol{\sigma}}$ を新しい $\boldsymbol{\sigma}$ として，ステップ 1 に戻り，(4.18) 式と (4.22) 式が十分小さくなるまで以上のステップを繰り返して，パラメータ $\boldsymbol{\beta}$，α，$\boldsymbol{\sigma}$ の推定値を求める．

以上の 4 つのステップにより，BLP アルゴリズムは次のようにまとめられる．

[13] ただし，この $\hat{\boldsymbol{\xi}}(\boldsymbol{\sigma})$ は，収束条件 ϵ の大きさに依存していることに注意する必要がある．これにより，GMM 推定量はバイアスを含むことになる．Dubé et al. (2012) は，この GMM 推定量（つまり，$\hat{\theta}(\epsilon)$）の性質について詳細な分析を行っている．

BLP アルゴリズム

内部ループ ある $\boldsymbol{\sigma}$ を所与として，(4.12) 式を定式化し（**ステップ 1**），(4.17) 式を用いて $||\boldsymbol{\delta}^{(\kappa+1)} - \boldsymbol{\delta}^{(\kappa)}|| < \epsilon$ を満たすような $\boldsymbol{\delta}^*$ を求め，それにより $\boldsymbol{\xi}(\bar{\boldsymbol{\beta}}, \alpha)$ を計算する（**ステップ 2**）．それより目的関数 (4.18) 式を定式化し，次のようにパラメータ $(\hat{\boldsymbol{\beta}}, \hat{\alpha})$ を推定する（**ステップ 3**）．

$$(\hat{\boldsymbol{\beta}}, \hat{\alpha}) = \arg\min_{(\boldsymbol{\beta},\alpha)} Q\big(\boldsymbol{\xi}(\bar{\boldsymbol{\beta}}, \alpha)\big). \tag{4.23}$$

外部ループ 内部ループで推定した $(\hat{\boldsymbol{\beta}}, \hat{\alpha})$ を所与として，(4.19) 式を定式化し，(4.20) 式を用いて $||\boldsymbol{\xi}^{(h+1)} - \boldsymbol{\xi}^{(h)}|| < \epsilon$ を満たすような $\boldsymbol{\xi}^*$ を求めて目的関数 (4.22) 式を計算し，次のようにして $\hat{\boldsymbol{\sigma}}$ を推定する（**ステップ 4**）．

$$\hat{\boldsymbol{\sigma}} = \arg\min_{\boldsymbol{\sigma}} \hat{Q}\big(\hat{\boldsymbol{\xi}}(\boldsymbol{\sigma})\big). \tag{4.24}$$

この内部ループと外部ループを繰り返して，目的関数が十分に小さくなったらパラメータを推定値とする．

4.3.3 制約付き最適化アルゴリズム (MPEC)

BLP アルゴリズムはわかりやすいが，**ステップ 2** において $\boldsymbol{\delta}$，**ステップ 4** において $\boldsymbol{\xi}$ が収束するまで繰り返し計算する必要があり，サンプルサイズが大きい場合は特に時間がかかる．Dubé et al. (2012) は，問題を 1 回のみ解くことで推定を行う方法を提示した．本書では，それを**制約付き最適化アルゴリズム (MPEC)** と呼ぼう．このアルゴリズムは，第 2 章と第 3 章の動的離散選択モデルにおいて説明したものと同様のものである (Su and Judd, 2012)．このアルゴリズムのアイデアとは，(4.16) 式を $\boldsymbol{\xi}$ について解くのではなく，そのまま制約式として使う，ということである．つまり，推定される $\boldsymbol{\theta}$ は (4.16) 式を満たさなければならないので，推定は，$\boldsymbol{\theta}$ と $\boldsymbol{\xi}$ を変数とする次のような制約付き最適化問題として定式化できる.

$$
\begin{aligned}
&\min_{\boldsymbol{\theta},\boldsymbol{\xi}} \quad \boldsymbol{m}(\boldsymbol{\xi})' \boldsymbol{W} \boldsymbol{m}(\boldsymbol{\xi}) \\
&\text{subject to:} \quad \hat{\boldsymbol{s}}(\boldsymbol{\delta}, \hat{\boldsymbol{\mu}}) = \boldsymbol{S}, \\
&\qquad \xi_j = \delta_j - \textstyle\sum_{k=1}^{K} \bar{\beta}^k x_j^k + \alpha p_j, \quad j = 1, \ldots, J, \\
&\qquad \hat{\mu}_{nj} = \textstyle\sum_{k=1}^{K} \sigma^k x_j^k \nu_n^k, \quad n = 1, \ldots, N; \quad j = 1, \ldots, J.
\end{aligned}
\tag{4.25}
$$

つまり，BLP アルゴリズムと MPEC アルゴリズムは，問題の設定としては基本的に同じものである．これらのアルゴリズムの違いは，BLP アルゴリズムが数値計算によって (4.17) 式の制約式を解いてから目的関数を最小化するのに対し，このアルゴリズムは，1 つの最適化問題として定式化しているということである．しかし，一般に，MPEC アルゴリズムを使って推定するには，この制約付き最適化問題を解くことができるプログラミング言語および信頼できるソルバーが必要となる．

4.3.4　操作変数と GMM について

価格の内生性

ここで，上の 2 つのアルゴリズムで用いている目的関数に関して，操作変数とモーメントについて考えよう．第 4.1 節で述べたように，基本問題の 1 つとして，推定においては価格の内生性を考慮しなければならない．なぜならば，価格は財の特性と相関しているはずだからである．よって，財の特性と価格の両方を推定式に含むようなこのモデルを推定するためには，財 j に対して $E[\xi_j|z_j] = 0$ かつ $E[p_j|z_j] \neq 0$ となるような**操作変数 (instrument variable)**，z_j を考えなければならない．

ここからは，サンプルとして市場 $t = 1, \ldots, T$ を考え，単純化のために，全ての市場において財 $j = 1, \ldots, J$ が販売されており，データとして $Data = \{(x_{tj}^k, z_{tj}^d, p_{tj}, S_{tj}) : t = 1, \ldots, T;\ j = 1, \ldots, J;\ k = 1, \ldots, K;\ d = 1, \ldots, D\}$ が観察できると仮定しよう．このようなデータより，(4.18)，(4.22)，(4.25) 式の目的関数を具体的に考える．

まず，市場 t の財 j に対して D 個の操作変数 $z_{tj}^1, \ldots, z_{tj}^D$ が観察できるとしよう．すると，この操作変数を使った**標本モーメント (sample moments)**，$\boldsymbol{m}(\boldsymbol{\xi}(\boldsymbol{\theta})) =$

$\big(m_1(\boldsymbol{\xi}(\boldsymbol{\theta})), \ldots, m_D(\boldsymbol{\xi}(\boldsymbol{\theta}))\big)'$ は

$$m_d\big(\boldsymbol{\xi}(\boldsymbol{\theta})\big) \equiv \frac{1}{TJ}\sum_{t=1}^{T}\sum_{j=1}^{J} \xi_{tj}(\boldsymbol{\theta}) \cdot z_{tj}^{d}, \quad d = 1, \ldots, D \tag{4.26}$$

と定義される．これは，**直交条件 (orthogonality condition)**，$E[\boldsymbol{\xi}_j \boldsymbol{z}_j^d] = 0$ の左辺を標本平均で置き換えたものである．

一般化モーメント法 (generalized method of moments, GMM) とは，このような標本モーメント $\boldsymbol{m}\big(\boldsymbol{\xi}(\boldsymbol{\theta})\big)$ より **GMM 目的関数 (GMM objective function)**，$Q\big(\boldsymbol{\xi}(\boldsymbol{\theta})\big) = \boldsymbol{m}\big(\boldsymbol{\xi}(\boldsymbol{\theta})\big)' \boldsymbol{W}\, \boldsymbol{m}\big(\boldsymbol{\xi}(\boldsymbol{\theta})\big)$ を作り，これを最小化するようなパラメータ $\boldsymbol{\theta}$ を求める方法である[14]．ここで，**ウエイト行列 (weighting matrix)**，$\boldsymbol{W}$ は，分散を小さくするために重みづけをするための行列であり，モーメントの分散共分散行列 $\boldsymbol{m}(\boldsymbol{\xi})\boldsymbol{m}(\boldsymbol{\xi})'$ の一致推定量の逆行列が使われる．しかし，この行列には未知の誤差 $\boldsymbol{\xi}$ が含まれるため，第 1 段階で $\boldsymbol{W}$ を単位行列として目的関数を最小化して誤差の推定値 $\hat{\boldsymbol{\xi}}$ を求め，これより $\boldsymbol{m}(\hat{\boldsymbol{\xi}})\boldsymbol{m}(\hat{\boldsymbol{\xi}})'$ を計算し，この逆行列 $\widehat{\boldsymbol{W}}$ をウエイト行列として第 2 段階の推定を行うのが一般的なようである（「2 段階 GMM」）[15]．

より一般的には，標本モーメントを作るベクトルとして様々な変数の組み合わせが使われる．第 4.4 節のシミュレーションでは，定数項，外生変数，操作変数のベクトルを

$$\big(\boldsymbol{h}^1, \ldots, \boldsymbol{h}^L\big) \equiv \big(\boldsymbol{1}, \boldsymbol{x}^1, \ldots, \boldsymbol{x}^K, \boldsymbol{z}^1, \ldots, \boldsymbol{z}^D\big) \tag{4.27}$$

として（$L = 1 + K + D$），

$$m_\ell\big(\boldsymbol{\xi}(\boldsymbol{\theta})\big) \equiv \frac{1}{TJ}\sum_{t=1}^{T}\sum_{j=1}^{J} \xi_{tj}(\boldsymbol{\theta}) \cdot h_{tj}^{\ell}, \quad \ell = 1, \ldots, L \tag{4.28}$$

を使うことにする．ただし，$\boldsymbol{h}^\ell = (h_{tj}^\ell)_{t=1,\ldots,T;\ j=1,\ldots,J}$，$\boldsymbol{x}^k = (x_{tj}^k)_{t=1,\ldots,T;\ j=1,\ldots,J}$，$\boldsymbol{z}^d = (z_{tj}^d)_{t=1,\ldots,T;\ j=1,\ldots,J}$ とする．したがって，この場合の $\boldsymbol{m}\big(\boldsymbol{\xi}(\boldsymbol{\theta})\big)$ は $(L \times 1)$ ベクトル，$\boldsymbol{W}$ は $(L \times L)$ 行列となる．

---

[14] GMM の詳細な解説については，Cameron and Trivedi (2005)，Greene (2012)，Hayashi (2000)，Wooldridge (2002)，蓑谷 (2007) など多数．

[15] さらに，このような仮定を繰り返し行う方法（「繰り返し GMM」）もある．

操作変数の選択

操作変数としてどのようなものを選択すべきかということは，とても大きな問題である．BLP は，寡占市場のゲームに関して以下のような操作変数を提案している．まず，財 j の操作変数の中には，その財の特性（外生変数）が含まれている．次に，同じ企業が生産する他の財 $j' \neq j$ と，その企業は生産していないがライバル企業が生産している財 $j' \neq j$ も操作変数として使える．なぜならば，財の特性は，財の間の「近さ」を表しているので，強い代替性の財に対しては低いマークアップ率をもたらして低い価格水準となり，逆に他の財の価格水準は高くなるはずだからである．BLP は，企業 f が生産する財 j の k 番目の特性に対して，次の 3 種類の操作変数を考えている．

$$x_j^k \quad : \text{企業 } f \text{ が生産する財 } j \text{ の } k \text{ 番目の特性自身}$$

$$\sum_{j' \neq j,\ j' \in \mathcal{J}_f} x_{j'}^k \quad : \text{企業 } f \text{ が生産する } j \text{ 以外の財の } k \text{ 番目の特性の総和}$$

$$\sum_{j' \neq j,\ j' \notin \mathcal{J}_f} x_{j'}^k \quad : f \text{ 以外の企業が生産する } j \text{ 以外の財の } k \text{ 番目の特性の総和}$$

さらに，$\boldsymbol{z}^d$ と $\boldsymbol{x}^k$ により高次の操作変数を考えることもできる．Dubé et al. (2012) は，操作変数として，z_j^d とその 2 乗および 3 乗，x_j^k とその 2 乗および 3 乗，$\prod_{d=1}^D z_j^d$，$\prod_{k=1}^K x_j^k$，$(z_j^d \cdot x_j^1)$，$(z_j^d \cdot x_j^2)$ を考えている（定数項を含めて 42 個）．

4.4 モンテカルロ・シミュレーション

上で説明した 2 つのアルゴリズムを比較するために，モンテカルロ・シミュレーションを行う．この推定では，単純化のため $\boldsymbol{\sigma}$ は既知とし，$(\bar{\boldsymbol{\beta}}, \alpha)$ のみを推定する．（つまり，BLP アルゴリズムにおいては内部ループのみを行う．）この節では，この推定したいパラメータを $\boldsymbol{\theta} \equiv (\bar{\boldsymbol{\beta}}, \alpha)$ で表そう．モデルの設定としては，主として Dubé et al. (2012) にしたがい，BLP，MPEC の 2 つのアルゴリズムを順に説明する．

4.4.1 データの生成

市場 $t=1,\ldots,T$ において財 $j=1,\ldots,J$ が販売されているとする．各財は，特性 $k=1,\ldots,K$ を持っている．ここでは，$T=50$，$J=25$，$K=3$ としよう．推定に使うデータは全て人工的に乱数を発生させて作成する．

まず，Dubé et al. (2012) にしたがい，観察できる財の特性 x_j^k を次のように生成しよう[16]．

$$\begin{bmatrix} x_j^1 \\ x_j^2 \\ x_j^3 \end{bmatrix} \sim N\left(\begin{bmatrix} 0 \\ 0 \\ 0 \end{bmatrix} , \begin{bmatrix} 1 & -0.8 & 0.3 \\ -0.8 & 1 & 0.3 \\ 0.3 & 0.3 & 1 \end{bmatrix} \right). \tag{4.29}$$

ただし，x_j^k は各市場で共通とする（$x_{tj}^k = x_j^k,\ \forall t$）．観察不可能な財の特性 ξ_{tj} は平均 0，標準偏差 η（後述）の正規分布にしたがうとし，価格 p_{tj} は次のように生成する．

$$p_{tj} = \left| 0.5 \cdot \xi_{tj} + e_{tj} + 1.1 \cdot \sum_{k=1}^{3} x_{tj}^k \right|. \tag{4.30}$$

ただし，e_{tj} は "価格シフター" で，やはり正規分布にしたがうとする．一方，操作変数を z_{tj}^d，$d=1,\ldots,6$ とし，

$$z_{tj}^d = \mathcal{U} + \frac{1}{4}\left(e_{tj} + 1.1 \cdot \sum_{k=1}^{3} x_{tj}^k \right) \tag{4.31}$$

として作成する．ただし，$\mathcal{U}$ は $(0,1)$ の一様分布にしたがう確率変数である．

（後述する）ある所与の $(\sigma^0,\sigma^1,\sigma^2,\sigma^3)$ のもとで，推定したいパラメータは $\boldsymbol{\theta} \equiv (\bar{\beta}^0,\bar{\beta}^1,\bar{\beta}^2,\bar{\beta}^3,-\alpha)'$ である．ただし，$\bar{\beta}^0$ は定数項で，価格のパラメータは $-\alpha$ として正の値をとるようにする．ここでは，真のパラメータの値を，$(\bar{\beta}^0,\bar{\beta}^1,\bar{\beta}^2,\bar{\beta}^3,-\alpha) = (-1.0,1.5,1.5,0.5,3.0)$ としよう．これらのパラメータにしたがい，$(\beta_{tj}^0,\beta_{tj}^1,\beta_{tj}^2,\beta_{tj}^3)$ を N 個無作為抽出し，(4.12) 式にしたがって，市場シェア S_{tj} を計算する．以上，生成したデータは，$\{x_{tj}^1,x_{tj}^2,x_{tj}^3,z_{tj}^1,z_{tj}^2,z_{tj}^3,z_{tj}^4,z_{tj}^5,z_{tj}^6,p_{tj},S_{tj}\}$ となる．

---

[16] この部分のプログラムは，「多変量ガウス分布からのサンプリング」 https://qiita.com/jhako/items/30f420033b5c126eedc1 を参考にした．

4.4.2　推定アルゴリズムと推定結果

ここでは，上に述べた BLP アルゴリズムと MPEC アルゴリズムを使用し，同じデータを用いた推定結果と計算時間の比較を試みる．

まず，BLP アルゴリズムでは，ステップ 1 として，正規分布より $\nu^0, \nu^1, \nu^2, \nu^3$ を無作為抽出し，(4.12) 式より数値計算上の市場シェアを計算する．そして，各 t ごとに初期値 $\delta_{tj}^{(0)} = 0.0$ とし，(4.20) 式より新しい $\delta_{tj}^{(k+1)}$ を更新する．（収束条件は，$\epsilon = 0.01$ とした．）収束した $T \times J = 1250$ 個の不動点を順番に縦に並べて $\boldsymbol{\delta}^*$ とする．次にステップ 2 として，独立変数を $\boldsymbol{X} = (\mathbf{1}, \boldsymbol{x}^1, \boldsymbol{x}^2, \boldsymbol{x}^3, -\boldsymbol{p})$ としてまとめる．ただし，$\boldsymbol{X}$ の各要素は $(TJ \times 1)$ ベクトルにしておく．同様に，操作変数ベクトルは $(TJ \times L)$ 行列として，$\boldsymbol{Z} = (\mathbf{1}, \boldsymbol{z}^1, \boldsymbol{z}^2, \boldsymbol{z}^3, \boldsymbol{z}^4, \boldsymbol{z}^5, \boldsymbol{z}^6, \boldsymbol{x}^1, \boldsymbol{x}^2, \boldsymbol{x}^3)$ とする（$L = 10$）．これらを用いて次のように制約付き最適化問題を定式化して，ソルバーで解く．

$$\min_{\boldsymbol{\theta}} \quad \boldsymbol{m}'\boldsymbol{W}\boldsymbol{m}$$

$$\text{subject to:} \quad m_\ell = \frac{1}{TJ}\sum_{q=1}^{TJ} Z_{q\ell}(\delta_q^* - \boldsymbol{X}_q\boldsymbol{\theta}), \quad \ell = 1, \ldots, L. \tag{4.32}$$

ただし，$\boldsymbol{m} = (m_1, \ldots, m_\ell)'$ であり，$Z_{q\ell}$ は $\boldsymbol{Z}$ の (q, ℓ) 番目の要素，δ_q^* は $\boldsymbol{\delta}^*$ の q 番目の要素，$\boldsymbol{X}_q$ は $\boldsymbol{X}$ の q 行目である．この最適化問題では，変数が $\boldsymbol{\theta}$ と $\boldsymbol{m}$ で，それぞれの数が 5 と 10 となり，制約式の数が 10 となっている．$\boldsymbol{W}$ は $\boldsymbol{Z}'\boldsymbol{Z}$ の逆行列とした．

次に，MPEC アルゴリズムでは，(4.16) 式を制約式とする必要がある（(4.25) 式を参照）．しかし，$\hat{\boldsymbol{s}}(\boldsymbol{\delta}, \hat{\boldsymbol{\mu}})$ をそのままソルバーで計算させるのは困難なため，市場シェアの「分母部分」はほぼ等しいものと仮定して，

$$\frac{1}{N}\sum_{n=1}^{N} \exp\left(\sum_{k=1}^{K} \bar{\beta}^k x_j^k - \alpha p_j + \xi_j + \hat{\mu}_{nj}\right) = \frac{S_j}{S_0} \tag{4.33}$$

を (4.16) 式の代わりに制約とする．そこで，$\hat{\mu}_{nj}$ を $(TJ \times N)$ 行列にしたものを $\hat{\boldsymbol{\mu}}$，その要素を $\hat{\boldsymbol{\mu}}_{nq}$ とし，S_{tj}/S_{t0} を縦に $(T \times J)$ 個並べたベクトルを $(\boldsymbol{S}/\boldsymbol{S_0})$，その要素を

$(\boldsymbol{S}/\boldsymbol{S_0})_q$ として，次のような制約付き最適化問題を定式化する．

$$\min_{\boldsymbol{\theta},\boldsymbol{\xi}} \quad \boldsymbol{m}'\boldsymbol{W}\boldsymbol{m}$$

$$\text{subject to:} \quad m_\ell = \frac{1}{TJ}\sum_{q=1}^{TJ} Z_{q\ell}\,\xi_q, \quad \ell = 1,\ldots,L,$$

$$\frac{1}{N}\sum_{n=1}^{N}\exp(\boldsymbol{X}_q\boldsymbol{\theta} + \xi_q + \hat{\boldsymbol{\mu}}_{nq}) - (\boldsymbol{S}/\boldsymbol{S_0})_q = 0, \quad q = 1,\ldots,TJ. \tag{4.34}$$

この最適化問題は，変数が $\boldsymbol{\theta}$，$\boldsymbol{m}$，$\boldsymbol{\xi}$（それぞれ，5 個，10 個，1250 個）となり，制約式が 2 つあって，それぞれの数が 10 と 1250 となっている．

上の設定のもとで，モンテカルロ・シミュレーションを行った．推定は，η と $(\sigma^0,\sigma^1,\sigma^2,\sigma^3)$ に設定する値によって次の 4 つのモデルに関して，それぞれのアルゴリズムに対して 100 回ずつデータを生成して行った．

Model I: $\eta = 0.1;\quad (\sigma^0,\sigma^1,\sigma^2,\sigma^3) = \left(\sqrt{0.1},\sqrt{0.1},\sqrt{0.1},\sqrt{0.1}\right);\quad N = 100,$
Model II: $\eta = 0.1;\quad (\sigma^0,\sigma^1,\sigma^2,\sigma^3) = \left(\sqrt{0.1},\sqrt{0.1},\sqrt{0.1},\sqrt{0.1}\right);\quad N = 20,$
Model III: $\eta = 1.0;\quad (\sigma^0,\sigma^1,\sigma^2,\sigma^3) = \left(\sqrt{0.5},\sqrt{0.5},\sqrt{0.5},\sqrt{0.5}\right);\quad N = 100,$
Model IV: $\eta = 1.0;\quad (\sigma^0,\sigma^1,\sigma^2,\sigma^3) = \left(\sqrt{0.5},\sqrt{0.5},\sqrt{0.5},\sqrt{0.5}\right);\quad N = 20.$

推定結果を表 4.1 に示した．

表 4.1 で，*Model I* と *Model II* は，ξ_{tj} と $(\beta_{tj}^0,\beta_{tj}^1,\beta_{tj}^2,\beta_{tj}^3)$ のバラつきが小さいケースである．これらのケースでは，BLP，MPEC とも，ほぼ真の値に近い推定値が出ている．*Model I* では無作為抽出の回数 N が 100，*Model II* では 20 であるが，それにより，両アルゴリズムにおいて *Model I* の計算時間がより長くかかった．$\boldsymbol{\delta}^*$ の収束回数に関しては大きな違いは見られなかった．一方，*Model III* と *Model IV* は，ξ_{tj} と $(\beta_{tj}^0,\beta_{tj}^1,\beta_{tj}^2,\beta_{tj}^3)$ のバラつきが大きいケースである．いずれのケースにおいても，BLP では（$\bar{\beta}^1$ を除いて）推定値は真の値に近い．これらのことより，BLP においては，N が 20 であってもほぼ満足する結果が出たと言える．一方，MPEC においては，両ケースとも真の値から大きく外れている．以上の実験結果を見る限り，BLP アルゴリズムを使えば，N を小さくし

表 4.1　BLP と MPEC の計算結果 [a]

Model	Algorithm	True values:	$\bar{\beta}^0$ **-1.0**	$\bar{\beta}^1$ **1.5**	$\bar{\beta}^2$ **1.5**	$\bar{\beta}^3$ **0.5**	α **3.0**	Mean Time (in sec.)	Mean of Iteration
Model I	BLP	Mean	-0.996	1.512	1.498	0.495	2.999	323.24	3.09
		Std. dev.	(0.070)	(0.049)	(0.053)	(0.040)	(0.036)		
	MPEC	Mean	-1.064	1.509	1.492	0.474	3.000	19.54	
		Std. dev.	(0.086)	(0.059)	(0.057)	(0.043)	(0.047)		
Model II	BLP	Mean	-0.998	1.511	1.498	0.505	2.994	63.46	3.11
		Std. dev.	(0.101)	(0.117)	(0.105)	(0.104)	(0.049)		
	MPEC	Mean	-1.086	1.499	1.486	0.490	2.983	4.41	
		Std. dev.	(0.128)	(0.132)	(0.117)	(0.102)	(0.063)		
Model III	BLP	Mean	-0.996	1.513	1.476	0.499	3.000	410.91	5.25
		Std. dev.	(0.485)	(0.282)	(0.282)	(0.193)	(0.275)		
	MPEC	Mean	-1.484	1.470	1.439	0.431	2.973	19.37	
		Std. dev.	(0.528)	(0.358)	(0.335)	(0.225)	(0.297)		
Model IV	BLP	Mean	-1.039	1.468	1.505	0.503	2.994	94.97	6.42
		Std. dev.	(0.533)	(0.408)	(0.404)	(0.306)	(0.310)		
	MPEC	Mean	-1.454	1.447	1.468	0.449	2.974	4.49	
		Std. dev.	(0.589)	(0.426)	(0.403)	(0.317)	(0.348)		

[a] データを 100 個生成して，それぞれのデータより推定値を得た．Mean，Std. dev は，それぞれ推定値の平均と標準偏差，Mean Time は平均計算時間，Mean of Iteration は内部ループの平均回数．

てもほぼ満足いく結果が得られることを示唆している[17] 一方，計算時間は MPEC を使うことで大幅に短縮される．

4.5　基本モデルの拡張

第 4.2 節では，所得や供給サイドなどを捨象した基本モデルによって，BLP モデルとその推定アルゴリズムについて説明した．しかし，実際の BLP モデル（フルモデル）は，そのような捨象した問題を含んでいる．そこで，この節では，基本モデルについて拡張を行う．

[17] ただし，このシミュレーションでは，(4.33) 式のように，市場シェアの分子部分だけの制約式を用いたことに留意する必要がある．MPEC の推定値が不正確なのは，このためであると考えられる．

4.5.1　所得効果と消費者の属性

所得効果

基本モデルの効用関数（(4.8) 式）には消費者の所得水準が入っていなかったが，実際の消費者の効用の中に消費者の特性の 1 つとして家計の所得を含めて考えることもできるだろう．特に，自動車のような財の場合，消費者固有の所得水準によって財の購入から得られる効用は変動することが考えられる（**所得効果 (income effect)**）．例えば，所得の上昇により社会的な地位が上昇した消費者は，大衆車よりも高級車を持つことより大きな効用を得られるだろう．すると，分析で設定する効用関数の中に所得の項を考える必要がある．

BLP は，次のような Cobb-Douglas 型効用関数を考えている．

$$U_{ij} = (y_i - p_j)^{\alpha} \exp\left(\sum_{k=1}^{K} \beta_i^k x_j^k + \xi_j\right) \exp(\varepsilon_{ij}). \tag{4.35}$$

この対数を $u_{ij} \equiv \ln(U_{ij})$ とすれば，対数効用は，

$$u_{ij} = \alpha \ln(y_i - p_j) + \sum_{k=1}^{K} \bar{\beta}^k x_j^k + \xi_j + \sum_{k=1}^{K} \sigma^k x_j^k \nu_j^k + \varepsilon_{ij} \tag{4.36}$$

となり，財を購入しないことによる対数効用は，

$$u_{i0} = \alpha \ln(y_i) + \xi_0 + \sigma^0 \nu_j^0 + \varepsilon_{i0} \tag{4.37}$$

となる．

この定式化で，$\ln(y_i - p_j)$ の項の係数 α は所得効果を表している．この項を，本書では**所得・価格項**と呼ぼう．所得効果は，BLP の分析における自動車などの財においては無視できないものであるが，Nevo (2000, 2001) のようにシリアル食品のような必需品を分析する場合は所得効果を含む設定はあまり好ましくない．後で説明するように，Nevo (2000, 2001) はこの所得・価格項を $(y_i - p_j)$ として，所得効果を含まないモデルを設定している．BLP の設定では，所得・価格項は市場シェアの中に残ってしまうが，Nevo (2000, 2001) の設定では，消去されることになる．これは，Nevo (2000, 2001) では，効用の中で所得と価格が加法的に分離されているためである．

消費者の所得水準 y_i は既存のデータより推定することができる．BLP は，Current Population Survey (CPS) の年データより，所得が平均 m_t，標準偏差 $\hat{\sigma}_y$ の対数正規分布にしたがうと仮定している．つまり，ν_i^y を標準正規分布にしたがう変数とすると，効用関数は，

$$u_{ij} = \alpha \ln\bigl(\exp(m_t + \hat{\sigma}_y \nu_i^y) - p_j\bigr) + \sum_{k=1}^{K} \bar{\beta}^k x_j^k + \xi_j + \sum_{k=1}^{K} \sigma^k x_j^k \nu_i^k + \varepsilon_{ij} \tag{4.38}$$

と書ける．この ν_i^y を追加して，あらためて $\boldsymbol{\nu}_i \equiv (\nu_i^y, \nu_i^1, \ldots, \nu_i^K)$ とすると，上の基本モデルと同様に，財 j の市場シェアは，

$$s_j(\boldsymbol{\delta}, \boldsymbol{\mu}) = \int_{\boldsymbol{\nu}} \frac{\exp(\delta_{ij} + \mu_{ij})}{1 + \sum_{j'=1}^{J} \exp(\delta_{ij'} + \mu_{ij'})} \, d\boldsymbol{F}(\boldsymbol{\nu}) \tag{4.39}$$

となり，数値計算上の市場シェアは，N 回サンプルを抽出することで

$$\hat{s}_j(\boldsymbol{\delta}, \hat{\boldsymbol{\mu}}) = \frac{1}{N} \sum_{n=1}^{N} \frac{\exp\left(\hat{\delta}_{nj} + \hat{\mu}_{nj}\right)}{1 + \sum_{j'=1}^{J} \exp\left(\hat{\delta}_{nj'} + \hat{\mu}_{nj'}\right)} \tag{4.40}$$

となる．ただし，$\delta_{ij} \equiv \alpha \ln\Bigl(\exp(m_t + \hat{\sigma}_y \nu_i^y) - p_j\Bigr) + \sum_{k=1}^{K} \bar{\beta}^k x_j^k + \xi_j$，$\hat{\delta}_{nj} \equiv \alpha \ln\Bigl(\exp(m_t + \hat{\sigma}_y \nu_n^y) - p_j\Bigr) + \sum_{k=1}^{K} \bar{\beta}^k x_j^k + \xi_j$ とする．このモデルの推定は，(4.40) 式を (4.12) 式の代わりに用いて行えばよい．

消費者の属性

一方，Nevo (2000, 2001) は，シリアル食品の分析として効用の中に消費者の属性変数を含んだモデルを考えている．ここで，**消費者の属性 (デモグラフィック)** とは，性別，年齢，学歴，職業などが考えられる．このようなデータは，人口統計などによって求めることができる．分析対象となる財の種類によっては，そのような消費者の属性によって財に対する嗜好が変化する場合が考えられ，このモデルはそのような状況をうまく扱うことができる．

そのような消費者の属性が N_d 個観察できるとして，消費者 i の属性ベクトルを

$(D_{i1}, \ldots, D_{i,N_d})$ で表そう．この変数は**観察可能な消費者の属性**であるのに対して，財の特性に対して発生する $(\nu_i^1, \ldots, \nu_i^K)$ は**観察不可能な消費者の属性**と考えることができる[18]．この 2 つの属性変数は，互いに独立であると仮定する．

ここでは，Nevo(2000, 2001) にならって，所得・価格項を $(y_i - p_j)$ としよう．すると，対数効用は，

$$u_{ij} = \alpha_i(y_i - p_j) + \sum_{k=1}^{K} \beta_i^k x_j^k + \xi_j + \varepsilon_{ij} \tag{4.41}$$

となる．ここで，β_i^k は，消費者の観察可能な属性と観察不可能な属性の両方を含んでいる．つまり，基本モデルのランダム係数 (4.9) 式は，次のように書きかえられる．

$$\beta_i^k = \bar{\beta}^k + \pi_1^k D_{i1} + \cdots + \pi_{N_d}^k D_{i,N_d} + \sigma^k \nu_i^k. \tag{4.42}$$

同様に，所得・価格項のパラメータ α_i もランダム係数として，

$$\alpha_i = \bar{\alpha} + \pi_1^\alpha D_{i1} + \cdots + \pi_{N_d}^\alpha D_{i,N_d} + \sigma^\alpha \nu_i^\alpha \tag{4.43}$$

と書ける．すると，推定すべきパラメータは次のような形にまとめて表すことができる．

$$\begin{bmatrix} \alpha_i \\ \beta_i^1 \\ \vdots \\ \beta_i^K \end{bmatrix} = \begin{bmatrix} \bar{\alpha} \\ \bar{\beta}^1 \\ \vdots \\ \bar{\beta}^K \end{bmatrix} + \begin{bmatrix} \pi_1^\alpha & \pi_2^\alpha & \cdots & \pi_{N_d}^\alpha \\ \pi_1^1 & \pi_2^1 & \cdots & \pi_{N_d}^1 \\ \vdots & \vdots & \ddots & \vdots \\ \pi_1^K & \pi_2^K & \cdots & \pi_{N_d}^K \end{bmatrix} \begin{bmatrix} D_{i1} \\ D_{i2} \\ \vdots \\ D_{i,N_d} \end{bmatrix} + \begin{bmatrix} \sigma^\alpha & 0 & \cdots & 0 \\ 0 & \sigma^1 & \cdots & 0 \\ \vdots & \vdots & \ddots & \vdots \\ 0 & 0 & \cdots & \sigma^K \end{bmatrix} \begin{bmatrix} \nu_i^\alpha \\ \nu_i^1 \\ \vdots \\ \nu_i^K \end{bmatrix}, \tag{4.44}$$

または，

$$\begin{bmatrix} \alpha_i \\ \boldsymbol{\beta}_i \end{bmatrix} = \begin{bmatrix} \bar{\alpha} \\ \bar{\boldsymbol{\beta}}_i \end{bmatrix} + \boldsymbol{\Pi} \boldsymbol{D}_i + \boldsymbol{\Sigma} \boldsymbol{\nu}_i. \tag{4.45}$$

[18] Nevo (2001) は，観察不可能な消費者の属性の例として「犬を飼っているかいないか」をあげている．

消費者 i が財 j を購入することで得られる効用は,

$$
\begin{aligned}
u_{ij} &= \alpha_i(y_i - p_j) + \sum_{k=1}^{K} \beta_i^k x_j^k + \xi_j + \varepsilon_{ij} \\
&= \alpha_i y_i + \sum_{k=1}^{K} \bar{\beta}^k x_j^k - \bar{\alpha} p_j + \xi_j - \left(\sum_{d=1}^{N_d} \pi_d^\alpha D_{id} + \sigma^\alpha \nu_j^\alpha \right) p_j \\
&\quad + \sum_{k=1}^{K} \left(\sum_{d=1}^{N_d} \pi_d^k D_{id} + \sigma^k \nu_j^k \right) x_j^k + \varepsilon_{ij} \\
&\equiv \alpha_i y_i + \delta_j + \tilde{\mu}_{ij} + \varepsilon_{ij}, \qquad \tilde{\mu}_{ij} \equiv \left[-p_j, x_j^1, \ldots, x_j^K \right] (\boldsymbol{\Pi}\, \boldsymbol{D}_i + \boldsymbol{\Sigma}\, \boldsymbol{\nu}_i)
\end{aligned}
\tag{4.46}
$$

となり，一方，消費者 i が何も購入しないときの効用は,

$$
u_{i0} = a_i y_i + \varepsilon_{i0} \tag{4.47}
$$

となる.

観察可能な消費者の属性が人口統計などのデータベースより確率分布を推定できるとして，その確率分布を $\boldsymbol{G}(\boldsymbol{D})$ とすれば，財 j の市場シェアは次のように計算できる.

$$
s_j = \int_{\boldsymbol{\nu}, \boldsymbol{D}} \frac{\exp(\delta_j + \tilde{\mu}_{ij})}{1 + \sum_{j'=1}^{J} \exp(\delta_{j'} + \tilde{\mu}_{ij'})}\, d\boldsymbol{F}(\boldsymbol{\nu})\, d\boldsymbol{G}(\boldsymbol{D}). \tag{4.48}
$$

この Nevo (2000, 2001) のモデルは所得効果を含んでいないので，市場シェアから $\alpha_i y_i$ が消去されていることに注意しよう[19]．このモデルでは，消費者間の嗜好の違いは D_{id} と ν_i^k を通じて市場シェアに影響を与える．このモデルを推定するには，上の基本モデルと同様に，$\boldsymbol{F}$ と $\boldsymbol{G}$ にしたがうサンプルを抽出し，(4.12) 式を計算して予測される市場シェアとすればよい.

---

[19] これは，下の関係より明らかである.

$$
\begin{aligned}
\mathrm{Prob}\{u_{ij} \geq u_{ij'}\} &= \mathrm{Prob}\{\alpha_i y_i + \delta_j + \tilde{\mu}_{ij} + \varepsilon_{ij} \geq \alpha_i y_i + \delta_{j'} + \tilde{\mu}_{ij'} + \varepsilon_{ij'}\} \\
&= \mathrm{Prob}\{\delta_j + \tilde{\mu}_{ij} + \varepsilon_{ij} \geq \delta_{j'} + \tilde{\mu}_{ij'} + \varepsilon_{ij'}\}.
\end{aligned}
$$

4.5.2 供給サイドの均衡

基本モデルは需要サイドのみを考え，需要関数の推定を行ったが，供給サイドの分析がなければ不十分である．なぜならば，寡占市場において企業は価格支配力を持っているので，その市場の均衡価格は各企業の費用構造とも関係しているからである．BLP は需要サイドだけでなく，供給サイドの均衡も考え，需要・供給を合わせたモデルを考えている．以下では，BLP にしたがって，供給サイドの推定を考えよう[20]．この供給サイドの推定で推定したいものは，企業の費用に関するパラメータである．一般に，企業の費用情報は観察できない情報であるため，価格や財の特性の観察できる情報より費用を推定することが目的となる．

企業 $f=1,\ldots,F$ が存在し，それぞれの企業が J 個の財のうちのいくつかを生産しているとしよう．企業 f が生産している財の集合を $\mathcal{J}_f$ で表す．限界生産費用は生産量にかかわらず一定であり，費用の特性の関数とする．費用の特性には**観察可能な費用の特性**と**観察不可能な費用の特性**があり，財 j に対してそれぞれ w_j と ω_j で表す．費用の特性に関して対数線形の限界費用関数を仮定すると，限界費用 mc_j は $\gamma^1,\ldots,\gamma^H$ をパラメータとして，

$$\ln(mc_j)=\gamma^1 w_j^1+\cdots+\gamma^H w_j^H+\omega_j \tag{4.49}$$

となる．(4.11) 式によって市場シェア $s_j=s_j(\boldsymbol{\delta},\boldsymbol{\mu})$ が決まるとすると，企業 f の利潤は，

$$\Pi_f=\sum_{j\in\mathcal{J}_f}(p_j-mc_j)Ms_j \tag{4.50}$$

となる．ただし，M を市場の消費者人口とする．ここで，各企業が自分の財の特性と他の企業の財の特性を観察して最適価格を決定するような**ベルトラン競争 (Bertrand competition)** を考えよう．すると，企業 f が財 j を生産するとき，その最適価格 p_j に関する 1 階の条件は，

$$s_j+\sum_{j'\in\mathcal{J}_f}(p_{j'}-mc_{j'})\frac{\partial s_{j'}}{\partial p_j}=0 \tag{4.51}$$

---

[20] Nevo (1998) の製品差別化市場における推測的変動 (conjectural variation) の議論も参照のこと．

となる．この条件は，行列・ベクトル表現で

$$\begin{bmatrix} s_1 \\ s_2 \\ \vdots \\ s_J \end{bmatrix} = \begin{bmatrix} \Lambda_{11} & \Lambda_{12} & \cdots & \Lambda_{1J} \\ \Lambda_{21} & \Lambda_{22} & \cdots & \Lambda_{2J} \\ \vdots & \vdots & \ddots & \vdots \\ \Lambda_{J1} & \Lambda_{J2} & \cdots & \Lambda_{JJ} \end{bmatrix} \begin{bmatrix} p_1 - mc_1 \\ p_2 - mc_2 \\ \vdots \\ p_J - mc_J \end{bmatrix}, \tag{4.52}$$

または，

$$\boldsymbol{s}(\boldsymbol{\delta}, \boldsymbol{\mu}) = \boldsymbol{\Lambda}(\boldsymbol{p} - \boldsymbol{mc}) \tag{4.53}$$

と書ける．ただし，

$$\Lambda_{jj'} = \begin{cases} \alpha s_j(1 - s_j) & \text{if} \;\; j = j', \\ -\alpha s_j s_{j'} & \text{if} \;\; j \neq j' \;\; \text{and} \;\; j, j' \in \mathcal{J}_f, \\ \;\; 0 & \text{otherwise.} \end{cases} \tag{4.54}$$

(4.49) 式を (4.53) 式に代入して，$\boldsymbol{\omega} \equiv (\omega_1, \ldots, \omega_J)'$ について解いたものを次のように書こう．

$$\boldsymbol{\omega}(\tilde{\boldsymbol{\theta}}) = \ln\Big(\boldsymbol{p} - \boldsymbol{\Lambda}^{-1} \; \boldsymbol{s}(\boldsymbol{\delta}, \boldsymbol{\mu})\Big) - \sum_{h=1}^{H} \gamma^h \boldsymbol{w}^h. \tag{4.55}$$

ただし，$\boldsymbol{w}^h \equiv (w_1^h, \ldots, w_J^h)'$．ここで，需要サイドのパラメータ $\boldsymbol{\theta}$ と供給サイドのパラメータ $(\gamma^1, \ldots, \gamma^H)$ をまとめて，$\tilde{\boldsymbol{\theta}} = (\bar{\beta}^1, \ldots, \bar{\beta}^K, \alpha, \sigma^1, \ldots, \sigma^K, \gamma^1, \ldots, \gamma^H)$ とし，$\boldsymbol{\omega}(\tilde{\boldsymbol{\theta}})$ を使ってパラメータ $\tilde{\boldsymbol{\theta}}$ を推定することを考える．

パラメータ $\tilde{\boldsymbol{\theta}}$ を推定する場合の問題点は，費用の特性と価格が明らかに相関しているということである．例えば，費用の特性が財のサイズや性能を含むとき，それは価格に反映されているはずである．すなわち，第 4.3.4 節で考えたように，この推定においては ω_j に関して直交条件を満たすような操作変数を考える必要がある．あらためて，操作変数ベクトルとして，ξ_{tj} に対して $(\hat{h}_{tj}^1, \ldots, \hat{h}_{tj}^{L_1})$，$\omega_{tj}$ に対して $(\tilde{h}_{tj}^1, \ldots, \tilde{h}_{tj}^{L_2})$ を考えよう．

すると，基本モデルの (4.26) 式は次のように書きかえられる．

$$\begin{aligned} \hat{m}_\ell\big(\boldsymbol{\xi}(\tilde{\boldsymbol{\theta}})\big) &\equiv \frac{1}{TJ} \sum_{t=1}^{T} \sum_{j=1}^{J} \; \xi_{tj}(\tilde{\boldsymbol{\theta}}) \cdot \hat{h}_{tj}^\ell, \qquad \ell = 1, \ldots, L_1, \\ \tilde{m}_\ell\big(\boldsymbol{\omega}(\tilde{\boldsymbol{\theta}})\big) &\equiv \frac{1}{TJ} \sum_{t=1}^{T} \sum_{j=1}^{J} \; \omega_{tj}(\tilde{\boldsymbol{\theta}}) \cdot \tilde{h}_{tj}^\ell, \qquad \ell = 1, \ldots, L_2. \end{aligned} \tag{4.56}$$

標本モーメントを，

$$\boldsymbol{m}\big(\boldsymbol{\xi}(\tilde{\boldsymbol{\theta}}),\boldsymbol{\omega}(\tilde{\boldsymbol{\theta}})\big)\equiv\Big(\hat{m}_1\big(\boldsymbol{\xi}(\tilde{\boldsymbol{\theta}})\big),\ldots,\hat{m}_{L_1}\big(\boldsymbol{\xi}(\tilde{\boldsymbol{\theta}})\big),\ \tilde{m}_1\big(\boldsymbol{\omega}(\tilde{\boldsymbol{\theta}})\big),\ldots,\tilde{m}_{L_2}\big(\boldsymbol{\omega}(\tilde{\boldsymbol{\theta}})\big)\Big)'$$

としよう（$((L_1+L_2)\times 1)$．そこで，これを用いて目的関数を作り，それを最小化するようなパラメータを求めればよい．MPEC の場合は，変数と制約式を加えて，

$$\min_{\tilde{\boldsymbol{\theta}},\boldsymbol{\xi},\boldsymbol{\omega}} \quad \boldsymbol{m}(\boldsymbol{\xi},\boldsymbol{\omega})'\boldsymbol{W}\,\boldsymbol{m}(\boldsymbol{\xi},\boldsymbol{\omega})$$

$$\begin{aligned}\text{subject to:}\quad & \hat{\boldsymbol{s}}(\boldsymbol{\delta},\hat{\boldsymbol{\mu}})=\boldsymbol{S},\\ & \xi_j=\delta_j-\textstyle\sum_{k=1}^K\bar{\beta}^k x_j^k+\alpha p_j,\quad j=1,\ldots,J,\\ & \hat{\mu}_{nj}=\textstyle\sum_{k=1}^K\sigma^k x_j^k\nu_n^k,\quad n=1,\ldots,N;\quad j=1,\ldots,J,\\ & \boldsymbol{\omega}=\ln\Big(\boldsymbol{p}-\boldsymbol{\Lambda}^{-1}\ \hat{\boldsymbol{s}}(\boldsymbol{\delta},\hat{\boldsymbol{\mu}})\Big)-\sum_{h=1}^H\gamma^h\boldsymbol{w}^h.\end{aligned} \tag{4.57}$$

となる．

なお，BLP では，需要サイドの ξ_j に対して 15 個，供給サイドの ω_j に対して 18 個の操作変数を用いている．

4.5.3 ネステッドロジット型モデル

ネストと IIA の回避

第 4.2 節で指摘したように，ロジット型モデルによる分析結果は代替パターンに関して大きな問題をもたらす．ある財の変化に対して他の財の間に比例的な代替パターンが生じるからである．これが，「無関係な選択対象からの独立性 (IIA)」によって生じるものであることはすでに指摘した．このような性質は，現実の経済分析に対してとても限定的な含意しかもたらさないので，この問題を解消する別の方法を考える必要がある．**ネステッドロジット型モデル (nested logit model)** は，財をいくつかのグループ（以下，ネスト **(nest)** と呼ぶ）に分け，「入れ子」的に推定を行うモデルである．以下では，まず，Train (2009) にしたがってネステッドロジット型モデルを考えよう．

製品差別化された多数の財があるとし，いくつかのネストに分ける．ここで，次の 2 つが満たされているとする．

- 同じネストに属する任意の2つの財に関してIIAが生じる．つまり，その2つの財の選択確率の比は他の財に対して独立に決定する．
- それぞれ異なるネストに属する任意の2つの財に関してはIIAが生じない．つまり，その2つの財の選択確率の比は他の財に対して独立ではない．

Train (2009) は，以下のような通勤手段の例を使っている．ある通勤者が通勤手段として，「自家用車」「相乗り」「バス」「電車」の4つの選択肢を考えている[21]．ここで問題は，この4つの選択肢のうち1つの選択肢が利用不可能となり削除されるとしたら，他の3つの選択肢が選択される確率はどのように上昇するだろうか，ということである．Train (2009) は，もっともらしい選択確率の変化を表4.2のように示している．

表4.2 通勤手段の代替パターン[a]

		削除された手段			
通勤手段	変化前	自家用車	相乗り	バス	電車
自動車	0.40	—	0.45 (+12.5%)	0.52 (+30%)	0.48 (+20%)
相乗り	0.10	0.20 (+100%)	—	0.13 (+30%)	0.12 (+20%)
バス	0.30	0.48 (+60%)	0.33 (+10%)	—	0.40 (+33%)
電車	0.20	0.32 (+60%)	0.22 (+10%)	0.35 (+70%)	—

[a] Train (2009), p.78 より作成.

ここで，{ 自動車，相乗り } のいずれかの財が削除されたときは，それ以外の財が同じ比率で変化しており，{ バス，電車 } のいずれかの財が削除されたときは，それ以外の財が同じ比率で変化している．つまり，自動車と相乗りは同じネストに含まれ，バスと電車は同じネストに含まれていると考えられる（図4.1）．

一般的に，ある選択肢 j が，ネスト $G_1, \ldots, G_L$ のいずれか1つに含まれるとき，個人 i がその選択肢を選ぶことにより効用 $u_{ij} = \delta_{ij} + \epsilon_{ij}$ が得られるとすれば，ネステッドロジット型モデルでは，$\boldsymbol{\epsilon}_i = (\epsilon_{ij}, \ldots, \epsilon_{iJ})$ は次のような分布にしたがう．

$$\exp\left(-\sum_{\ell=1}^{L}\left(\sum_{j \in G_\ell} \exp(-\epsilon_{ij}/\lambda_\ell)\right)^{\lambda_\ell}\right). \tag{4.58}$$

[21] ここで，「相乗り (carpooling)」とは，1台の車に複数の通勤者が乗り合わせて移動する手段である．

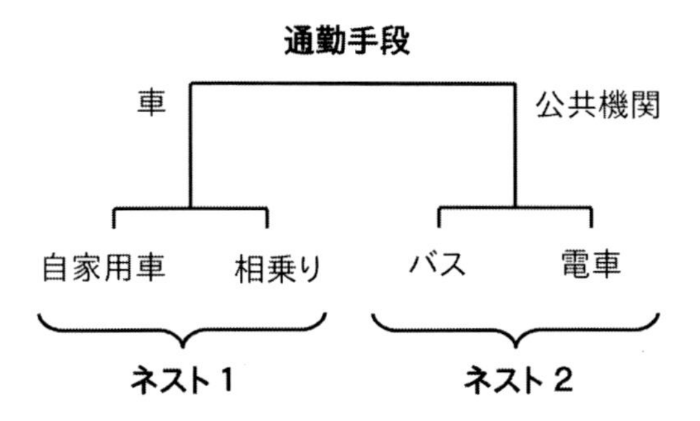

図 4.1　通勤手段とネスト．Train (2009), p.79 より作成．

ここで，λ_ℓ はネスト G_ℓ に含まれる財の間の相関の度合いを表すパラメータであり $(0 \leq \lambda_\ell \leq 1)$，$\sigma_\ell \equiv 1 - \lambda_\ell$ が 1 に近づくならば相関が大きいことを示す．ここでは，この σ_ℓ をネスト G_ℓ の**相関パラメータ (correlation within nest)** と呼ぼう．$\boldsymbol{\epsilon}_i$ がこの分布にしたがうとき，選択肢 j と j' が同じネスト G_ℓ に含まれるならば，その選択確率の比は，

$$\frac{P_{ij}}{P_{ij'}} = \frac{\exp(\delta_{ij}/\lambda_\ell)}{\exp(\delta_{ij'}/\lambda_\ell)}, \tag{4.59}$$

選択肢 j と j' がそれぞれ異なるネスト G_ℓ，$G_{\ell'}$ に含まれるならば，

$$\frac{P_{ij}}{P_{ij'}} = \frac{\exp(\delta_{ij}/\lambda_\ell)\left(\displaystyle\sum_{j \in G_\ell} \exp(\delta_{ij}/\lambda_\ell)\right)^{\lambda_\ell}}{\exp(\delta_{ij'}/\lambda_{\ell'})\left(\displaystyle\sum_{j' \in G_{\ell'}} \exp(\delta_{ij'}/\lambda_{\ell'})\right)^{\lambda_{\ell'}}} \tag{4.60}$$

となる．

BLP モデルへの適用

このネステッドロジット型モデルを，BLP モデルへ適用してみよう[22]．まず，消費者の嗜好が同質的なロジット型モデルの効用関数は (4.1) 式であった．いま，財 $j \in J$ が，高級車 (luxury) か大衆車 (popular) のいずれかに分類されるとし，それぞれのネストを G_L，G_P で表す．また，単純化のために，相関パラメータは各ネストで共通とし，σ で表そう．すると，ネステッドロジット型モデルでの効用関数は次のように定式化できる．

$$\begin{aligned} u_{ij} &= \sum_{k=1}^{K} \beta^k x_j^k - \alpha p_j + \xi_j + \sum_{g \in \{G_L, G_P\}} d_{jg}\zeta_{jg} + (1-\sigma)\varepsilon_{ij} \\ &\equiv \delta_j + \sum_{g \in \{G_L, G_P\}} d_{jg}\zeta_{jg} + (1-\sigma)\varepsilon_{ij}. \end{aligned} \tag{4.61}$$

ただし，$\delta_j \equiv \sum_{k=1}^{K} \beta^k x_j^k - \alpha p_j + \xi_j$ とする．d_{jg} はダミー変数であり，財 j がネスト g に含まれていたら 1，含まれていなければ 0 の値をとる．消費者 i は $u_{ij} \geq u_{ij'}$，$\forall j' \neq j$ ならば財 j を選んで購入するとすると，撹乱項 ε_{ij}，$j = 0, \ldots, J$ がそれぞれ独立にタイプ I 型極値分布 P にしたがうならば，ネスト g に含まれる財 j の g の中での市場シェア $s_{j/g}$ は，次のようになる．

$$s_{j/g} = \frac{\exp\Big(\delta_j/(1-\sigma)\Big)}{\sum_{j' \in g} \exp\Big(\delta_{j'}/(1-\sigma)\Big)}. \tag{4.62}$$

これを，**ネスト内市場シェア**と呼ぼう．また，ネスト g 全体の市場シェアは，

$$s_g = \frac{\left(\sum_{j \in g} \exp\Big(\delta_j/(1-\sigma)\Big)\right)^{1-\sigma}}{\sum_{g \in \{G_L, G_P\}} \left(\sum_{j' \in g} \exp\Big(\delta_{j'}/(1-\sigma)\Big)\right)^{1-\sigma}} \tag{4.63}$$

[22] 以下の説明は，Berry (1994) にしたがっている．

となる．ここで，ネスト g に含まれる財 j に対して

$$s_j = s_{j/g} \cdot s_g \tag{4.64}$$

という関係が成り立っている．また，財を購入しない消費者の割合は，

$$s_0 = \frac{1}{\displaystyle\sum_{g \in \{G_L, G_P\}} \left(\sum_{j' \in g} \exp\Big(\delta_{j'}/(1-\sigma)\Big) \right)^{1-\sigma}} \tag{4.65}$$

である．(4.62) 式より，$\sum_{j' \in g} \exp\Big(\delta_{j'}/(1-\sigma)\Big) = \exp\Big(\delta_j/(1-\sigma)\Big)\Big/s_{j/g}$ であるので，(4.63) 式と (4.65) 式より，任意の j に対して

$$\frac{s_g}{s_0} = \left(\frac{\exp\Big(\delta_j/(1-\sigma)\Big)}{s_{j/g}} \right)^{1-\sigma} \tag{4.66}$$

という関係が得られる．(4.64) 式より $s_j/s_0 = (s_g/s_0)\, s_{j/g}$ なので，その対数をとったものは，(4.66) 式の関係を用いれば，

$$\begin{aligned} \ln\left(\frac{s_j}{s_0}\right) &= \ln\left(\frac{s_g}{s_0}\right) + \ln(s_{j/g}) \\ &= \delta_j - (1-\sigma)\ln(s_{j/g}) + \ln(s_{j/g}) \\ &= \delta_j + \sigma \ln(s_{j/g}) \end{aligned} \tag{4.67}$$

となる．そこで，ネステッドロジット型モデルを推定するには，

$$\ln(s_j) - \ln(s_0) = \sum_{k=1}^{K} \beta^k x_j^k - \alpha p_j + \sigma \ln(s_{j/g}) + \xi_j \tag{4.68}$$

を推定式としてパラメータ $\beta^1, \ldots, \beta^K, \alpha, \sigma$ を推定すればよい．

この推定式における問題は，価格 p_j のみならず，ネスト内市場シェアの対数値 $\ln(s_{j/g})$ も内生変数であるということである．なぜならば，ネスト内市場シェアは財 j の市場シェアによって変化し，それはまた ξ_j と相関しているはずだからである．このことより，この推定を OLS で行うのは適切ではない．したがって，価格と同様に，ネスト内市場シェアに関しても $E[\xi_j|z_j] = 0$ かつ $E[s_{j/g}|z_j] \neq 0$ となるような操作変数 z_j を考えて用いなければならない．

なお，このモデルでの，ネスト g に含まれる財 j の自己価格弾力性は，

$$\eta_{jj} = \frac{\alpha}{1-\sigma} p_j - \frac{\alpha}{1-\sigma} s_{j/g} p_j + \alpha(1-s_g) s_{j/g} p_j, \quad j \in g \tag{4.69}$$

となる．また，財 j，j' が同じネスト g に含まれる場合，財 j の価格 $p_{j'}$ に対する交差価格弾力性は，

$$\eta_{jj'} = -\frac{\alpha}{1-\sigma} s_{j/g} p_j + \alpha(1-s_g) s_{j/g} p_j, \quad j, j' \in g \tag{4.70}$$

となり，財 j のみがネスト g に含まれる場合の財 j の価格 $p_{j'}$ に対する交差価格弾力性は，

$$\eta_{jj'} = -\alpha\, s_g\, s_{j/g}\, p_j, \quad j \in g,\ j' \notin g \tag{4.71}$$

となる．

4.6 経済分野の応用例

以上，BLP モデルについて説明した．以下では，このモデルを使った経済分野の応用例として，3 つの分析を概説する．その分析とは，BLP 自身の実証分析，消費者の属性を含むモデルとして Nevo (2001)，ネステッドロジット型モデルとして Kusuda (2016) を考える．理解を助けるために，表 4.3 に以下で説明する各モデルの設定をまとめておく．

表 4.3 各モデルの分類 [a]

	Random Variables	Income Effect	Consumer Attributes	Supply-Side	Nested-Logit
BLP					
Logit Model (OLS/IV)		✓			
Full Model	✓	✓		✓	
Nevo (2001)					
Logit Model			✓	✓	
Full Model	✓		✓	✓	
Kusuda (2016)					✓

[a] モデルの種類は，左からランダム係数，所得効果，消費者の属性，供給サイド，ネステッドロジット型を表す．ランダム係数モデルでないものはロジット型モデルである．

4.6.1 BLP のアメリカ自動車市場モデル

BLP の分析を見る前に，そこで使われているモデルについてまとめよう．そのモデルとは，所得効果（第 4.5.1 節）を想定し，供給サイドの特性（第 4.5.2 節）を含むランダム係数モデルである（表 4.3 参照）．ここでは，このモデルを BLP のフルモデル **(full model)** と呼ぶことにしよう．BLP のフルモデルの対数効用関数と供給サイドの 1 階の条件を再掲すると，

$$u_{ij} = \alpha \ln(y_i - p_j) + \sum_{k=1}^{K} \bar{\beta}^k x_j^k + \xi_j + \sum_{k=1}^{K} \sigma^k x_j^k \nu_j^k + \varepsilon_{ij}, \tag{4.72}$$

$$s_j + \sum_{j' \in \mathcal{J}_f} \left(p_{j'} - \exp\left(\sum_{h=1}^{H} \gamma^h w_j^h + \omega_j \right) \right) \frac{\partial s_{j'}}{\partial p_j} = 0 \tag{4.73}$$

である $(j = 1, \ldots, J)$．観察されるデータは，財の特性 (x_j^k)，財の価格 (p_j)，費用の特性 (w_j^h)，市場シェア (s_j) であり，推定したいパラメータは，$\bar{\beta}^k$，σ^k，α，γ^h となる．

データ

BLP のアメリカ自動車市場の研究は，以下のとおりである．まず，財の特性として，自動車の特性を *Automotive News Market Data Book* から得ている．その特性とは，

1. 気筒数 (number of cylinders)
2. ドア数 (number of doors)
3. 重量 (weight)
4. 排気量 (engine displacement)
5. 馬力 (horsepower)
6. 車体全長 (length)
7. 車体全幅 (width)
8. ホイールベース (wheelbase)
9. 燃費 (EPA miles per gallon rating, MPG)[23]

[23] 燃費はアメリカ環境保護庁 (EPA) が調査して算出している．

10. 前輪駆動車 (whether the car has front wheel drive)
11. オートマチックトランスミッション (automatic transmission)
12. パワーステアリング (power steering)
13. エアコン標準装備 (air conditioning as standard equipment)

である．ただし，この 10 から 13 まではダミー変数である．このうち実際に用いられたのは，3，5，6，7，9，13 であり，表 4.4 のように財の特性と費用の特性の変数を作成している[24]．

表 4.4 BLP モデルの変数 [a]

財の特性（x_j^k）	
HP/Weight	重量あたりの馬力 = 馬力 / 重量
Air	エアコン標準装備の有無（ダミー変数）
MP$	1 ドルあたりのマイル数 = 燃費 (MPG) / ガソリン価格
Size	車体サイズ = 車体全長 × 車体全幅
費用の特性（w_j^h）	
ln(***HP/Weight***)	重量あたりの馬力 (= 馬力 / 重量) の対数値
Air	エアコン標準装備の有無（ダミー変数）
ln(***MPG***)	燃費（ガソリン 1 ガロンあたりのマイル数）の対数値
ln(***Size***)	車体サイズ (= 車体全長 × 車体全幅) の対数値
Trend	技術革新や政府の規制など
ln(***q***)	（オプション）販売台数の対数値

[a] Berry et al. (1995) より作成.

ここで，燃費に関しては，財の特性としては ***MP$*** が使われている．これは，ガソリン価格で調整された値である．ガソリン価格は，アメリカ商務省 *Business Statistics*, 1961-1988 より入手している．一方，費用の特性としての燃費は価格とは無関係なので，***MP$*** の代わりに ***MPG*** が使われている．費用の特性のうち，***HP/Weight***，***MPG***，***Size*** は対数値に変換されているが，これはこれらの変数が限界費用の弾力性と見なされているためである．また，***Trend*** は，技術革新や政府の規制などの変化などである．

[24] ここでは，変数を斜体太字で表す．

一方，自動車価格は $\boldsymbol{Price}$ であり，1983 年の表示価格を用いて消費者物価指数で調整している．市場サイズは，*Statistical Abstract of the U.S.* より入手した全米の世帯数を用いており，所得水準は，*Current Population Surveys* と *Consumer Reports* より推定されている．また，販売台数は登録台数にもとづき，「フリート販売」（レンタカー会社向けの販売）は含んでいない．

データは，1971 年から 1990 年までの 20 年間で，サンプルサイズは 2217 となったが，同じ名前かどうか，また特徴が 10% 以上変化したかどうかによって，同一のモデルの条件を設けるとサンプルサイズは 997 となる．

操作変数

BLP で用いられた操作変数は，112 ページで示した 3 つの項が考えられている．例えば，財の特性として自動車のサイズを考えるとすると，財 j の操作変数は，「その財 j のサイズ」「財 j を生産している企業の他の自動車のサイズの合計」「ライバル企業の生産する自動車のサイズの合計」の 3 つとなる[25]．需要サイドの操作変数として，この 3 つを表 4.4 の財の特性に定数項を加えた 5 つの変数に適用するので $3 \times 5 = 15$ 個となる．一方，供給サイドの操作変数としては，この 3 つを表 4.4 の（$\ln(\boldsymbol{q})$ をのぞく）費用の特性に定数項を加えた 6 つの変数に適用した上で，$\boldsymbol{MP\$}$ を加えた 19 個を用いたとしている．

推定結果

BLP は，フルモデルの推定の前に，「ロジット型モデル (OLS Logit)」「操作変数を用いたロジット型モデル (IV Logit)」「供給サイドの OLS モデル」の 3 つのモデルを推定している．ロジット型モデル (OLS/IV) の推定式は，

$$
\begin{aligned}
\ln(s_j) - \ln(s_0) =& \beta_0 + \beta_1(\boldsymbol{HP/Weight})_j + \beta_2\boldsymbol{Air}_j + \beta_3\boldsymbol{MP\$}_j + \beta_4\boldsymbol{Size}_j \\
&+ \beta_5\boldsymbol{Trend}_j + \alpha\boldsymbol{Price}_j + \xi_j
\end{aligned}
\tag{4.74}
$$

25（操作変数同士の積などの）2 次以上の変数も考慮したが，多重共線性の問題により却下したとしている．

であり，上の第4.2.1節の(4.5)式と同じものである[26]．一方，供給サイドの推定式は，価格の対数値を費用の特性に回帰したもので，

$$\begin{aligned}\ln(\boldsymbol{Price}_j) =& \gamma_0 + \gamma_1 \ln\big((\boldsymbol{HP/Weight})_j\big) + \gamma_2 \boldsymbol{Air}_j + \gamma_3 \ln(\boldsymbol{MPG}_j) \\ &+ \gamma_4 \ln(\boldsymbol{Size}_j) + \gamma_5 \boldsymbol{Trend}_j + \omega_j\end{aligned} \tag{4.75}$$

となる．これらの結果は，表4.5のようになっている．ここで，1列目のロジット型モデルと2列目の操作変数を用いたロジット型モデルを比較すると，定数項と $\boldsymbol{Size}$ 以外では明確な違いが見られる．このうち，$\boldsymbol{HP/Weight}$ と $\boldsymbol{Air}$ は，操作変数によって符号が改善されている．（これらの特性は，おそらく市場シェアを押し上げるはずである．）価格 $\boldsymbol{Price}$ に関しては，操作変数がなければ（絶対値の意味で）過小評価されている．つまり，価格の内生性（この場合は価格と誤差項の正の相関）が確認できる．これは，より性能の高い自動車であれば企業はより高い価格を設定できるからである（3列目の結果より）．

フルモデルの結果は，表4.6のように報告されている．ここで，1列目と2列目は $\ln(\boldsymbol{q})$ を含むモデルであり，3列目と4列目は含まないモデルである．費用の特性に関して，ロジット型モデル（表4.5の3列目）とフルモデル（表4.6の1列目）を比較すると，定数項と $\boldsymbol{Size}$ で大きな違いが見られる．BLPの説明によると，これは，ロジット型モデルが価格を費用の特性に回帰したものであるのに対し，フルモデルが価格からマークアップを引いた対数値を回帰したものであることによる（(4.55)式を参照）．また，このモデルでは，規模に対する収穫一定が仮定されているが，$\boldsymbol{MPG}$ と $\boldsymbol{Size}$ は自動車の販売数と正の相関を持つことが推測される．したがって，この2つの係数は過小評価されている．BLPは，コントロール変数として $\ln(\boldsymbol{q})$ を含むモデルも推定し，表4.6の3列目と4列目に結果を示している．これにより，この2つの係数の値は改善されているようである．

財の特性の結果を見ると，$\boldsymbol{Air}$ と $\boldsymbol{Size}$ の係数はロジット型モデルと比較して大きな値となっている．全体として，それぞれの係数は，$\bar{\beta}_j^k$ と σ_j^k の少なくともいずれか一方において正の効果を持っている．

最後に，表4.7にBLPが計算した財の特性と価格に関する需要の自己弾力性を示す．（ランダム係数モデルの自己価格弾力性と交差価格弾力性は，それぞれ(4.13)式と(4.14)式によって計算できる．）それぞれの車種ごとに，財の特性および価格の値（上段）と自己弾力性（下段）が示されている．ここでは，自己価格弾力性（最後の列）のみに注目す

[26] ただし，ここでは価格の係数 α は負の値をとる．

表 4.5 BLP の推定結果 (ロジット型モデル)[a]

Variable	OLS Logit Demand	IV Logit Demand	OLS ln(*price*) on *w*
Constant	-10.068	-9.273	1.882
	(0.253)	(0.493)	(0.119)
HP/Weight***	-0.121	1.965	0.520
	(0.277)	(0.909)	(0.035)
Air	-0.035	1.289	0.680
	(0.073)	(0.248)	(0.019)
MP$	0.263	0.052	—
	(0.043)	(0.086)	
MPG***	—	—	-0.471
			(0.049)
Size***	2.341	2.355	0.125
	(0.125)	(0.247)	(0.063)
Trend	—	—	0.013
			(0.002)
Price	-0.089	-0.216	—
	(0.004)	(0.123)	
No. Inelastic Demands	1494	22	*n.a.*
(+/− 2 *s.e.'s*)	(1429-1617)	(7-101)	
R^2	0.387	*n.a.*	0.656

[a] Berry et al. (1995), p. 873, TABLE III を引用．左から，ロジット型モデル，操作変数を用いたロジット型モデル，供給サイドの回帰モデルの結果を表す．括弧の数値は標準誤差．* がついている変数は，3 列目の推定のみで対数値．

ると，小型車である Mazda323 や Sentra は高い価格弾力性を持っているのに対し，大型車である LS400 や BMW735i は低い価格弾力性を持っている．ここで，財の特徴（大型車または小型車）によってはっきりとした違いを確認することができるので，ランダム係数モデルによってよりもっともらしい結果が得られたことがわかる．

表 4.6 BLP の推定結果 (フルモデル)[a]

	Variable	Parameter Estimate	Standard Error	Parameter Estimate	Standard Error
Demand Side Parameters					
$\bar{\beta}^k$:	Constant	-7.061	0.941	-7.304	0.746
	HP/Weight	2.883	2.019	2.185	0.896
	Air	1.521	0.891	0.579	0.632
	MP$	-0.122	0.320	-0.049	0.164
	Size	3.460	0.610	2.604	0.285
σ^k:	Constant	3.612	1.485	2.009	1.017
	HP/Weight	4.628	1.885	1.586	1.186
	Air	1.818	1.695	1.215	1.149
	MP$	1.050	0.272	0.670	0.168
	Size	2.056	0.585	1.510	0.297
α:	$\ln(y-p)$	43.501	6.427	23.710	4.079
Cost Side Parameters					
γ^h:	Constant	0.952	0.194	0.726	0.285
	ln(***HP/Weight***)	0.477	0.056	0.313	0.071
	Air	0.619	0.038	0.290	0.052
	ln(***MPG***)	-0.415	0.055	0.293	0.091
	ln(***Size***)	-0.046	0.081	1.499	0.139
	Trend	0.019	0.002	0.026	0.004
	ln(***q***)			-0.387	0.029

[a] Berry et al. (1995), p. 876, TABLE IV を引用（一部の記号を追加・変更）.

4.6.2 Nevo (2001) のシリアル食品モデル

Nevo (2001) は，朝食用 (Ready-to-Eat, RTE) のシリアルのデータを用いた，消費者の属性を含むランダム係数モデルの代表的な研究分析である．また，Nevo (2000) とその付録は，その需要サイドの分析のみ，より簡潔に説明した BLP モデルのためのガイドとして参考にされている．シリアル産業は，高い集中度，高いマージン，高い売上高広告比率によって特徴付けられる産業であり，製品差別化市場の分析例として適切であると言え

表 4.7 BLP の推定結果（需要の自己弾力性）[a]

Model	*HP/Weight*	*Air*	*MP$*	*Size*	*Price*
Mazda323	0.366	0.000	3.645	1.075	5.049
	0.458	0.000	1.010	1.338	6.358
Sentra	0.391	0.000	3.645	1.092	5.661
	0.440	0.000	0.905	1.194	6.528
Escort	0.401	0.000	4.022	1.116	5.663
	0.449	0.000	1.132	1.176	6.031
Cavalier	0.385	0.000	3.142	1.179	5.797
	0.423	0.000	0.524	1.360	6.433
Accord	0.457	0.000	3.016	1.255	9.292
	0.282	0.000	0.126	0.873	4.798
Taurus	0.304	0.000	2.262	1.334	9.671
	0.180	0.000	-0.139	1.304	4.220
Century	0.387	1.000	2.890	1.312	10.138
	0.326	0.701	0.077	1.123	6.755
Maxima	0.518	1.000	2.513	1.300	13.695
	0.322	0.396	-0.136	0.932	4.845
Legend	0.510	1.000	2.388	1.292	18.944
	0.167	0.237	-0.070	0.596	4.134
TownCar	0.373	1.000	2.136	1.720	21.412
	0.089	0.211	-0.122	0.883	4.320
Seville	0.517	1.000	2.011	1.374	24.353
	0.092	0.116	-0.053	0.416	3.973
LS400	0.665	1.000	2.262	1.410	27.544
	0.073	0.037	-0.007	0.149	3.085
BMW735i	0.542	1.000	1.885	1.403	37.490
	0.061	0.011	-0.016	0.174	3.515

[a] Berry et al. (1995), p. 879, TABLE V を引用.

る．Nevo (2001) はランダム係数モデルを使って，価格費用マージン (price-cost margin, PCM) を推定している．ここで，Nevo の**フルモデル (full model)** は，消費者の属性（第 4.5.1 節）と供給サイドの特性（第 4.5.2 節）を含むランダム係数モデルである．（表

4.3 を参照.）このフルモデルで用いられる効用関数は，市場 t に対して，

$$u_{tij} = \delta_{tj} + \tilde{\mu}_{tij} + \varepsilon_{tij},$$
$$\delta_{tj} \equiv \sum_{k=1}^{K} \bar{\beta}^k x_j^k - \alpha p_{tj} + \xi_j + \Delta\xi_{tj}, \quad \tilde{\mu}_{tij} \equiv \left[p_{tj}, x_j^1, \ldots, x_j^K\right] (\mathbf{\Pi}\, \boldsymbol{D}_i + \mathbf{\Sigma}\, \boldsymbol{\nu}_i) \tag{4.76}$$

である．ただし，ここで追加されている $\Delta\xi_{tj}$ は，市場固有の観察不可能な財の特性である．もし，推定の中でブランドダミー変数を使うとすれば，それは $\sum_{k=1}^{K} \bar{\beta}^k x_j^k + \xi_j$ と同じ意味となる．（このモデルでは，財は特性の組み合わせで表現されている．）したがって，その場合は ξ_j の代わりに $\Delta\xi_{tj}$ を使うことになる．

データ

データは，25 ブランドの市場シェア，価格，財の特性，広告量，および消費者の属性である．期間は 1988 年から 1992 年までの四半期であり，市場の数は最大 65 である（期間中に増えている）．市場シェアと価格はコネチカット大学の *IRI Infoscan Data Base* より入手している．推定に用いられた変数を，表 4.8 にまとめた．なお，消費者の属性は，*Current Population Survey* から入手し，観察不可能な属性は標準正規分布にしたがうとし，40 回サンプルをとっている（$N = 40$）．

操作変数としては，BLP のような財の特性は，市場や期間においてほとんど変動がないのでこの場合には適さない．ここで，適切な操作変数とは，価格の変動を限界費用によるものと，観察不可能なものの 2 つに分けるようなものである．そこで，市場固有の変動が他の市場からは独立であると仮定して，他の市場の価格（実際には「広域地域の価格の平均」）を 1 つの操作変数として選択している．もう 1 つの操作変数として，限界費用を考えており，生産費用，パッケージ費用，配送費用の 3 つのうち，配送費用を採用している．この変数は，市場の密度やスーパーマーケットの売上などと関連しているので，「地域ダミー変数」で代用可能である．さらに，「ブランドダミー変数」も操作変数の 1 つに加えている．

推定結果

Nevo (2001) は，BLP と同様に，フルモデルの前にロジット型モデルを検証している

表 4.8 Nevo モデルの変数 [a]

財の特性（x_j^k）	
Cal from Fat	脂質によるカロリー
Sugar	糖質
Mushy	牛乳でふやかせるタイプ（ダミー変数）
Fiber	繊維質
All-family	一般向け
Kids	子供向け
Adults	大人向け
消費者の属性（D_{id}）	
Income	所得水準
Income Sq	所得水準の 2 乗
Age	年齢
Child	16 歳未満（ダミー変数）
その他の変数	
Advertising	広告量

[a] Nevo (2001) より作成.

（ここではその結果は省略する）．ロジット型モデルでは，10 パターンの推定式を考え，説明変数にブランドダミー変数を用いる場合や用いない場合，また，上にあげた 3 つの操作変数のいずれかを使った場合を比較している．

フルモデルの結果は，表 4.9 のように示されている．定数項，価格（***Price***），財の特性（***Cal from Fat***，***Sugar***，***Mushy***，***Fiber***）の他に，***Advertising***，***All-family***，***Kids***，***Adults*** が変数に含まれている．表 4.9 によると，全ての結果が予測されるもので満足のいく結果となっている．

4.6.3 日本のビール類飲料モデル

最後に，ネステッドロジット型モデルの推定例として，Kusuda (2016) の日本のビール類飲料モデルを見てみよう．この研究では，日本のビール類飲料の 3 つのカテゴリーのそれぞれをネストとして，2005 年と 2006 年の価格・販売量データを用いて 2006 年 5 月に

表 4.9　Nevo の推定結果 (フルモデル)[a]

	Means	Standard Deviations	Interactions with Demographic Variables:			
Variable	(β's)	(σ's)	Income	Income Sq	Age	Child
Price	-27.198	2.453	315.894	-18.200	—	7.634
	(5.248)	(2.978)	(110.385)	(5.914)		(2.238)
Advertising	0.020	—	—	—	—	—
	(0.005)					
Constant	-3.592	0.330	5.482	—	0.204	—
	(0.138)	(0.609)	(1.504)		(0.341)	
Cal from Fat	1.146	1.624	—	—	—	—
	(0.128)	(2.809)				
Sugar	5.742	1.661	-24.931	—	5.105	—
	(0.581)	(5.866)	(9.167)		(3.418)	
Mushy	-0.565	0.244	1.265	—	0.809	—
	(0.052)	(0.623)	(0.737)		(0.385)	
Fiber	1.627	0.195	—	—	—	-0.110
	(0.263)	(3.541)				(0.0513)
All-family	0.781	0.1330	—	—	—	
	(0.075)	(1.365)				
Kids	1.021	2.031	—	—	—	
	(0.168)	(0.448)				
Adults	1.972	0.247	—	—	—	
	(0.186)	(1.636)				
GMM Objective						
(degrees of freedom)			5.05(8)			
MD χ^2			3472.3			
% of Price Coefficients>0			0.7			

[a] Nevo (2001), p. 327, TABLE VI を引用.

施行された酒税法の改正の影響を需要の価格弾力性によって分析した．言うまでもなく，日本のビール類市場は，アサヒ，キリン，サッポロ，サントリーの 4 社による典型的な寡占市場であり，ビール類飲料は製品差別化された財と言える．

日本のビール類飲料は，「ビール」「発泡酒」「第 3 のビール」の 3 種類に分類される．このうち，本来の“ビール”は最初の財のみで，残りの 2 つは日本のビール会社が開発した別の飲料であり，厳密にはビールとは区別されるものである．発泡酒とは，ビールの原料である麦芽（モルツ）の比率が低い飲料である．これは，日本の税制ではビールに課税される税率が麦芽比率を基準に決められているためであり，より税率の低い飲料として生まれたという経緯がある．さらに，発泡酒に対する税率が改正されると，第 3 のビールが登場した．これは原料に麦芽を使用しない飲料である．このような理由で，ビール，発泡酒，第 3 のビールの価格はかなり異なる．

このような市場は，第 4.5.3 節で説明したネステッドロジット型モデルとして分析するのが好ましい．ビール，発泡酒，第 3 のビールのネストを $G \equiv \{G_B, G_H, G_T\}$ としよう．消費者の効用関数は，

$$u_{ij} = \alpha p_j + \sum_{k=1}^{K} \beta^k x_j^k + \xi_j + \sum_{g \in G} d_{jg} \zeta_{jg} + (1-\sigma)\varepsilon_{ij} \tag{4.77}$$

となり，推定式は

$$\ln(s_j) - \ln(s_0) = \alpha p_j + \sum_{k=1}^{K} \beta^k x_j^k + \sigma \ln(s_{j/g}) + \xi_j \tag{4.78}$$

となる．なお，Nevo (2001) と同様に，このモデルでは所得効果は無視している．

データは，日経 NEEDS より入手し，2005 年 5 月 30 日から 2005 年 11 月 6 日までの 23 週と，2006 年 5 月 29 日から 2006 年 11 月 5 日までの 23 週の 171 のビール類飲料を用いた．また，全国を 10 地域に分け，週・地域を「市場」と見なした．推定は，OLS と操作変数法（2 段階 OLS）で行った．財の特性としては，各商品の成分表示より，表 4.10 の候補をまず選んだ[27]．ただし，これらの財の特性の間の多重共線性に考慮する必要があるので，他の特性と相関が強い ***Calories***，***Alcohol***，***Protein*** を排除した[28]．

第 4.5.3 節で指摘したように，(4.78) 式の中で，価格 p_j とネスト内市場シェア $\ln(s_{j/g})$ はそれぞれ誤差項 ξ_j と相関していることを考えなければならない．そのための操作変数として，価格に対しては「財の他の地域の平均価格」を，ネスト内市場シェアに対しては「財のネスト内の価格シェア」または「財の特性」を用いた．

表 4.11 に 2005 年のみ推定結果を示す．ここで，推定結果は OLS と異なる操作変数による IV による結果である．IV(3) のみ，財の特性の代わりにブランドダミー変数と

[27] この他の成分として脂質とナトリウムがあるが，ほとんど全ての商品で表示上 0 g であった．

[28] 例えば，***Calories*** と ***Sugar*** の相関係数は 0.9143 となった．

表 4.10 Kusuda (2016) の変数 [a]

財の特性 (x_j^k)	
Color	黒ビール（ダミー変数）
Non-draught	生ビール（ダミー変数）
Alcohol	アルコール分（%）
Calories	カロリー（kcal，100 ミリリットルあたり）
Protein	たんぱく質（g，100 ミリリットルあたり）
Sugar	糖質（g，100 ミリリットルあたり）
Fiber	食物繊維（g，100 ミリリットルあたり）
Purine	プリン体（mg，100 ミリリットルあたり）
その他の変数	
Temperature	地域ごとの平均気温
Humidity	地域ごとの平均湿度

[a] Kusuda (2016) より作成．

Temperature，***Humidity*** を用いた．まず，価格 ***Price*** の係数を見ると，OLS より全ての IV の場合において（絶対値の意味で）大きくなっている．また，ネスト内シェア $\ln(s_{j/g})$ の係数は，IV(1) のみ（絶対値の意味で）OLS より小さく，下方修正されている．全体として，IV(1) の結果が好ましい結果となった．Kusuda (2016) では，さらに，各ブランドの自己価格弾力性と交差価格弾力性の計算しており，2005 年の税制改正により，それらの弾力性が下落し，消費者のネスト間の移動が緩慢になったことを示唆している．

4.7 おわりに

この章では，BLP モデルを中心に静的離散選択モデルを説明した．ここで説明したことは，静的離散選択モデルのごく一部であり，ごく基本的な内容である．本書ではレビューすることは避けたが，構造推定の研究の中で BLP モデルを用いた実証研究は膨大なものがあり，さらに，この分野に関する実証研究はさらに発展の可能性がある．特に，産業政策の効果に関する実証研究として，現実の政策に対して重要な示唆を与えることができるであろう[29]．今後ともこの分野の研究の展開に期待したい．

[29] 例えば，BLP の 3 人の執筆者自身の実証研究として Berry et al. (1999) がある．

表 4.11 ビール市場の推定 (2005)[a]

	OLS	IV(1)	IV(2)	IV(3)
Price	-0.001124 *	-0.009230 ***	-0.001408 *	-0.082731 ***
	(0.0005)	(0.0011)	(0.0006)	(0.0017)
$\ln(s_{j/g})$	0.946589 ***	0.663184 ***	0.881453 ***	-1.082086
	(0.0077)	(0.0268)	(0.0121)	(0.5530)
Color	-0.035938	0.270784 ***	-0.079902	
	(0.0481)	(0.0689)	(0.0519)	
Non-draught	-0.065644 *	-0.391922 ***	-0.150108 ***	
	(0.0334)	(0.0472)	(0.0352)	
Sugar	-0.080329 ***	-0.149363 ***	-0.083169 ***	
	(0.0126)	(0.0163)	(0.0131)	
Fiber	0.374016	-4.378910 ***	-0.094798	
	(0.3219)	(0.6195)	(0.3778)	
Purine	0.005343	0.123423 ***	0.007078	
	(0.0082)	(0.0166)	(0.0100)	
Asahi	3.418299 ***	4.578943 ***	3.390617 ***	
	(0.1519)	(0.2225)	(0.1639)	
Kirin	3.293008 ***	4.365548 ***	3.238853 ***	
	(0.1509)	(0.2173)	(0.1623)	
Sapporo	3.209192 ***	4.304541 ***	3.141631 ***	
	(0.1564)	(0.2249)	(0.1682)	
Suntory	3.129668 ***	3.891098 ***	2.996117 ***	
	(0.1506)	(0.2021)	(0.1594)	
Temperature	0.032715 ***	0.031380 ***	0.032029 ***	0.028827 ***
	(0.0019)	(0.0022)	(0.0019)	(0.0047)
Humidity	-0.013324 ***	-0.014893 ***	-0.013267 ***	-0.030786 ***
	(0.0017)	(0.0019)	(0.0017)	(0.0049)
Adjusted R2	0.8793			
Sargan statistic		2.54E-19	103.2595	1.53E-10
Instrument variables		average price, price share	average price, characteristics	average price, price share

[a] サンプルは 4805 個．括弧は標準誤差．操作変数 average price は「財の他の地域の平均価格」，price share は「財のネスト内の価格シェア」，characteristics は「財の特性」を示す．*** は 0.001 で有意，** は 0.01 で有意，* は 0.05 で有意．

付録 E 無関係な選択対象からの独立性について

この付録では，Train (2009) に依拠しながら，「無関係な選択対象からの独立性」について補足する．

代替パターン

いま，ある財の属性が変化したとしよう．例えば，ある財の価格が下落したとする．すると，その変化によって，その財が選択される確率は上昇し，他の財が選択される確率は当然下落するだろう．あるいは，ある携帯電話会社のある機種が，新しい機能を追加したとする．このとき，消費者がどの機種からどの機種に変更するか，いくつものパターンが考えられるだろう．消費者分析において，このような**代替パターン (substitution patterns)** の問題はとても重要である．第 4.2.1 節で説明したロジット型モデルは，ある 1 つの代替パターンを示しているが，その代替パターンは適切とは限らず，より一般的な代替パターンを示すことはできない．なぜ不適切かという理由は，次のような選択確率の比を調べることで明らかになる（以下の説明は，Train (2009), pp.45–47 より）．

任意の 2 つの財 j と k に対して，その購入から得られる消費者 i の効用をそれぞれ u_{ij}，u_{ik} で表そう．このとき，ロジット型モデルにおいて，財 j と k の選択確率の比は次のようになる．

$$\frac{P_{ij}}{P_{ik}} = \frac{\exp(u_{ij})/\sum_{j'}\exp(u_{ij'})}{\exp(u_{ik})/\sum_{j'}\exp(u_{ij'})} = \exp(u_{ij} - u_{ik}). \tag{4.79}$$

ここで，この比は，i と k 以外の第 3 の財には依存していない．つまり，この値は，他のどの財が選択可能かということとは無関係である．このことを，**無関係な選択対象からの独立性 (independence of irrelevant alternatives, IIA)** と呼ぶ．この IIA がいかにおかしなことか示すために，次の有名な例でより具体的に説明しよう．この例は，**赤いバスと青いバスの問題**と呼ばれる．（Train (2009) の数値例をそのまま用いた．）

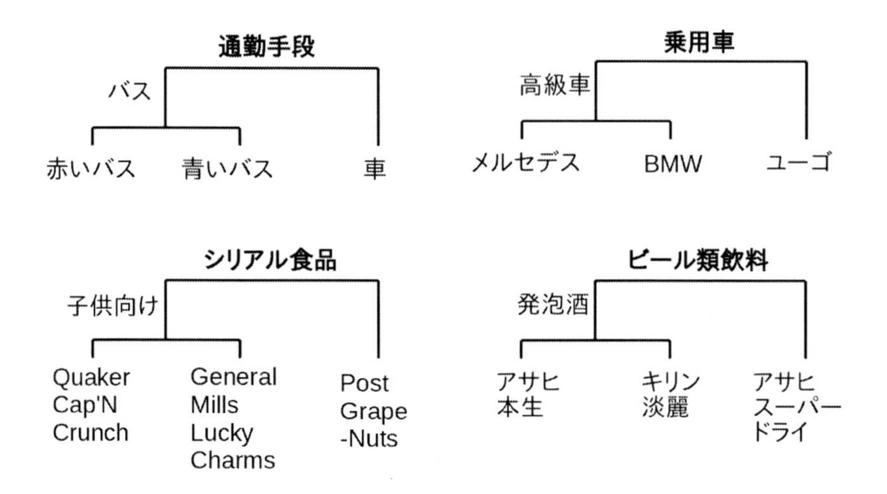

図 4.2 無関係な選択対象からの独立

例：「赤いバスと青いバスの問題」

ある通勤者が会社へ行くのに自家用車 c を使うか，色が青いバス bb を使うかを考えている．この 2 つの選択肢の平均的な効用が等しいとすれば，2 つの選択肢に対する選択確率は等しい．したがって，$P_c = P_{bb} = 1/2$ で，選択確率の比は $P_c/P_{bb} = 1$ となる．

ここに，第 3 の選択肢として色が赤いバス rb が加わるとしよう．色が違うだけなので，その選択確率は青いバスと同じで，$P_{rb}/P_{bb} = 1$ となるはずである．ところが，ロジット型モデルでは，赤いバスの有無にかかわらず，$P_c/P_{bb} = 1$ のままなので，3 つの選択確率は等しくならなければならず，$P_c = P_{bb} = P_{rb} = 1/3$ が成り立たなければならない．

しかし，現実的に考えてこれはおかしい．なぜならば，色が違うだけのバスが加わったとしても，自家用車を選択する確率が変化するはずはないからである．実際は，バスの色が違うだけなので，赤いバスと青いバスを選ぶ確率は同じで，それぞれ，バスを選ぶという確率の半分になるはずである．すなわち，$P_c = 1/2$，$P_{bb} = 1/4$，$P_{rb} = 1/4$ となるのが自然である．このように，IIA は，どちらのバスを選ぶかという確率を過大に評価し，自家用車を選ぶ確率を過小に評価しているということになる．

消費者が複数の選択肢より 1 つのみ選ぶという状況を分析する場合，ロジット型モデルを使うと問題が生じることがわかった．第 4.6 節で見たような自動車，シリアル，ビール類飲料などは，すべてこの問題を含んでいる．そのような選択肢をネストに分けると，実際には図4.2のようになっているはずである．このような状況を推定するには，すでに述べたようなランダム係数モデルか，あるいはネステッドロジット型モデルを考えなければならない．

付録F プログラムコード

ここでは，第4.4節で用いたプログラムコード（Python）を掲載する．

```
# coding: utf-8
# BLP モデルの推定
# ランダム係数モデルの推定
# BLP アルゴリズムと MPEC アルゴリズムを比較する

### 初期設定

## 必要なライブラリ (numpy, pyomo, time, csv, datetime)
import numpy as np
from pyomo.environ import *
import time
import csv
import datetime

## 小数の桁数設定，指数表示禁止
np.set_printoptions(precision=6, suppress=True)

## ソルバーの指定
SOLVER = "knitro"

## 使用するアルゴリズム (1=BLP,2=MPEC,3=BOTH)
ALG = 3

### グローバル変数

T = 50 # 市場の数
J = 25 # 財の数
```

```
K = 3 # 財特性の数
N = 100 # サンプルサイズ
SIMMAX = 20 # シミュレーションの回数

SIGMA = 0.5**(1/2) # サンプルの標準偏差σ
XI_SD = 1.0 # ξの標準偏差

### 関数 func_x_gen （ x を生成する）

def func_x_gen(K, J):
    x_s = np.random.rand(K+1, J)
    y_s = x_s*0
    y_s[0, :] = np.sqrt(-2.0*np.log(x_s[0, :])) \
        *np.cos(2.0*np.pi*x_s[1, :])
    y_s[1, :] = np.sqrt(-2.0*np.log(x_s[0, :])) \
        *np.sin(2.0*np.pi*x_s[1, :])
    y_s[2, :] = np.sqrt(-2.0*np.log(x_s[2, :])) \
        *np.cos(2.0*np.pi*x_s[3, :])
    y_s[3, :] = np.sqrt(-2.0*np.log(x_s[2, :])) \
        *np.sin(2.0*np.pi*x_s[3, :])

    # 最後の行は捨てる
    y_s = y_s[0:3, :]

    # 平均
    mu = np.array([0.0, 0.0, 0.0])[:,None]

    # 共分散行列
    Sig = np.array([[1.0, -0.8, 0.3], [-0.8, 1.0, 0.3], \
       [0.3, 0.3, 1.0]])

    # コレスキー分解
    A = np.linalg.cholesky(Sig)

    # X ~ N(z | mu, Sig)
    X = A.dot(y_s) + mu
```

```
    return X

### パラメータの真の値

# βの平均
beta0_mean_true = -1.0
beta1_mean_true = 1.5
beta2_mean_true = 1.5
beta3_mean_true = 0.5

# βの標準偏差（σ）今回は既知とする
sigma0 = SIGMA
sigma1 = SIGMA
sigma2 = SIGMA
sigma3 = SIGMA

# α
alpha_true = 3.0

### Pyomo を使うためのデータ変換関数

# NumPy 配列（行列）を Python 辞書型へ変換（関数）
def mat_to_dics(mat):
    dics = {}
    for j in range(mat.shape[0]):
        for i in range(mat.shape[1]):
            dics.update({(j+1, i+1): mat[j, i]})
    return dics

# NumPy 配列（ベクトル）を Python 辞書型へ変換（関数）
def arr_to_dics(arr):
    dics = {}
    if arr.shape[0] < arr.shape[1]:
        arr = arr.T
    for i in range(len(arr)):
```

```
        dics.update({i+1: arr[i, 0]})
    return dics

### シミュレーション

# 結果（β0, β1, β2, β3, α, obj と BLP のみδの収束回数）
ResultBLP = np.zeros((7, SIMMAX))
ResultMPEC = np.zeros((6, SIMMAX))
timeBLP = []
timeMPEC = []

# csv ファイル
now = datetime.datetime.now()
FilenameBLP = 'Result_BLP{0:%Y%m%d%H%M}.csv'.format(now)
FilenameMPEC = 'Result_MPEC{0:%Y%m%d%H%M}.csv'.format(now)

print("SIM␣=␣", end="")

for sim in range(SIMMAX):

    print(str(sim+1) + "␣", end="")

    ### データの作成

    # 観察可能な財特性（x1,x2,x3）（TxJ）行列（同じ行が縦に T 回並ぶ）
    x = func_x_gen(K, J)
    x1 = np.tile(x[0, :].reshape(1, J), (T, 1))
    x2 = np.tile(x[1, :].reshape(1, J), (T, 1))
    x3 = np.tile(x[2, :].reshape(1, J), (T, 1))

    # 観察不可能な財特性（ξ）（TxJ行列）
    xi = np.random.randn(T, J)*XI_SD

    # 価格シフター（e）（TxJ行列）
    e = np.random.randn(T, J)
```

```
# 価格 (p) (TxJ行列)
p = np.abs(0.5*xi + e + 1.1*(x1 + x2 + x3))

# 操作変数 (z1,...,z6)
z1 = np.random.rand(T, J) \
    + (1/4)*(e + 1.1*(x1 + x2 + x3))
z2 = np.random.rand(T, J) \
    + (1/4)*(e + 1.1*(x1 + x2 + x3))
z3 = np.random.rand(T, J) \
    + (1/4)*(e + 1.1*(x1 + x2 + x3))
z4 = np.random.rand(T, J) \
    + (1/4)*(e + 1.1*(x1 + x2 + x3))
z5 = np.random.rand(T, J) \
    + (1/4)*(e + 1.1*(x1 + x2 + x3))
z6 = np.random.rand(T, J) \
    + (1/4)*(e + 1.1*(x1 + x2 + x3))

# 推定のために各変数を行列の形にしておく (価格は負にしておく)
X = np.hstack((np.ones((T*J, 1)), \
    x1.reshape((T*J, 1)), x2.reshape((T*J, 1)), \
    x3.reshape((T*J, 1)), -p.reshape((T*J, 1))))
Z = np.hstack((np.ones((T*J, 1)), \
    z1.reshape((T*J, 1)), z2.reshape((T*J, 1)), \
    z3.reshape((T*J, 1)), z4.reshape((T*J, 1)), \
    z5.reshape((T*J, 1)), z6.reshape((T*J, 1)), \
    x1.reshape((T*J, 1)), x2.reshape((T*J, 1)), \
    x3.reshape((T*J, 1))))

# 真のパラメータからβ1, β2, β3の生成 N 個
beta0 = np.random.normal(beta0_mean_true, sigma0, N)
beta1 = np.random.normal(beta1_mean_true, sigma1, N)
beta2 = np.random.normal(beta2_mean_true, sigma2, N)
beta3 = np.random.normal(beta3_mean_true, sigma3, N)

# 市場シェア
S = np.zeros((T, J))
```

```
for t in range(T):
    for j in range(J):

        tmp = 0.0
        for i in range(N):
            NUM = np.exp(beta0[i] \
                + beta1[i]*x1[t, j] \
                + beta2[i]*x2[t, j] \
                + beta3[i]*x3[t, j] \
                - alpha_true*p[t, j] + xi[t, j])

            SUM = 0.0
            for jj in range(J):
                SUM = SUM + np.exp(beta0[i] \
                    + beta1[i]*x1[t, jj] \
                    + beta2[i]*x2[t, jj] \
                    + beta3[i]*x3[t, jj] \
                    - alpha_true*p[t, jj] + xi[t, jj])

            tmp = tmp + NUM/(1 + SUM)

        S[t, j] = tmp/N


### BLP アルゴリズム
if ALG == 1 or ALG == 3:

    t1 = time.time()

    ## 推定（第 1 段階）δの計算

    # νを正規分布から無作為抽出
    nu0 = np.random.randn(T, N)
    nu1 = np.random.randn(T, N)
    nu2 = np.random.randn(T, N)
    nu3 = np.random.randn(T, N)
```

```
delta = np.zeros((T, J))
for t in range(T):
    #print("t = " + str(t+1))

    kMAX = 1000
    delta_conv = 0
    for k in range(kMAX):

        diff = np.zeros(T)

        # 市場 t での市場シェアの計算
        s_hat = np.zeros((T, J))
        for j in range(J):

            tmp = 0.0
            for i in range(N):
                NUM = np.exp(delta[t, j] \
                    + sigma0*nu0[t, i] \
                    + sigma1*x1[t, j]*nu1[t, i] \
                    + sigma2*x2[t, j]*nu2[t, i] \
                    + sigma3*x3[t, j]*nu3[t, i])

                SUM = 0.0
                for jj in range(J):
                    SUM = SUM \
                        + np.exp(delta[t, jj] \
                        + sigma0*nu0[t, i] \
                        + sigma1*x1[t, jj] \
                          *nu1[t, i] \
                        + sigma2*x2[t, jj] \
                          *nu2[t, i] \
                        + sigma3*x3[t, jj] \
                          *nu3[t, i])

                tmp = tmp + NUM/(1 + SUM)
```

```
                s_hat[t, j] = tmp/N

            diff = np.linalg.norm(np.log(S[t, :]) \
                - np.log(s_hat[t, :]))
            if  diff < 0.01:
                #print(" " + str(k))
                break;
            else:
                delta[t, :] = delta[t, :] \
                    + np.log(S[t, :]) \
                    - np.log(s_hat[t, :])

            # 収束回数を足しておく
            delta_conv = delta_conv + k

    ## 推定（第２段階）パラメータの推定

    # δを（TxJ）ベクトルに変える
    DELTA = delta.reshape((T*J, 1))

    # X の列の数
    XNUM = np.shape(X)[1]

    # Z の列の数
    ZNUM = np.shape(Z)[1]

    # 変数と制約式のインデックス集合
    XSET = range(1, XNUM+1)
    ZSET = range(1, ZNUM+1)
    TJSET = range(1, T*J+1)

    # ウエイト行列 (Z'Z)^(-1)
    tmp = np.zeros((ZNUM, ZNUM))
    for i in range(T*J):
        tmp = tmp + np.outer(Z[i, :], Z[i, :].T)
```

```
W = np.linalg.inv((1/(T*J))*tmp)

# コンクリート・モデルを指定
model = ConcreteModel()

# データの変換
model.X = mat_to_dics(X)
model.Z = mat_to_dics(Z)
model.W = mat_to_dics(W)
model.DELTA = arr_to_dics(DELTA)

# 変数を設定
model.theta = Var(XSET)
model.m = Var(ZSET)

# 目的関数の設定
def obj_rule(model):
    return sum(model.m[zi]*sum(model.m[zj] \
        *model.W[zi, zj] for zj in ZSET) \
        for zi in ZSET)
model.obj = Objective(rule=obj_rule, \
        sense=minimize)

# 制約式の設定
def con_rule(model, zi):
    return model.m[zi] == (1/(T*J)) \
        *sum(model.Z[i, zi]*(model.DELTA[i] \
        - sum(model.theta[xj]*model.X[i, xj] \
        for xj in XSET)) for i in TJSET)
model.con = Constraint(ZSET, rule=con_rule)

# ソルバーを指定して解を解く
opt = SolverFactory(SOLVER)
results = opt.solve(model)

# 結果の表示
```

```
    #model.display()

    # 結果を記録
    ResultBLP[0, sim:sim+1] \
        = model.theta.get_values()[1]
    ResultBLP[1, sim:sim+1] \
        = model.theta.get_values()[2]
    ResultBLP[2, sim:sim+1] \
       = model.theta.get_values()[3]
    ResultBLP[3, sim:sim+1] \
        = model.theta.get_values()[4]
    ResultBLP[4, sim:sim+1] \
        = model.theta.get_values()[5]
    ResultBLP[5, sim:sim+1] = model.obj()
    ResultBLP[6, sim:sim+1] = delta_conv/T

    t2 = time.time()
    timeBLP.append(t2 - t1)


### MPEC アルゴリズム
if ALG == 2 or ALG == 3:

    t1 = time.time()

    # νを正規分布から無作為抽出
    nu0 = np.random.randn(T, N)
    nu1 = np.random.randn(T, N)
    nu2 = np.random.randn(T, N)
    nu3 = np.random.randn(T, N)

    # μの標本を計算 (TJxN) 行列
    MU = np.zeros((T*J, N))
    for i in range(N):

        tmp = np.zeros((T, J))
```

```
    for t in range(T):
        for j in range(J):
            tmp[t, j] = sigma0*nu0[t, i] \
                + sigma1*x1[t, j]*nu1[t, i] \
                + sigma2*x2[t, j]*nu2[t, i] \
                + sigma3*x3[t, j]*nu3[t, i]
    MU[:, i:i+1] = tmp.reshape((T*J, 1))

# Sj / S0 の計算
SjS0 = S/(1- np.sum(S, axis=1).reshape((T, 1)))
SjS0 = SjS0.reshape((T*J, 1))

# X の列の数
XNUM = np.shape(X)[1]

# Z の列の数
ZNUM = np.shape(Z)[1]

# 変数と制約式のインデックス集合
XSET = range(1, XNUM+1)
ZSET = range(1, ZNUM+1)
NSET = range(1, N+1)
TJSET = range(1, T*J+1)

# ウエイト行列 (Z'Z)^(-1)
tmp = np.zeros((ZNUM, ZNUM))
for i in range(T*J):
    tmp = tmp + np.outer(Z[i, :], Z[i, :].T)
W = np.linalg.inv((1/(T*J))*tmp)

# コンクリート・モデルを指定
model = ConcreteModel()

# データの変換
model.X = mat_to_dics(X)
model.Z = mat_to_dics(Z)
```

```
model.MU = mat_to_dics(MU)
model.W = mat_to_dics(W)
model.SjS0 = arr_to_dics(SjS0)

# 変数を設定
model.theta = Var(XSET)
model.m = Var(ZSET)
model.XI = Var(TJSET)

# 目的関数の設定
def obj_rule(model):
    return sum(model.m[zi] \
        *sum(model.m[zj]*model.W[zi, zj] \
        for zj in ZSET) for zi in ZSET)
model.obj = Objective(rule=obj_rule, \
        sense=minimize)

# 制約式 1 の設定
def con_rule1(model, zi):
    return model.m[zi] == (1/(T*J)) \
        *sum(model.Z[i, zi]*model.XI[i] \
        for i in TJSET)
model.con1 = Constraint(ZSET, rule=con_rule1)

# 制約式 2 の設定
def con_rule2(model, i):
    return (1/N)*sum(exp(sum(model.theta[xj] \
        *model.X[i, xj] for xj in XSET) \
        + model.XI[i] + model.MU[i, n]) \
        for n in NSET) - model.SjS0[i] == 0
model.con2 = Constraint(TJSET, rule=con_rule2)

# ソルバーを指定して解を解く
opt = SolverFactory(SOLVER)
results = opt.solve(model)
```

```
        # 結果の表示
        #model.display()

        # 結果を記録
        ResultMPEC[0, sim:sim+1] \
            = model.theta.get_values()[1]
        ResultMPEC[1, sim:sim+1] \
            = model.theta.get_values()[2]
        ResultMPEC[2, sim:sim+1] \
            = model.theta.get_values()[3]
        ResultMPEC[3, sim:sim+1] \
            = model.theta.get_values()[4]
        ResultMPEC[4, sim:sim+1] \
            = model.theta.get_values()[5]
        ResultMPEC[5, sim:sim+1] = model.obj()

        t2 = time.time()
        timeMPEC.append(t2 - t1)


# 平均，標準偏差，平均計算時間，データ書き込み

if ALG == 1 or ALG == 3:
    MeanBLP = np.mean(ResultBLP, axis=1)
    StdBLP = np.std(ResultBLP, axis=1)
    MeanTimeBLP = np.mean(timeBLP)

    print("␣")
    print("MeanBLP␣=␣")
    print(MeanBLP)
    print("StdBLP␣=␣")
    print(StdBLP)
    print("MeanTimeBLP␣=␣")
    print(MeanTimeBLP)

    f = open(FilenameBLP, 'w')
```

```
    writer = csv.writer(f, lineterminator='\n')
    writer.writerows(ResultBLP)
    f.close()

if ALG == 2 or ALG == 3:
    MeanMPEC = np.mean(ResultMPEC, axis=1)
    StdMPEC = np.std(ResultMPEC, axis=1)
    MeanTimeMPEC = np.mean(timeMPEC)

    print("␣")
    print("MeanMPEC␣=␣")
    print(MeanMPEC)
    print("StdMPEC␣=␣")
    print(StdMPEC)
    print("MeanTimeMPEC␣=␣")
    print(MeanTimeMPEC)

    f = open(FilenameMPEC, 'w')
    writer = csv.writer(f, lineterminator='\n')
    writer.writerows(ResultMPEC)
    f.close()
```

第 5 章

構造推定のためのプログラミング

この章では，第 2 章，第 3 章，第 4 章で考えたような構造推定のためのプログラミングについて概説する．この章の目的は，経済分析において構造推定を行うためにどのようなプログラミング環境が必要か考えた上で，数値計算に必要なプログラミング言語，モデリング言語，ソルバーについて考える．第 5.1 節では，構造推定のためのプログラミング環境について説明する．第 5.2 節では，モデリング言語 AMPL とソルバー KNITRO について，第 5.3 節では，プログラミング言語 Python について説明する．

5.1 構造推定とプログラミング

5.1.1 何が必要なのか？

まず，構造推定の分析のために何が必要かについて考えていこう．第 2 章，第 3 章，第 4 章では，それぞれ，シングルエージェントの意思決定問題に関する動的離散選択モデルの構造推定，動学ゲームの動的離散選択モデルの構造推定，静的離散選択モデルの構造推定について概観した．そこで必要になった手順をまとめると，

1. 理論モデルの解を求める．
2. 最尤法，GMM などによってパラメータを推定する．
3. シミュレーションを行う．

となる（5 ページの図 1.2 も参照）．もし，単純な OLS などで推定するだけであれば，各

種の統計分析用ソフトウェア（Stata，R など）を用いればよいが，このようないくつかの手順を体系的に行うためには，そのモデルとアルゴリズムに応じた“オーダーメイド”のプログラムを作成し，それによって数値計算を行う必要がある．本書で考えてきた構造推定モデルを考えてみると，そのような用途のために選択されるプログラムとは，反復計算ができて，乱数を発生させることができて，非線形な関数の最大化または最小化を行えることなどが条件となるだろう．

ここで，まず，もっともシンプルなやり方として，第 2 章で用いたプログラムのように，全て単一のプログラミング言語（ここでは MATLAB）を用いて数値計算することを考えよう．第 2.3.2 節（26 ページ）では，MATLAB のみを用いて，乱数を発生させてデータを作成し，内部ループにおいて数値計算し，外部ループにおいて準ニュートン法で最適化を行った．このような方法は，全ての手順が 1 つのプログラムで完結する反面，準ニュートン法を使うために事前にヘッセ行列を計算して設定しておくなど，あらゆるレベルの計算を自分でプログラミングする必要がある．また，利用可能なソルバーやライブラリを何も使わないのは非効率なやり方であると言えよう[1]．

そこで，単一のプログラミング言語だけで全ての計算を行うのではなく，いくつかのライブラリやソルバーなどを組み合わせて利用することが効率的であり，現在におけるプログラミングの方法として一般的であると思われる．例えば，信頼できるソルバーを使えば，目的関数の最適化のために，上の準ニュートン法を 1 から計算する必要はなくなる．さらに，そのようなプログラミング言語を扱うためのエディタや統合開発環境，そしてプログラムを公開・共有するための環境も考える必要があり，より効率的なプログラミングのために，最適なプログラミング環境の“設計”が重要な問題となる[2]．そこで，次の節では，そのようなプログラム環境について考えよう．

5.1.2 プログラム環境について

最適なプログラミング環境を考えるためには，それをいくつかの階層に分けてイメージするのがわかりやすい．そこで，図 5.1 にプログラム環境の概念図を示す．この図では，下から，ユーザー，エディタ・統合開発環境，プログラミング言語，ライブラリ，ソルバー

[1] さらに言えば，複数の分析者による作業では，プログラムの可読性の欠如は重大な問題となりうる．
[2] 本書では説明しないが，プログラム公開のためのプラットフォームとして GitHub などがある．

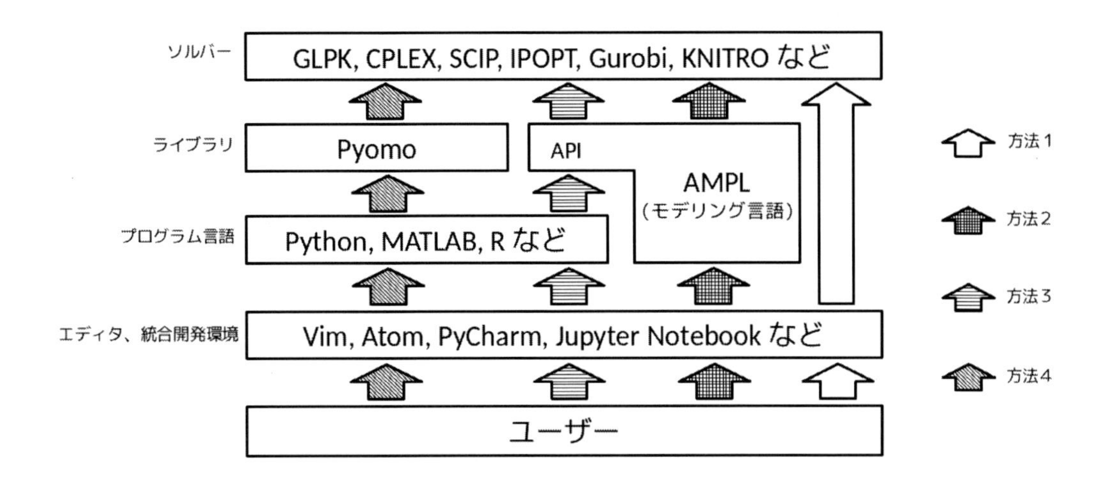

図 5.1 プログラム環境の概念図

の 5 つの階層を示している．われわれ（ユーザー）の最終的な目的は，ソルバーを用いて最適化を行い，解を得ることである．この概念図は，そのユーザーとソルバーをつなぐために，いくつかの階層が連携している形となっている．（ソルバー，エディタ・統合開発環境については第 5.1.3 節で，モデリング言語 AMPL については第 5.2 節で，プログラミング言語 Python については第 5.3 節で説明する．）

この図においてもっとも簡単な方法としては，**方法 1** が考えられる．一部のソルバーでは，直接コード（mod ファイルなどと呼ばれる）をエディタで記述して，直接的に問題を解かせることもできる．このように，問題を定式化する定数が確定しており，問題を 1 回限り解く場合であったら，エディタとソルバーだけを用意すればよい．次に，最適化する問題が複雑で，問題を定式化する定数の数が多く，データファイルの形でまとめておきたい場合などは，**方法 2** のように，AMPL のようなモデリング言語を介する場合もある．その場合も mod ファイルを用いる．

ところが，構造推定のように反復計算を行う場合，これらの方法は適切ではない．なぜならば，本書で考えた構造推定モデルでは，理論モデルを解く内部ループとパラメータを推定する外部ループをネスティングして反復しなければならず，理論モデルの解が求まるごとに，異なる最適化問題が与えられるので，その度にそれを最適化する計算を行わなければならない．つまり，1 回 1 回エディタに問題を記述して解くわけにはいかないのである．そこで，Python, MATLAB のようなプログラミング言語によって，そのような反復計算を行い，その度にソルバーを呼び出して解くことになる．実際には，Python や MATLAB のようなプログラミング言語より AMPL のようなモデリング言語を呼び出し（それを連携するのが API である），それよりソルバーで解く方法（図の**方法 3**）が考えられる．また，Python では，Pyomo というライブラリが利用可能である．Pyomo は，Python の中でモデリング言語のように使うことができる．その場合は，Python の中で最適化問題モデルを定式化し，ソルバーを呼び出して解を Python に戻すという方法が考えられる（図の**方法 4**）．第 3 章の動学ゲームの構造推定では，**方法 3** を選択し，Python より AMPL を介して KNITRO を呼び出した．第 4 章の静的離散選択モデルの推定のプログラミングは**方法 4** であり，Python，Pyomo，KNITRO を用いた．したがって，構造推定のためのプログラミングとしては，**方法 3** または**方法 4** のいずれかを選択することになろう[3]．最近の研究分析では MATLAB から AMPL を呼び出す方法などが見られるが，個々の推定モデルに対する最適な方法は，計算時間，ソフトウェアの購入費用，プログラマの好みなどによって決定されるであろう[4]．

5.1.3　ソルバー，エディタ・統合開発環境について

次に，ソルバーやエディタについて考えよう．前述の通り，本書で言う**ソルバー (solver)** とは，最適化問題を解くために特化したプログラムのことである．図 5.1 に示されているソルバーはごく一部の例で，2019 年 9 月現在，様々なソルバーが存在し利用可能である．ソルバーには無償のものと商用のものがある．ソルバーは，目的の最適化問題（線形計画法，非線形計画法，整数計画法など）に適したものを使うべきである．動的離散選択モデルの構造推定においては尤度関数または擬似尤度関数を最大化すること，静的離散選択モデルの構造推定においては GMM 目的関数を最小化することを目的とする．これらの用途に適したソルバーとしては，商用の KNITRO，無償の IPOPT，SCIP などがよいだろう．

また，プログラミングを効率的に行うためには，**エディタ・統合開発環境 (IDE)** の選択

[3] この他に，MATLAB の Optimization Toolbox を使えば，コマンド *fminunc*，*fmincon* より，準ニュートン法による解の探索が可能である．この方法では，独立したソルバーは必要ない．

[4] 本書で参考にした Egesdal et al. (2015) は AMPL と KNITRO を用いており，Dubé et al. (2012) は TOMLAB というインターフェイスを介して MATLAB より KNITRO を呼び出している．

にも注意を払う必要がある．Python，Pyomo，AMPL の mod ファイルを書くためだけならエディタがあればよい．プログラミングのためのテキストエディタには，Vim，Atom，Sublime Text，Visual Studio Code など多数存在する[5]．Python の統合開発環境としては，PyCharm，Spider などいくつかあるが，Atom，Visual Studio Code も統合開発環境として使える．Jupyter Notebook はブラウザ上で動くエディタであるが，Python の実行もできて便利である．Jupyter Notebook をクラウドで使う Microsoft Azure Notebooks というものもあり，マイクロソフトのアカウントがあれば無償で使える．

5.2 AMPL と KNITRO について

この節では，モデリング言語 AMPL とソルバー KNITRO について解説する．**モデリング言語 (modeling language)** とは，最適化問題のような数理モデルを記述するのに適した言語であり，問題を解くソルバーと組み合わせて使うことで，比較的容易に数理モデルの解を求めることができる．本書の推定では，AMPL と KNITRO を用いたが，最近では，Python でも Pyomo や PuLP などのライブラリが利用可能である．

5.2.1 AMPL とは

AMPL（アンプル）とは，モデリング言語の一種である．AMPL は有償プログラムであるが，試用目的で，Windows，Linux，macOS 用の無償のデモ版が利用できる（2019 年 9 月現在）．デモ版の制限は，

- 線形計画問題では，500 個の変数，500 本の制約条件式 + 目的関数
- 非線形計画問題では，300 個の変数，300 本の制約条件式 + 目的関数

となっている．また，同じ場所より，AMPL IDE もダウンロードすることができる．AMPL IDE は，AMPL のための統合開発環境である．一方，AMPL で使うことができるソルバーとしては，CPLEX や Gurobi（線形計画問題）や，KNITRO や MINOS（非線形計画問題）などがある．**KNITRO**（**ナイトロ**）は，有償ではあるが，推定のた

[5] 例えば，Vim （ヴィム）は，vi から発展し，Linux など UNIX 系 OS で標準となっているテキストエディタである．「プラグイン」と呼ばれる拡張機能を導入すれば，プログラミングに便利である．

めの目的関数を最適化するような非線形最適化問題を解くのにもっとも適したソルバーであろう．デモ版でもこのようなソルバーは利用可能であるが，KNITRO のように制限がある場合もある（KNITRO の場合は，10 個の変数，10 本の制約条件式 + 目的関数）．AMPL に関する情報は，Fourer et al. (2002) が詳しいが，インターネット上でも https://ampl.com/resources/the-ampl-book/chapter-downloads/ を読むことができる（2019 年 9 月現在）．

5.2.2 最適化問題の例

実際の最適化問題は，次のように記述することができる．

$$\begin{array}{ll} \text{minimize} & 3x + 4y \\ \text{subject to:} & 5x + 6y \geq 10 \\ & 7x + 5y \geq 5 \\ & x, y \geq 0 \end{array} \tag{5.1}$$

この問題は，変数 x, y に関する線形最適化問題である．この問題を AMPL で記述すれば，次のように書ける．

```
var x;
var y;
minimize  obj : 3*x + 4*y;
subject to con1 : 5*x + 6*y >= 10;
subject to con2 : 7*x + 5*y >= 5;
subject to con3 : x >= 0;
subject to con4 : y >= 0;
```

つまり，目的関数 obj と，制約条件式 con1，con2，con3，con4 を記述するだけでよい．さらに，非負条件 con3，con4 は，最初の変数宣言のところで

```
var x >= 0;
var y >= 0;
```

と書けば省略できる．このようなモデルをテキストファイルに記述し，“sample.mod” と

名付けておこう．AMPL はそのような mod ファイルを読みこんで，このモデルの解を求める．

5.2.3 コマンドラインを使った AMPL の実際

それでは，この問題を AMPL を用いて解いてみよう．AMPL（デモ版）を起動すると，次のようなコマンドラインが入力待ちとなる．

```
ampl:
```

このコマンドラインに次のように入力する．

```
ampl:  reset;
ampl:  model sample.mod;
ampl:  solve;
```

つまり，まず変数の値などをリセットし，“sample.mod” を読み込み，問題を解かせる．すると，次のようなメッセージが現れる．

```
MINOS 5.51:  optimal solution found.
0 iterations, objective 6
```

そこで，次のように，解 x, y とそのときの目的関数の値を表示させる．

```
ampl:  display x, y, obj;
```

結果は，

```
x = 2
y = 0
obj = 6
```

となる．ここで，デモ版では何もソルバーを指定しなければ，MINOS というソルバーが問題を解いている．もし，別のソルバー（例えば，KNITRO）を用いる場合は，`solve;` の前に

```
ampl:  option solver knitro;
```

とすればよい．なお，KNITRO のマニュアルとしては（2019 年 9 月現在），

https://www.artelys.com/docs/knitro/ などを参照のこと.

5.3 Python によるプログラミング

ここでは，構造推定のためのプログラミング言語として Python について簡単に説明する．ここでの内容は，本書で使った構造推定モデルのプログラミングとして必要な部分に限り，特に行列・ベクトル計算について詳しく解説した．Python 一般の知識については，適切な教科書を参考にされたい．

5.3.1 Python とは

Python（パイソン）とは 1991 年にグイド・ヴァンロッサムが公開したオブジェクト指向のスクリプト言語であり，機械学習などの分野で最近注目を集めているプログラミング言語の一種である[6]．現在普及しているのはバージョン 3 であるが，バージョン 2 も使用され続けており，文法が異なるので注意が必要である[7]．Python の特徴の 1 つに，インデント（字下げ）により範囲を表すというルールがある．例えば，後で説明する `for` 文で，繰り返される処理は同じだけ字下げされた部分ということになる．この特徴により，{ }（括弧）を用いる他のプログラミング言語よりも可読性が高いとされる．また，同じことを行うのに，基本的に 1 つの方法しか用意されていないので，誰が書いても似たようなコードになるとされている．日本語のドキュメントとしては，https://docs.python.org/ja/3/（2019 年 9 月現在）がある．また，Python の書籍は膨大にあるが，最適化問題のための入門書としては，久保ほか (2012) が非常に詳しい．

2019 年現在，経済学の分野で積極的に利用されているとは必ずしも言えないが，将来，MATLAB，R などのように数値計算のためのツールとして広範囲な利用が，期待されるだろう[8]．

---

[6] Python という名称は，BBC の番組『空飛ぶモンティ・パイソン』に由来する．

[7] 例えば，Python 3 では，`print('Hello, World!')` であるが，Python 2 では，`print 'Hello, World!'` である．この場合，Python 3 では括弧をつけなければエラーとなる．

[8] ただし，統計の分野では普及が進んでおり，様々な推定のためのライブラリが整備されている．

5.3.2 変数の型と制御構造

ここから，Python の基本的な文法について説明する．まず，変数の型と制御構造から始めよう．

他のプログラミング言語と同様に，Python によるコードを書くときは変数の型に注意すべきである．まず，整数と浮動小数点数（小数）の型として，それぞれ int 型と float 型がある[9]．次のプログラムは，変数に数値を代入し，型を変換するものである．（プログラムの中で，#以降の文章は，コメント文として扱われる．）

プログラム 5.1　変数の型と変換の例

```
N = 3.0                 # N に 3.0 を代入 (float 型)
print(N, type(N))       # N と N のデータ型を表示

I = int(N)              # N を int 型に変換して I に代入
print(I, type(I))       # I と I のデータ型を表示
```

結果:

```
3.0 <class 'float'>
3 <class 'int'>
```

ここで，表示されている型は**クラス** とも呼ばれる[10]．

次に，Python の制御構造として，繰り返し処理と条件分岐処理の 2 つのみ，ここでは考えよう．繰り返し処理と条件分岐処理の構文は，それぞれ次のようになる．

[9] 言うまでもなく，変数の型としては多くの種類が用意されているが，ここではこの 2 つに限って説明する．

[10] 正確なクラスの定義およびオブジェクト指向の概念については，Python の書籍などを参照されたい．

繰り返し処理

- ある処理をある範囲で繰り返すための構文:

  for 変数 **in** 範囲 **:**

  (インデント) 繰り返される処理

- ある処理を N 回繰り返すための構文:

  for 変数 **in range(**N**):**

  (インデント) 繰り返される処理

条件分岐処理

- ある条件である処理を行う構文（2択）:

  if 条件 **:**

  (インデント) 条件が真ならば行われる処理

  else:

  (インデント) 条件が偽ならば行われる処理

- ある条件である処理を行う構文（3択以上）:

  if 条件1 **:**

  (インデント) 条件1が真ならば行われる処理

  elif 条件2 **:**

  (インデント) 条件2が偽ならば行われる処理

  else:

  (インデント) それ以外の場合に行われる処理

ここで，`for i in range(N)` とすれば，変数 `i` が 0 から $N-1$ まで繰り返される.

プログラム 5.2 繰り返し処理の例

```
N = 10                  # 状態 S の数
S = 0                   # S の初期値を 0 とする
for i in range(N):      # 0 から N-1 まで i を繰り返し
    S = S + 1           # S に 1 を加える
    print(S)            # S を表示
```

結果:

```
1
2
3
4
5
6
7
8
9
10
```

次に，条件分岐として，ある整数が奇数か偶数か判定するプログラムを考えてみよう.

プログラム 5.3 条件分岐処理の例

```
N = 3                   # N の値を 3 とする
if N%2 == 1:            # N を 2 で割った余りが 1 であれば,
    print("ODD")        # ODD と表示
else:                   # そうでなければ,
    print("EVEN")       # EVEN と表示
```

結果:

```
ODD
```

繰り返し処理と条件分岐処理を組み合わせれば，複雑な処理を行うこともできる．

例：推移確率行列の設定

for 文と if 文を組み合わせた簡単なプログラムの例として，第3.4.2節で扱った(3.32)式（74ページ）の推移確率行列を作成してみよう．

$$f_S(S'|S) = \begin{pmatrix} 0.8 & 0.2 & 0 & 0 & 0 \\ 0.2 & 0.6 & 0.2 & 0 & 0 \\ 0 & 0.2 & 0.6 & 0.2 & 0 \\ 0 & 0 & 0.2 & 0.6 & 0.2 \\ 0 & 0 & 0 & 0.2 & 0.8 \end{pmatrix}$$

この行列の周辺を除いた要素は0，0.2，0.6のみであることに注目する．つまり，繰り返し処理と条件分岐処理を使えば容易に値を設定することができる．最初にゼロ行列（後述）を作り，その行列の要素に値を入れておく．このプログラムは，次のように書ける．

プログラム 5.4　推移確率行列の設定

```
import numpy as np          # 行列を使うための準備（後述）
NS = 5                      # 状態の数S
FS = np.zeros((NS, NS))     # ゼロ行列として定義

for si in range(NS):        # 0 から NS-1 まで si を繰り返し
  for sj in range(NS):      # 0 から NS-1 まで sj を繰り返し

    if sj - si == -1:       # もし，sj - si が -1 ならば，
      FS[si, sj] = 0.2      # FS[si, sj] に 0.2 を代入

    elif sj - si == 0:      # もし，sj - si が 0 ならば，
      FS[si, sj] = 0.6      # FS[si, sj] に 0.6 を代入

    elif sj - si == 1:      # もし，sj - si が 1 ならば，
      FS[si, sj] = 0.2      # FS[si, sj] に 0.2 を代入

# 以下の要素には個別に代入
```

```
FS[0, 0] = 0.8
FS[0, 1] = 0.2
FS[NS-2, NS-1] = 0.2
FS[NS-1, NS-1] = 0.8

print(FS)
```

ここで，行番号 s_i と列番号 s_j の差が 1 であれば，$f_S[s_i, s_j]$ に 0.2 を代入し，行番号 s_i と列番号 s_j の差が 0 であれば，$f_S[s_i, s_j]$ に 0.6 を代入している．行列の周辺部のみ，個別に 0.2 と 0.8 を代入して全ての要素が設定される．

結果:

```
[[0.8 0.2 0.  0.  0. ]
 [0.2 0.6 0.2 0.  0. ]
 [0.  0.2 0.6 0.2 0. ]
 [0.  0.  0.2 0.6 0.2]
 [0.  0.  0.  0.2 0.8]]
```

5.3.3 NumPy による行列・ベクトル計算

構造推定のためのプログラミングを行う上で，行列・ベクトル計算は欠かせないものであろう．Python は，NumPy というライブラリを追加することで行列やベクトルの演算を可能にする．プログラムで NumPy を使うためには，このライブラリを読み込んでおく必要がある．

配列の作成

まず，次のような行列とベクトルを作成したいとしよう．

$$\boldsymbol{A} = \begin{bmatrix} 1 & 2 \\ 3 & 4 \end{bmatrix}, \qquad \boldsymbol{b} = [1, 2, 3]$$

このような配列（行列やベクトル）を作成するには，次のようにすればよい．

プログラム 5.5 NumPy を使った配列の作成

```
import numpy as np                  # NumPy の読み込み
A = np.array([[1, 2], [3, 4]])      # 行列の作成
print(A, type(A))                   # A とクラスの表示
b = np.array([1, 2, 3])             # ベクトルの作成
print(b, type(b))                   # b とクラスの表示
```

このように，NumPy ライブラリの読み込みは import で行う．読み込んだライブラリは，as で略称をつけることができる．以後，このライブラリを使うときは，この略称をつければよい．（NumPy の略称は np を使うのが慣例である．）配列の作成は，np.array 関数を使う．結果は，次のようになる．

結果:

```
[[1 2]
 [3 4]] <class 'numpy.ndarray'>
[1 2 3] <class 'numpy.ndarray'>
```

ここで，配列はこのように表記される．また，NumPy で作成された配列は ndarray というクラスを持っていることがわかる．

このようなベクトルや行列の次元を確認するには，関数を使って np.shape(A)，np.shape(b) とするか，あるいは簡単に A.shape，b.shape で表示させることができる[11]．

プログラム 5.6 ベクトルと行列の形状変換

```
print(A.shape)              # 行列 A の次元の確認
print(b.shape)              # ベクトル b の次元の確認
b = np.reshape(b, (3, 1))   # b の形状を変換
print(np.shape(b))          # 新しい b の次元を確認
```

[11] ここで，変数につながる shape の部分は**属性**と呼ばれる．つまり，NumPy で作成した ndarray クラスの配列は属性 shape を持つ，ということである．後で見る転置行列の T も属性の 1 つである．

結果:

```
(2, 2)
(3,)
(3, 1)
```

これにより，上の $\boldsymbol{A}$ と $\boldsymbol{b}$ の次元を調べると，$\boldsymbol{A}$ は正しく $(2,2)$ となるが，$\boldsymbol{b}$ は $(3,)$ と表示されている．これを，(3×1) とするためには，上のように `np.reshape` 関数を使う．あるいは，`np.reshape` 関数を使う代わりに `b = b.reshape((3, 1))` という書き方もできる．MATLAB で単一行の配列を作成すれば自動的に行ベクトルになるのに対し，Python ではこのような形状変換が必要となる．

配列の演算

次に，次のような行列の配列同士の演算を行いたいとしよう．

$$\boldsymbol{A} = \begin{bmatrix} 1 & 2 \\ 3 & 4 \end{bmatrix}, \quad \boldsymbol{B} = \begin{bmatrix} 5 & 6 \\ 7 & 8 \end{bmatrix}.$$

配列同士の足し算・引き算は，次のように行う．（ここで，`np.arrange(1, 5).reshape((2, 2))` とあるのは，$(1, \ldots, 4)$ の配列を作り，(2×2) 行列に形状変換している．）

```
A = np.arange(1, 5).reshape((2, 2))
print(A)
B = np.arange(5, 9).reshape((2, 2))
print(B)
print(A + B)
print(A - B)
```

結果:

```
[[1 2]
 [3 4]]
[[5 6]
 [7 8]]
```

```
[[ 6  8]
 [10 12]]
[[-4 -4]
 [-4 -4]]
```

配列の掛け算については，注意が必要である．$\boldsymbol{A} \times 2$ のような配列とスカラーの掛け算は，$\boldsymbol{A}$ の全ての要素に 2 が掛けられる．一方，A*B は行列と行列の積（$\boldsymbol{AB}$）ではなく，要素同士の積（アダマール積）となる（16 ページ参照）．内積を計算するためには，np.dot 関数を使う必要がある．同様に，A**2 も $\boldsymbol{A}$ の全ての要素を 2 乗するという意味になる[12]．

```
print(A*2)
print(A*B)
print(np.dot(A, B))
print(A**2)
```

結果:

```
[[2 4]
 [6 8]]
[[ 5 12]
 [21 32]]
[[19 22]
 [43 50]]
[[ 1  4]
 [ 9 16]]
```

また，転置行列と逆行列の計算は，それぞれ，次のように行う．

```
print(A.T)
print(np.linalg.inv(A))
```

[12] Python では，^ ではなく ** で累乗の演算を行う．

結果:

```
[[1 3]
 [2 4]]
[[-2.   1. ]
 [ 1.5 -0.5]]
```

行列同士の水平または垂直な連結は，次のようにする．ただし，次元が合わなければエラーとなる．

```
print(np.hstack((A, B)))
print(np.vstack((A, B)))
```

結果:

```
[[1 2 5 6]
 [3 4 7 8]]
[[1 2]
 [3 4]
 [5 6]
 [7 8]]
```

同一要素の配列とスライシング

要素の値が全て同じ行列やベクトルを作成してみる．例えば，(3×5) のゼロ行列（$\boldsymbol{V}$）を作るには，次のように `np.zeros` 関数を使う．

```
V = np.zeros((3, 5))
print(V, type(V), np.shape(V))
```

結果:

```
[[0. 0. 0. 0. 0.]
 [0. 0. 0. 0. 0.]
 [0. 0. 0. 0. 0.]] <class 'numpy.ndarray'> (3, 5)
```

(3×1) の要素1のベクトル（$\boldsymbol{\theta}$）を作るには，**np.ones** 関数を使い，形状変換する．

```
theta = np.ones(3).reshape((3, 1))
print(theta, type(theta), np.shape(theta))
```

結果:

```
[[1.]
 [1.]
 [1.]] <class 'numpy.ndarray'> (3, 1)
```

行列 $\boldsymbol{V}$ の第0列目にベクトル $\boldsymbol{\theta}$ を代入するには，次のようにする．

```
V[:, 0:1] = theta
print(V)
```

結果:

```
[[1. 0. 0. 0. 0.]
 [1. 0. 0. 0. 0.]
 [1. 0. 0. 0. 0.]]
```

ここで，上の操作は行列 $\boldsymbol{V}$ の第0列目を取り出して $\boldsymbol{\theta}$ を代入していることと同じである．このように，配列の一部を取り出す操作を**スライシング**と呼ぶ[13]．

```
print(V[:, 0:1])
```

結果:

```
[[1.]
 [1.]
 [1.]]
```

[13] Python のスライシングについては，MATLAB と異なるところがあるので注意が必要である（後述）．

乱数とヒストグラム

NumPy を使って各種の乱数を発生させる操作は，以下の通りである．

```
# 一様乱数
u = np.random.rand()
print(u)

# 標準正規乱数
s = np.random.randn()
print(s)

# 正規乱数 ( 平均 mu, 標準偏差 sigma )
mu = 3
sigma = 0.5
n = np.random.normal(mu, sigma)
print(n)
```

結果:

```
0.47816902769988034
1.166061525361215
4.353219139090741
```

ここで，標本サイズ 10 の一様乱数を 100 回発生させて標本数 100 のデータを作成してみよう．

```
SIZE = 10
N = 100
V = np.zeros((SIZE, N))
for i in range(N):
    theta = np.random.rand(SIZE, 1)
    V[:, i:i+1] = theta
```

行列 $\boldsymbol{V}$ の列ごとの平均を求める．（列ごとの平均は axis=0，行ごとの平均は axis=1 を指定する．）

```
mean_theta = np.mean(V, axis=0)
print(mean_theta)
```

結果:

```
[0.4513429  0.52686076 0.57895435 0.41941234 0.37917787
    ....
 0.48625752 0.48784452 0.65680524 0.59833353]
```

標本平均 $\bar{\boldsymbol{\theta}}$ のヒストグラムを描く．グラフを描く場合は，ライブラリ Matplotlib を読みこんでおく必要がある（略称 plt）．

```
import matplotlib.pyplot as plt
plt.hist(mean_theta)
plt.show()
```

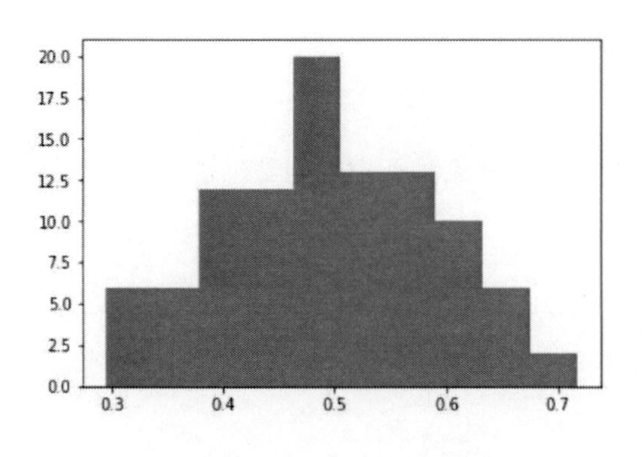

図 5.2　ヒストグラムの例

大数の法則により，平均 0.5 の正規分布に近いことが確認できる．

関数

頻繁に使う一連の操作は，**関数** として定義しておけば便利である．例えば，第 3.4 節で用いた (3.30) 式の利潤関数（73 ページ）を関数として書けば，

```
def func_pi1(P2, THETA):
    pi1 = np.zeros((NX, 1))
    thetaRS = THETA[0]
    thetaRN = THETA[1]
    thetaEC = THETA[2]
    thetaFC1 = THETA[3]
    for xi in range(NX):
        pi1[xi] = thetaRS*np.log(X[xi]['S']) \
          - P2[xi]*thetaRN*np.log(2) \
          - (1 - P2[xi])*thetaRN*np.log(1) \
          - thetaEC*(1 - X[xi]['a1']) - thetaFC1
    return pi1
```

のようになる．ここで，関数の引数は P2 と THETA であり，計算された結果が pi1 として返される．

5.3.4 Pyomo を使った最適化

最尤法や GMM などを使う場合，非線形関数の最適化を行う必要がある．例えば，第 4 章の BLP アルゴリズムでパラメータを推定する場合，(4.32) 式の最小化問題を解きたい (114 ページ)．Python でこのような最適化問題を解くためのライブラリとして，Pyomo が利用できる[14]．前述のように，Python のプログラムの中で Pyomo の記法にしたがって最適化問題を定式化し，ソルバーを呼び出して解を求めることになる．

ここでは，例として (4.32) 式を考えてみよう．この目的関数は，次のように変形できる．

$$\sum_{1=\ell}^{L} m_\ell \left(\sum_{1=\ell'}^{L} m_{\ell'} W_{\ell,\ell'} \right). \tag{5.2}$$

[14] Pyomo については，Hart et al. (2017) を参照のこと．

この最適化問題を，Pyomo で定式化すると次のようになる（一部）.

```
# Pyomo の読み込み
from pyomo.environ import *

# コンクリート・モデルを指定
model = ConcreteModel()

# 変数を設定
model.theta = Var(XSET)
model.m = Var(ZSET)

# 目的関数の設定
def obj_rule(model):
    return sum(model.m[zi]*sum(model.m[zj]*model.W[zi, zj] \
      for zj in ZSET) for zi in ZSET)
model.obj = Objective(rule=obj_rule, sense=minimize)

# 制約式の設定
def con_rule(model, zi):
    return model.m[zi] == (1/(T*J))*sum(model.Z[i, zi]* \
      (model.DELTA[i] - sum(model.theta[xj]*model.X[i, xj] \
      for xj in XSET)) for i in TJSET)
model.con = Constraint(ZSET, rule=con_rule)
```

ここで，`ConcreteModel()` とは，Pyomo で定式化する方式の 1 つである．Pyomo では，コンクリート・モデルかアブストラクト・モデル（`AbstractModel()`）のいずれかの方式を選択する必要がある．ここでは，コンクリート・モデルとして，`model` という名前をつける．以下で使う変数には，全てこの `model` をつけなければならない．例えば，最適化する変数は，`model.theta`，`model.m` となる．目的関数と制約式は，関数の形で定式化する．この定式化では，`sum( ... for 添字 in 範囲)` によって総和が表される．その他，`exp`，`log` なども使うことができる．

ここで，注意すべきことは，データの型が Python 辞書型でなければならないということである．NumPy で ndarray クラスの配列としてデータを作成している場合は，これを辞書型に変換しておく必要がある[15].

問題の定式化ができれば，ソルバーを呼び出して問題を解かせ，解を求める．

```
# ソルバーを指定して解を解く
opt = SolverFactory('knitro')
results = opt.solve(model)

# 結果の表示
model.display()
```

ここでは，ソルバーとして KNITRO を使用した．結果は，標準出力させることもできるが，`model.beta.get_values()`，`model.obj()` で解や最小値を取り出すこともできる．

5.3.5 MATLAB との違い

Python は NumPy パッケージを利用することで，容易に配列演算ができる．しかし，MATLAB などに慣れている場合，気をつけなければならない点もある．そこで，MATLAB ユーザーのために，Python を使うにあたって覚えておきたいことを MATLAB と比較しながら以下に列挙した．

配列について

- 前述のように，数値計算において配列演算を行う場合，ライブラリ NumPy を用いる．プログラムの最初に，`import numpy as np` としておけば，`np.log(V1)` などとして NumPy の関数を使うことができる．(慣習的に numpy を np と略して記述する．)
- MATLAB の配列の添字は 1 から始まるのに対して，Python の配列は 0 から始まる．例えば，`a = np.arange(10)` として 10 個の整数からなる配列を作るとすると，$[1, 2, \ldots, 10]$ ではなく $[0, 1, \ldots, 9]$ ができる．これは，1 から始まる変数を用いる場合などで特に注意が必要である．例えば，本書のモデルで用いた市場の状態 $S = \{1, 2, 3, 4, 5\}$ を表す配列を作れば，$S[0], S[1], S[2], S[3], S[4]$ となる．

[15] 付録 F のプログラムコードの中で，`mat_to_dics(mat)`，`arr_to_dics(arr)` とあるのが変換のための関数である（筆者作）．

- 前述のスライシングを用いれば，配列の複数の要素を抽出することができるが，添字の指定の仕方に注意すべきである．例えば，配列 `x = np.array(['a','b','c','d'])` から `x[1:3]` として要素を抽出する場合，MATLAB では，`['a' 'b' 'c']` が抽出されるのに対し，Python では，`['b' 'c']` となる．このことは，図 5.3 のように，Python と MATLAB で，添字の意味が違うことを考えれば理解できるだろう[16]．

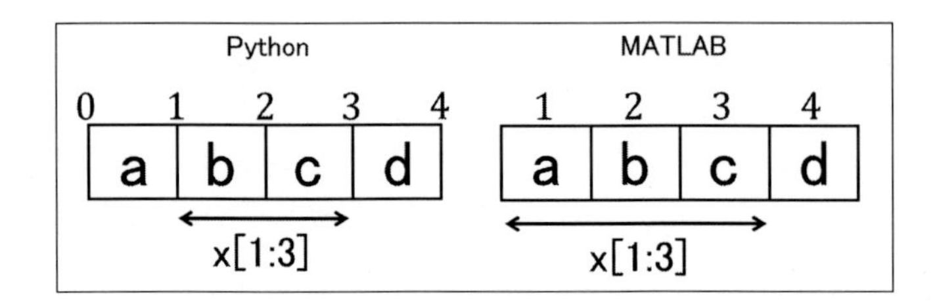

図 5.3 添字の意味の違い

つまり，MATLAB で添字は要素を表すのに対し，Python では要素間の境界を表す．

- したがって，配列の一部を抽出する場合，MATLAB のやり方では次元が維持されないことがある．例えば，`A = np.array([[1,2,3],[4,5,6],[7,8,9]])` として下のような $(3\times\ 3)$ 行列

$$A = \begin{bmatrix} 1 & 2 & 3 \\ 4 & 5 & 6 \\ 7 & 8 & 9 \end{bmatrix} \tag{5.3}$$

を作り，この行列 A から最後の列（第 2 列）を取り出すために `b = A[:,2]` とすると，b は (3×1) 列ベクトルではなくなる．実際，`np.shape(b)` でサイズを確認すると，$(3,1)$ ではなく，$(3,)$ と表示される．これを知らずに b を同じサイズの列ベクトルと足したりすれば，ブロードキャスト（後述）により (3×3) 行列となるので注意が必要である．第 2 列を (3×1) 列ベクトルとするには，`b = np.reshape(b,(3,1))` として次元を整えるか，あるいは `b = A[:,2]` ではなく `b`

[16] この図は，久保ほか (2012) を参考にした．

= A[:,2:3] として正しく取り出す必要がある.

- 次元の異なる配列同士の演算では,「ブロードキャスト」が行われる. 例えば, a = np.array([[1,2,3]]) として行ベクトルを作り, b = np.array([[1],[2],[3]]) として列ベクトルを作ると, それらの足し算はエラーとはならずに,

$$a+b=\begin{bmatrix}(1+1) & (2+1) & (3+1)\\(1+2) & (2+2) & (3+2)\\(1+3) & (2+3) & (3+3)\end{bmatrix}=\begin{bmatrix}2 & 3 & 4\\3 & 4 & 5\\4 & 5 & 6)\end{bmatrix} \tag{5.4}$$

となる. これは, 要素が欠けているところが自動的に補われて演算が行われるためである.

- 前述のように, 配列間の $*$ は, MATLAB では配列と配列の積を表すが, Python では要素間の積（アダマール積）を表す. Python で行列 A と B の内積の計算をするときは, A*B ではなく, C = np.dot(A,B) と書かなければならない. ちなみに, 外積は np.outer(A,B) である.
- Python の辞書型配列を使えば, キーを使って要素を呼び出すことができる. 例えば,

```
X = [ {'S': 1, 'a1': 0, 'a2': 0},
      {'S': 1, 'a1': 0, 'a2': 1},
      {'S': 1, 'a1': 1, 'a2': 0},
      {'S': 1, 'a1': 1, 'a2': 1},
          ....
      {'S': 5, 'a1': 1, 'a2': 0},
      {'S': 5, 'a1': 1, 'a2': 1} ]
```

としておけば, xi 番目の X[xi]['S'] で S を呼び出すことができる. 上の例では, 上から 2 番目の状態は, X[1]['S'] = 1, X[1]['a1'] = 0, X[1]['a2'] = 1 となる.

その他の注意事項

- 変数から変数へ値をコピーするつもりで = を使ってはならない. 例えば, P1 の値を P1prev にコピーしたいと考えて P1prev = P1 とすれば, その後で P1 の値を

変更すると P1prev の値も自動的に変更される．つまり，P1prev = P1 は値のコピーではなく，値を格納する場所のコピーと考えるべきである．もし，値のみをコピーしたいのであれば，関数を用いて P1prev = np.copy(P1) としなければならない．

- 関数の中からグローバル変数を参照することができる．例えば，上記のように X という辞書型配列を定義しておけば，引数を指定せずに他の関数の中で使うことができる．つまり，

```
def func_pi1(P2,THETA):
      ....
   pi1[xi]=np.log(X[xi]['S'])- ....
```

などとできる．ただし，関数の中でできるのは参照のみであり，関数の中で参照したグローバル変数に値を代入することはできない．

- インデックスに使う変数は整数型である．そうでない変数をインデックスとして使う場合は，int(xi) のように整数型に変えておく．

参考文献

Ackerberg, D., Benkard, C. L., Berry, S., and Pakes, A. (2007). Econometric tools for analyzing market outcomes. In Heckman, J. J. and Leamer, E. E., editors, *Handbook of Econometrics*, volume 6, pages 4171–4276. Amsterdam: North-Holland.

Adda, J. and Cooper, R. W. (2003). *Dynamic Economics: Quantitative Methods and Applications*. Cambridge: MIT Press.

Aguirregabiria, V. (2012). A method for implementing counterfactual experiments in models with multiple equilibria. *Economics Letters*, 114(2):190–194.

Aguirregabiria, V. and Ho, C.-Y. (2012). A dynamic oligopoly game of the US airline industry: Estimation and policy experiments. *Journal of Econometrics*, 168(1):156–173.

Aguirregabiria, V. and Mira, P. (2002). Swapping the nested fixed point algorithm: A class of estimators for discrete Markov decision models. *Econometrica*, 70(4):1519–1543.

Aguirregabiria, V. and Mira, P. (2007). Sequential estimation of dynamic discrete games. *Econometrica*, 75(1):1–53.

Aguirregabiria, V. and Mira, P. (2010). Dynamic discrete choice structural models: A survey. *Journal of Econometrics*, 156(1):38–67.

Aguirregabiria, V. and Mira, P. (2013). Identification of games of incomplete information with multiple equilibria and common unobserved heterogeneity. *Working Paper. University of Toronto*, 474.

Ahn, N. (1995). Measuring the value of children by sex and age using a dynamic programming model. *Review of Economic Studies*, 62(3):361–379.

Arcidiacono, P., Bayer, P., Bugni, F. A., and James, J. (2013). Approximating high-dimensional dynamic models: Sieve value function iteration. In Choo, E. and Shum, M., editors, *Structural Econometric Models (Advances in Econometrics, volume 31)*, pages 45–95. Emerald Group Publishing.

Arcidiacono, P. and Ellickson, P. B. (2011). Practical methods for estimation of dynamic discrete choice models. *Annual Review Economics*, 3(1):363–394.

Arcidiacono, P. and Jones, J. B. (2003). Finite mixture distributions, sequential likelihood and the EM algorithm. *Econometrica*, 71(3):933–946.

Arcidiacono, P. and Miller, R. A. (2011). Conditional choice probability estimation of dynamic discrete choice models with unobserved heterogeneity. *Econometrica*, 79(6):1823–1867.

Bajari, P., Benkard, C. L., and Levin, J. (2007). Estimating dynamic models of imperfect competition. *Econometrica*, 75(5):1331–1370.

Bayer, P., McMillan, R., Murphy, A., and Timmins, C. (2016). A dynamic model of demand for houses and neighborhoods. *Econometrica*, 84(3):893–942.

Benkard, C. L. (2004). A dynamic analysis of the market for wide-bodied commercial aircraft. *Review of Economic Studies*, 71(3):581–611.

Berry, S. (1992). Estimation of a model of entry in the airline industry. *Econometrica*, 60(4):889–917.

Berry, S. (1994). Estimating discrete-choice models of product differentiation. *RAND Journal of Economics*, 25(2):242–262.

Berry, S., Levinsohn, J., and Pakes, A. (1995). Automobile prices in market equilibrium. *Econometrica*, 63(4):841–890.

Berry, S., Levinsohn, J., and Pakes, A. (1999). Voluntary export restraints on automobiles: Evaluating a trade policy. *American Economic Review*, 89(3):400–430.

Besanko, D. and Doraszelski, U. (2004). Capacity dynamics and endogenous asymmetries in firm size. *RAND Journal of Economics*, 35(1):23–49.

Bresnahan, T. F. (1987). Competition and collusion in the American automobile industry: The 1955 price war. *Journal of Industrial Economics*, 35(4):457–482.

Bresnahan, T. F. and Reiss, P. C. (1990). Entry in monopoly market. *Review of*

Economic Studies, 57(4):531–553.

Bresnahan, T. F. and Reiss, P. C. (1991a). Empirical models of discrete games. *Journal of Econometrics*, 48(1-2):57–81.

Bresnahan, T. F. and Reiss, P. C. (1991b). Entry and competition in concentrated markets. *Journal of Political Economy*, 99(5):977–1009.

Bugni, F. A. and Bunting, J. (2018). On the iterated estimation of dynamic discrete choice games. *eprint arXiv:1802.06665.*

Cameron, A. C. and Trivedi, P. K. (2005). *Microeconometrics: Methods and Applications.* New York: Cambridge University Press.

Chen, J. (2009). The effects of mergers with dynamic capacity accumulation. *International Journal of Industrial Organization*, 27(1):92–109.

Cirillo, C., Xu, R., and Bastin, F. (2015). A dynamic formulation for car ownership modeling. *Transportation Science*, 50(1):322–335.

Colussi, A. (2004). An estimable model of illegal Mexican immigration. *Working Paper. University of Pennsylvania.*

Davis, P. and Garcés, E. (2010). *Quantitative Techniques for Competition and Antitrust Analysis.* Princeton: Princeton University Press.

Diermeier, D., Keane, M., and Merlo, A. (2005). A political economy model of congressional careers. *American Economic Review*, 95(1):347–373.

Doraszelski, U. and Markovich, S. (2007). Advertising dynamics and competitive advantage. *RAND Journal of Economics*, 38(3):557–592.

Doraszelski, U. and Pakes, A. (2007). A framework for applied dynamic analysis in IO. In Armstrong, M. and Porter, R. H., editors, *Handbook of Industrial Organization*, volume 3, pages 1887–1966. Amsterdam: North-Holland.

Doraszelski, U. and Satterthwaite, M. (2003). Foundations of Markov-perfect industry dynamics: Existence, purification, and multiplicity. *Discussion Paper. Center for Mathematical Studies in Economics and Management Science.*

Doraszelski, U. and Satterthwaite, M. (2010). Computable Markov-perfect industry dynamics. *RAND Journal of Economics*, 41(2):215–243.

Dubé, J.-P., Fox, J. T., and Su, C.-L. (2012). Improving the numerical performance of static and dynamic aggregate discrete choice random coefficients demand estimation. *Econometrica*, 80(5):2231–2267.

Egesdal, M., Lai, Z., and Su, C.-L. (2015). Estimating dynamic discrete-choice games of incomplete information. *Quantitative Economics*, 6(3):567–597.

Einav, L. and Levin, J. (2010). Empirical industrial organization: A progress report. *Journal of Economic Perspectives*, 24(2):145–62.

Ericson, R. and Pakes, A. (1995). Markov-perfect industry dynamics: A framework for empirical work. *Review of Economic Studies*, 62(1):53–82.

Fan, Y. (2016). Estimating the costs of market entry and exit for video rental stores. *Manuscript.*

Fourer, R., Gay, D. M., and Kernighan, B. W. (2002). *AMPL: A Modeling Language for Mathematical Programming (2nd edition).* Duxbury-Thomson Learning.

Ge, S. (2013). Estimating the returns to schooling: Implications from a dynamic discrete choice model. *Labour Economics*, 20:92–105.

Gilleskie, D. B. (1998). A dynamic stochastic model of medical care use and work absence. *Econometrica*, 66(1):1–45.

Gowrisankaran, G. (1999). A dynamic model of endogenous horizontal mergers. *RAND Journal of Economics*, 30(1):56–83.

Gowrisankaran, G. and Town, R. J. (1997). Dynamic equilibrium in the hospital industry. *Journal of Economics & Management Strategy*, 6(1):45–74.

Greene, W. H. (2012). *Econometric Analysis (7th edition).* London: Pearson Education.

Grossman, M. (1972). On the concept of health capital and the demand for health. *Journal of Political Economy*, 80(2):223–255.

Hart, W. E., Laird, C. D., Watson, J.-P., Woodruff, D. L., Hackebeil, G. A., Nicholson, B. L., and Siirola, J. D. (2017). *Pyomo-Optimization Modeling in Python (2nd edition)*, volume 67. Switzerland: Springer International Publishing.

Hayashi, F. (2000). *Econometrics.* Princeton: Princeton University Press.

Hendler, R. (1975). Lancaster's new approach to consumer demand and its limitations. *American Economic Review*, pages 194–199.

Hotz, V. J. and Miller, R. A. (1993). Conditional choice probabilities and the estimation of dynamic models. *Review of Economic Studies*, 60(3):497–529.

Hotz, V. J., Miller, R. A., Sanders, S., and Smith, J. (1994). A simulation estimator for dynamic models of discrete choice. *Review of Economic Studies*, 61(2):265–289.

Jenkins, M., Liu, P., Matzkin, R. L., and McFadden, D. L. (2004). The browser war: Econometric analysis of Markov perfect equilibrium in markets with network effects. *Working Paper. University of California, Berkeley.*

Judd, K. L. (1998). *Numerical Methods in Economics.* Cambridge: MIT Press.

Kasahara, H. and Shimotsu, K. (2008). Pseudo-likelihood estimation and bootstrap inference for structural discrete Markov decision models. *Journal of Econometrics*, 146(1):92–106.

Kasahara, H. and Shimotsu, K. (2011). Sequential estimation of dynamic programming models with unobserved heterogeneity. *Discussion Paper, Hitotsubashi University.*

Kasahara, H. and Shimotsu, K. (2012). Sequential estimation of structural models with a fixed point constraint. *Econometrica*, 80(5):2303–2319.

Keane, M. P., Todd, P. E., and Wolpin, K. I. (2011). The structural estimation of behavioral models: Discrete choice dynamic programming methods and applications. In Ashenfelter, O. and Card, D., editors, *Handbook of Labor Economics*, volume 4, pages 331–461. Amsterdam: North-Holland.

Keane, M. P. and Wolpin, K. I. (1997). The career decisions of young men. *Journal of Political Economy*, 105(3):473–522.

Keane, M. P. and Wolpin, K. I. (2000). Eliminating race differences in school attainment and labor market success. *Journal of Labor Economics*, 18(4):614–652.

Keane, M. P. and Wolpin, K. I. (2009). Empirical applications of discrete choice dynamic programming models. *Review of Economic Dynamics*, 12(1):1–22.

Kennan, J. and Walker, J. R. (2011). The effect of expected income on individual migration decisions. *Econometrica*, 79(1):211–251.

Kusuda, Y. (2016). Nested logit demand estimation in Japanese beer-like beverage markets. 『経済論集』, 日本福祉大学, 52:45–65.

Lancaster, K. (1971). *Consumer Demand: A New Approach.* New York: Columbia University Press.

Lee, D. and Wolpin, K. I. (2010). Accounting for wage and employment changes in the US from 1968–2000: A dynamic model of labor market equilibrium. *Journal of Econometrics*, 156(1):68–85.

Lucarelli, C. (2006). An analysis of the medicare prescription drug benefit. *Working Paper. University of Pennsylvania.*

Luo, Y., Xiao, P., and Xiao, R. (2018). Identification of dynamic games with unobserved heterogeneity and multiple equilibria: Global fast food chains in China. *SSRN eLibrary.*

Maskin, E. and Tirole, J. (1988a). A theory of dynamic oligopoly, I: Overview and quantity competition with large fixed costs. *Econometrica*, 56(3):549–569.

Maskin, E. and Tirole, J. (1988b). A theory of dynamic oligopoly, II: Price competition, kinked demand curves, and Edgeworth cycles. *Econometrica*, 56(3):571–599.

McFadden, D. L. (1973). Conditional logit analysis of qualitative choice behaviour. In Zarembka, P., editor, *Frontiers in Econometrics*, pages 105–142. New York: Academic Press.

McFadden, D. L. (1981). Econometric models of probabilistic choice. *Structural Analysis of Discrete Data with Econometric Applications*, 198272.

Miller, R. A. (1999). Estimating models of dynamic optimization with microeconomic data. In Pesaran, M. H. and Schmidt, P., editors, *Handbook of Applied Econometrics*, volume 2, pages 227–274. Wiley-Blackwell.

Nevo, A. (1998). Identification of the oligopoly solution concept in a differentiated-products industry. *Economics Letters*, 59(3):391–395.

Nevo, A. (2000). A practitioner's guide to estimation of random-coefficients logit models of demand. *Journal of Economics & Management Strategy*, 9(4):513–548.

Nevo, A. (2001). Measuring market power in the ready-to-eat cereal industry. *Econometrica*, 69(2):307–342.

Nishida, M. (2014). Estimating a model of strategic network choice: The convenience-store industry in Okinawa. *Marketing Science*, 34(1):20–38.

Pakes, A. and McGuire, P. (1994). Computing Markov-perfect Nash equilibria: Numerical implications of a dynamic differentiated product model. *Rand Journal of Economics*, 25(4):555.

Pakes, A. and McGuire, P. (2001). Stochastic algorithms, symmetric Markov perfect equilibrium, and the 'curse' of dimensionality. *Econometrica*, 69(5):1261–1281.

Pakes, A., Ostrovsky, M., and Berry, S. (2007). Simple estimators for the parameters of discrete dynamic games (with entry/exit examples). *RAND Journal of Economics*, 38(2):373–399.

Pesendorfer, M. and Schmidt-Dengler, P. (2008). Asymptotic least squares estimators for dynamic games. *Review of Economic Studies*, 75(3):901–928.

Pesendorfer, M. and Schmidt-Dengler, P. (2010). Sequential estimation of dynamic discrete games: A comment. *Econometrica*, 78(2):833–842.

Reiss, P. C. and Wolak, F. A. (2007). Structural econometric modeling: Rationales and examples from industrial organization. In Heckman, J. J. and Leamer, E. E., editors, *Handbook of Econometrics*, volume 6, pages 4277–4415. Amsterdam: North-Holland.

Rust, J. (1987). Optimal replacement of GMC bus engines: An empirical model of Harold Zurcher. *Econometrica*, 55(5):999–1033.

Rust, J. (1988). Maximum likelihood estimation of discrete control processes. *SIAM Journal on Control and Optimization*, 26(5):1006–1024.

Rust, J. (1994). Structural estimation of Markov decision processes. In Engle, R. F. and McFadden, D. L., editors, *Handbook of Econometrics*, volume 4, pages 3081–3143. Amsterdam: North-Holland.

Rust, J. (1996). Numerical dynamic programming in economics. In Amman, H. M., Kendrick, D. A., and Rust, J., editors, *Handbook of Computational Economics*, volume 1, pages 619–729. Amsterdam: North-Holland.

Rust, J. and Phelan, C. (1997). How social security and medicare affect retirement behavior in a world of incomplete markets. *Econometrica*, 65(4):781–831.

Rust, J. and Rothwell, G. (1995). Optimal response to a shift in regulatory regime: The case of the US nuclear power industry. *Journal of Applied Econometrics*,

10(S1):S75–S118.

Seim, K. (2006). An empirical model of firm entry with endogenous product-type choices. *RAND Journal of Economics*, 37(3):619–640.

Stokey, N. L. and Lucas, R. E. (1989). *Recursive Methods in Dynamic Economics.* Cambridge: Harvard University Press.

Su, C.-L. and Judd, K. L. (2012). Constrained optimization approaches to estimation of structural models. *Econometrica*, 80(5):2213–2230.

Todd, P. E. and Wolpin, K. I. (2006). Assessing the impact of a school subsidy program in Mexico: Using a social experiment to validate a dynamic behavioral model of child schooling and fertility. *American Economic Review*, 96(5):1384–1417.

Toivanen, O. and Waterson, M. (2000). Empirical research on discrete choice game theory models of entry: An illustration. *European Economic Review*, 44(4-6):985–992.

Train, K. E. (2009). *Discrete Choice Methods with Simulation.* New York: Cambridge University Press.

Weintraub, G. Y., Benkard, C. L., and Van Roy, B. (2008). Markov perfect industry dynamics with many firms. *Econometrica*, 76(6):1375–1411.

Wooldridge, J. M. (2002). *Econometric Analysis of Cross Section and Panel Data.* Cambridge: MIT Press.

今井晋, 有村俊秀, 片山東 (2001). 「労働政策の評価:「構造推定アプローチ」と「実験的アプローチ」」『日本労働研究雑誌』, 497, 14–21.

川口大司 (2005). 「バークレーから—(1) バークレーの労働経済学」『日本労働研究雑誌』, 544, 84–85.

久保幹雄, ジョア・ペドロ・ペドロソ, 村松正和, アブドゥール・レイス (2012). 『あたらしい数理最適化: Python 言語と Gurobi で解く』. 近代科学社.

小西貞則, 越智義道, 大森裕浩 (2008). 『計算統計学の方法—ブートストラップ・EM アルゴリズム・MCMC—』. 朝倉書店.

馬場真哉 (2018). 『Python で学ぶあたらしい統計学の教科書』. 翔泳社.

福島雅夫 (1996). 『数理計画入門』. 朝倉書店.

松村杏子, 武藤茂夫, 福田大輔, 柳沼秀樹 (2012). 「混雑した都市鉄道における出発時刻選択モデルの構造推定: ゲーム理論に基づいた実証研究」『土木計画学研究・講演集』, 45, Paper no.165.

蓑谷千凰彦 (2007). 『計量経済学大全』. 東洋経済新報社.

森田果 (2014). 『実証分析入門—データから「因果関係」を読み解く作法』. 日本評論社.

索引

本書で用いた略語

2STEP　Two-Step（2 ステップアルゴリズム）

BLP　Berry, Levinshon, and Pakes（BLP モデル，BLP アルゴリズム）

CCP　Conditional Choice Probability（条件付き選択確率）

EP　Ericson and Pakes（EP フレームワーク）

GMM　Generalized Method of Moments（一般化モーメント法）

IIA　Independence of Irrelevant Alternatives（無関係な選択対象からの独立性）

IID　Independent and Identically Distributed（独立同分布）

IV　Instrument Variable（操作変数，操作変数法）

MPE　Markov Perfect Equilibrium（マルコフ完全均衡）

MPEC　Mathematical Program with Equilibrium Constraints（均衡制約付き最適化アルゴリズム）

NFXP　Nested Fixed Point（ネステッド不動点アルゴリズム）

NPL　Nested Pseudo-Likelihood（ネステッド擬似尤度アルゴリズム）

NPL-Λ　Nested Pseudo-Likelihood-Λ（修正されたネステッド擬似尤度アルゴリズム）

PM　Pakes and McGuire（PM フレームワーク）

著者略歴

1990 年　早稲田大学政治経済学部卒業
2006 年　ニューヨーク市立大学大学院修了 Ph.D.（経済学）
現 在　東京国際大学経済学部教授

経済分析のための構造推定アルゴリズム

2019 年 11 月 1 日　初　版発行
2025 年　1 月 1 日　第 2 版発行

著　　者　楠田　康之

発 行 所　株式会社 三恵社
〒462-0056　愛知県名古屋市北区中丸町 2-24-1
TEL.052-915-5211　　FAX.052-915-5019

本書を無断で複写・複製することを禁じます。
乱丁・落丁の場合はお取り替えいたします。
ISBN 978-4-86693-141-8　C3033